KB204116

사건과 인물로 풀어쓴 인도불교의 흥망성쇠

인도 그리고 불교

인도 그리고 불교

사건과 인물로 풀어쓴 인도불교의 흥망성쇠

1판 1쇄 펴낸날 ❙ 2015년 1월 31일

지은이 ❙ 김치온
펴낸이 ❙ 오종욱

펴낸곳 ❙ 올리브그린
주소 ❙ 서울특별시 종로구 삼일대로 32길 49-4
전화 ❙ 070 7574 8991
팩스 ❙ 0505 116 8991
E-mail ❙ olivegreen_p@naver.com

ISBN 978-89-98938-12-3 03220

값 20,000원

이 도서의 국립중앙도서관 출판예정도서목록(CIP)은 서지정보유통지원시스템 홈페이지(http://
seoji.nl.go.kr)와 국가자료공동목록시스템(http://www.nl.go.kr/kolisnet)에서 이용하실 수 있습니
다.(CIP제어번호: CIP2015001272)

度

印

教

佛

사건과 인물로 풀어쓴 인도불교의 흥망성쇠

인도 그리고 불교

김치온 지음

올리브
그린

　　이 글들은 그 동안 밀교신문에 연재했던 글들이다. 밀교신문에 연재하기로 결정되었을 때, 인도불교 전반에 걸쳐 일어난 사건과 인물들을 중심으로 글을 전개해보자고 했다. 기존에 나와 있는 인도불교사는 단순한 역사적인 사실들과 교리적인 내용들을 서술한 것이 대부분이었다. 그러한 사실들이 일어나게 된 사건과 인물들의 정황 그리고 교리적인 배경 등은 알기 어려웠다. 그러한 점에 착안하여 사건이 일어나게 된 전후 관계와 배경 등을 경전을 통하여 살펴보고자 하였다. 석존 이전부터 시작해서 석존의 출가와 성도, 전도와 열반, 교단에서 일어난 여러 사건들을 경전의 내용에 따라 살펴보았고, 대승불교가 일어나 전개되는 과정들 또한 경전의 내용들을 살펴가면서 그 의의를 서술하였다. 그리고 불교내에 밀교의 흐름을 포착하고 점차 밀교가 표면으로 나타나고 나아가 힌두교적인 내용과 결합하여 전면에 부각되면서 그와 함께 인도에서 불교와 함께 쇠퇴해가는 것을 살펴보았다.

　　인도문화사에서 불교의 탄생은 인류의 삶에서 역사적인 사건이었다고 할 수 있다. 당시 신을 중심으로 하는 세계관과 실체성을 지닌 몇몇의 요소들을 중심으로 하는 세계관이 주된 흐름인 상황에서, 실체성을 지닌 것은 어떠한 것도 없다는 관점에서 일체는 상의상관적인 관계성속에서 이루어진다는 연성연기의 세계관은 위대한 깨달음이었다. 붓다는 최초로 사성제를 설하여 안냐따 꼰단냐가 연기를 보는 눈[法眼淨]을 얻었을 때, 너무나 기쁜 나머지 '꼰단냐는 깨달았다'고 소리쳤다고 한다. 그러나, 다시 오온 무아를 설하여 그들이 무아 즉 공空을 체득하였을 때에, 진정한 깨달음을 얻어 아라한이 된 것이다. 이러한 점에서 부처님 가르침의 핵심주제는 법안정과 공의 체득이라 할 수 있다. 대승불교와 밀교는 연기법을 통해 무아를 체득하고 고해에 빠져있는 민중들을 구하기 위해 지혜와 자비 그리고 무수한 방편을 지니고 그들에게 다가가는 것이었다고 생각한다.

그럼에도 불구하고 불교가 인도에서 쇠퇴하게 된 것은 무엇 때문일까? 그것은 무엇보다도 부처님의 가르침에 따라 청정한 계를 지키고자 하는 수행자와 생활속에서 주어진 계를 지키고자 노력하는 교도들이 부족했기 때문일 것이다. 오늘날 물질로 인해 욕심으로 가득찬 고해의 시대에, 우리는 불교사에서 혁신의 시대로 간주하는 초기 대승불교의 시대를 다시 주목할 필요가 있다고 생각된다. 초기 대승불교시대에는 관불삼매를 통하여 부처님을 직접 뵙고 십선계를 받았다. 부처님을 직접 뵙고자 하는 구도정신과 직접 받은 계를 지켜나가야겠다는 청정한 마음은 오늘날에 되살려져야 할 내용이다. 종교의 생명력은 가르침을 따르고 지키고자 하는 청정한 마음에 달려 있다. 진정한 해탈은 지혜에 청정한 자비가 함께할 때이며, 지혜에 자비를 빙자한 탐욕이나 방편을 빙자한 탐욕이 포함한다면 이것은 민중을 속이는 것이며 스스로를 속박하는 것이다.

인도불교의 흥망성쇠는 오늘날 아시아 지역에서 불교를 믿고 있는 교도들은 물론 서구 사회에서 불교가 점차 일어나고 있는 서구 사회에서도 어떻게 부처님의 가르침을 믿고 따라야 할 것인가에 대한 지혜를 준다. 그러한 점에서 인도사회에서 불교가 탄생하게 된 배경과 인도불교사 가운데 일어난 사건과 인물들의 정황 그리고 교리적인 변천 과정과 배경들은 다시금 되새겨볼 필요가 있을 것이다.

본 원고들은 경전의 내용들을 많이 참고하기도 하였지만 기존에 나와 있던 저술들에서도 많은 도움을 받았다. 단행본도 있었고 논문들도 있었다. 그들을 모두 열거할 수는 없지만, 그들 모두에게 감사의 마음을 전하고 싶다.

또한 책으로 출간하기로 결심하는 데는 정사님들의 격려가 많은 작용을 하였다. 여러 정사님께 감사의 말씀을 드리고 싶다. 그리고 몇 차례에 걸쳐 인도를 여행하며 직접 찍어온 사진이 있었지만, 덕정정사님과 수혜정사님이 주신 인도 사진에서도 많은 도움을 받았으며 모자라는 부분에 대해서는 불교미술 사학자이신 손신영과 유근자 두 분의 도움으로 사진을 구할 수 있었다. 기꺼이 사진을 보내주신 것에 대해 고마움을 전한다.

2015년 1월 진각종 교법연구실에서
명운 김치온 합장

목차

제1장
인도의 고대 문명

인도문명의 탄생

- 도시의 성채에는 제단의 건물이 있고, 평지에는 사원으로 보이는 이층집 혹은 삼층집의 건물이 있다. 대형의 목욕시설은 종교적인 정화를 위한 것일 것이라고 짐작하고 있다.
- period B.C. 3000(B.C. 2500)년~BC 1700(B.C. 1500)년
- keyword 인더스문명 / 하랍파 / 모헨조다로 / 청동기문명 / 계획도시 / 제정일치 / 드라비다족 / 인장

인더스강 유역은 인류의 4대 문명 발생지 중의 하나이다. 히말라야 산맥 아래에 서북인도 쪽으로 5개의 강줄기가 형성되는데, 이들은 인더스강으로 합쳐지고 다시 아라비아해로 흘러 들어간다. 이 지역은 강우량은 적었지만 기후가 따뜻하고 때때로 홍수의 범람이 가져다 준 충분한 침적토가 자연적인 비료의 역할을 하여 농사 짓기에 편리한 곳이었다.

인더스문명은 지금의 파키스탄에 있는 인더스강 유역에서 B.C. 2,500 또는 3,000년 무렵부터 흥성하였다. 이러한 인도의 고대문명은 1920년대 하랍파Harappā와 모헨조다로Mohenjo Dāro의 고대도시가 발굴되면서 밝혀지게 되었다. 하랍파 유적은 1856년 영국인 브룬튼Brunton 형제가 카라치Karachi와 라호르Lahore 사이의 철도 부설공사를 하다가 처음으로 발견하였지만, 이 유적에 대한 본격적인 발굴은 1920년 이래 영국의 고고학자 M.S 버트, 월러 등에 의해 이루어졌다. 모헨조다로의 유적은 1921년 인도인 고고학자 라칼다스 바너지Rakhaldas Banerjee 박사가 쿠산왕조 때 카니시카 대왕이 만들었다고 전하는 대불탑을 조사하던 중 탑 밑에서 보다 오래된 유적을 찾아내면서 1922년에 본격적인 발굴이 착수되었다. 영국인 고고학자 존 마샬John Marshall과 바너지Rakhaldas

Banerjee 등의 지휘로 이루어졌으며, 모헨조다로의 유적이 680㎞ 떨어진 하랍파 유적과 같은 시기로 판명되었다. 1924년 발굴 책임자인 존 마샬은 하랍파와 모헨조다로의 문화를 동일시기의 문화유적이며 당시까지 최고의 유적임을 학계에 발표하였다. 이어서 이것에 대한 상세한 보고서를 3권의 대저로 발간하였다.Marshall, *Mohenjodāro and The Indus Civilization*, 1931, London 하랍파와 모헨조다로의 고대 유적이 발굴됨으로써 인도 역사시대의 시작은 1천여 년이나 더 올라가게 되었다.

발굴된 유적에 의하면 인더스문명은 청동기시대의 대표적인 문명이며, 하랍파와 모헨조다로는 계획도시의 면모를 보여주고 있다. 광장의 약간 높은 곳에 세워진 높다랗게 치솟은 성채와 그 아래에 평지에는 주거지역으로 주택들이 들어서 있다. 주택가에는 도심지로 이어지는 크고 작은 도로들이 정연하게 구획되어 있고 급수시설과 하수시설 등이 완비되어 있다. 특히 하랍파 유적으로 주물공장, 정미소, 곡물창고와 모헨조다로의 유적으로 대형 목욕탕과 곡물 창고 등이 특히 눈에 뛰는 건조물이다.

유물로서는 상아 및 보석을 재료로 한 목걸이, 팔찌, 반지, 귀걸이 또는 염주로 보이는 장신구가 많이 발견되며, 은, 구리, 청동 등으로 만든 그릇과 각종의 무기가 있으며, 장난감으로 바퀴달린 수레가 보인다. 여러 가지의 토기가 출토되고 있는데, 붉은 색 나는 그릇에 검은 색에 가까운 채색으로 여러 가지 무늬 가령 비늘무늬, 빗살무늬, 물결무늬, 식물무늬 등을 그려 아름답게 만들고 있다. 특이한 것은 새끼에게 젖을 먹이는 사슴이나 그물로 고기잡이하는 사람 등을 그린 그릇이다. 특히 인장印章으로 보이는 것이 대량으로 발견되었다. 6.45㎠ 내외의 크기로 동석凍石을 재료로 하여 정교한 솜씨로 윤을 내어 조그마한 음각의 조각물을 만들어 놓은 것이다. 그 용도는 정확하게 밝혀지고

모헨조다로 유적 인도의 고대문명은 1920년대 모헨조다로의 고대도시가 발굴되면서 밝혀지게 되었다. 모헨조다로는 계획 도시의 면모를 보여주고 있는데, 광장의 약간 높은 곳에 세워진 높다랗게 치솟은 성채와 그 아래에 평지에는 주거지역으로 주택들이 들어서 있었다.

있지 않지만, 도장을 찍기 위해 각인을 하여 가락지처럼 사용하였거나 몸에 지니고 다니는 부적이었을 것이라는 주장이 있다. 그러나, 똑같은 모양의 인장이 메소포타미아 지방에서도 5백여 개나 발견되는 점으로 보아 무역과 밀접한 관련이 있었을 것이라는 것이 지배적인 주장이다. 인장에는 유니콘, 코끼리, 호랑이, 물소, 코뿔소, 악어 등의 그림과 부호가 새겨져 있으며, 이는 드라비다어로 추측하고 있지만 아직 판독하지 못하고 있다. 수메르 문자보다는 발달되었지만 완전한 표음문자로 발전하지는 못한 것으로 생각되고 있는데, 글자는 오른쪽에서 왼쪽으로 쓰고 그 다음 줄은 왼쪽에서 오른쪽으로 쓰는 식을 택하고 있는 것 등 몇 가지 점이 밝혀지고 있을 뿐이다.

인도의 선주민으로는 문다족Muṇḍa을 비롯하여 여러 종족이 있으나, 인더스문명의 주인공은 드라비다족Dravida으로 보는 견해가 지배적이다. 이들은 도시생활을 영위하면서도 생업은 농업과 상업이었으며 그들의 대부분은 농사를 지었다. 주곡은 밀이었지만 보리, 콩, 참깨도 재배하였으며, 쌀이 발견되는 유적지도 있다. 모헨조다로에서는 천 조각과 물레가 발굴되고 있어 최초로 목화를 재배한 것으로 보이며, 소, 양, 돼지, 물소, 개, 닭 등을 사육하였다. 도시생활을 영위하였다는 점에서 전문화된 장인들이 다양한 일상 생활용품과

인장 6.45㎝ 내외의 크기로 동석을 재료로 하여 정교한 솜씨로 윤을 내어 조그마한 음각의 조각물을 만들어 놓은 것이다. 도장을 찍기 위해 각인을 하여 가락지처럼 사용하였거나 몸에 지니고 다니는 부적이었을 것이라는 주장이 있다.

장신구 등을 만들었으며, 이를 배경으로 상업활동이 매우 활발하였다. 국내는 물론 멀리 페르시아나 메소포타미아 그리고 이집트까지 왕래하며 교역을 행하였다.

각 도시의 성채에서 제대祭臺로 보이는 것이 발견되는 것으로 보아 제정일치祭政一致 사회였을 것으로 추측하고 있다. 이들의 종교생활은 주로 인장이나 석조상, 토우상土偶像 혹은 신앙생활을 위한 것으로 보이는 건물들로부터 짐작할 수 있다.

● 　　도시의 성채에는 제단의 건물이 있고, 평지에는 사원으로 보이는 이층집 혹은 삼층집의 건물이 있다. 대형의 목욕시설은 종교적인 정화를 위한 것일 것이라고 짐작하고 있다. 신앙의 형태로는 자연물과 동물들을 숭배한 것으로 보인다. 발견된 인장과 새겨진 그림에는 코끼리, 호랑이 등의 동물들과 동물들에 둘러싸여 있는 신이 공양물을 받고 있는 모습이 보인다.

이는 동물들의 왕인 빠슈빠띠Paśupati와 같은 신들이 인더스 문화에서 기인한 것임을 알 수 있다. 또한 거기에 새겨진 가면들과 뿔 달린 머리 장식물 등에서 제사장의 제도가 존재하였음을 시사한다. 그리고 후대에 쉬바신Śiva의 원형으로 보이는 세 면에 새겨진 신상이 요가yoga의 자세를 취하고 있는 모습이 보이는데, 이는 이 시대에 이미 요가를 수행했음을 짐작할 수 있다.

인장에는 임신과 수유하는 여인의 모습이 새겨져 있는데 이것은 다산多産의 의미로 이해할 수 있다. 또한 유물에서 보이는 많은 여인의 모습혹은 여신으로 표현들은 어머니가 창조의 근원이라는 생각에서 강조된 것으로 보인다. 이러한 것은 부유층이나 권력층에 속하는 실제 여인들의 인물이라고도 한다. 또한 모신母神 숭배의 한 모습으로서 후대에 널리 신앙된 깔리Kālī 여신의 원형으로 추정하기도 한다. 이러한 점들은 인더스 문명이 그 뒤의 아리아족Ārya에 의해 단절된 것이 아니며 인도의 전통문화와 유기적인 관계를 가지고 있음을 알 수 있다.

인더스 문명은 B.C. 1,700~1,500년 무렵에 몰락하게 된다. 그러나 그 원인에 대해서는 정확히 알 수 없다. 다만 몇 가지 가능성으로서 홍수의 범람, 기후나 경작지의 황폐화와 같은 환경의 변화, 외적의 침입 등을 들고 있다. 그러나 앞의 내용으로 갑자기 몰락했다기보다는 이들의 어떤 원인으로 서서히 쇠퇴해 오던 중에 이민족의 침입으로 결정적인 타격을 받아 몰락했다는 보는 것이 가장 타당할 것이다.

인더스 문명의 종말과 거의 동시대에 인도아리아족이 힌두쿠시 산맥을 넘어 서북인도로 이주해 오게 된다. 아리아인들은 검은 피부와 낮은 코의 선주민들과 충돌하면서 그들을 정복하고 인더스강을 포함하는 다섯 강줄기 유역인 판잡Pañjab지방에 정착하였다. 이들에 의해서 인도의 최초 문헌인 〈리그베다Ṛg-veda〉가 편찬되었다. 이것이 인도사상사의 개막이다.

아리아인의 인도 이주

- 아리아인 자신들은 종교적이고 신비적인 의식을 거친 뒤 성스러운 지식을 전수받아 다시 태어난 사람, 즉 두 번 태어난 사람으로 여겼다.
- period B.C. 1500년경
- keyword 중앙아시아 유목민 / 인도유럽어족 / 힌두쿠시산맥 / 판잡 / 농경생활 / 카스트 / 바루나

인도아리아인은 언어학적으로는 인도유럽어족에 속하며, 원래는 카스피해 유역과 남러시아 늪지대에서 살았었다. 그들은 유목민으로 목초지를 찾아 유럽, 소아시아, 서남아시아, 중앙아시아 등지로 퍼져 갔다고 한다. 그 가운데 중앙아시아에 거주하던 아리아족이 동쪽으로 서서히 이동한 것은 B.C 2000년 경부터였으며, 그들이 힌두쿠시 산맥을 넘어 서북인도의 판잡지방으로 들어온 것은 B.C 1500년 경이었다. 아리아족은 처음에는 침략자로서가 아니라 가축과 살림살이, 그리고 그들 자신의 신앙을 가지고 평화적인 이주민으로 들어왔다. 그러나 그들은 곧 선주민이었던 문다Munda족과 드라비다Dravida족과 충돌하게 되었다. 문다족은 산악 고원지대로 물러났으나, 드라비다족은 생존을 위해 끈질기게 대항하였다. 이들간의 대립은 오랜 기간 계속되었으며 단순한 종족간의 싸움만이 아니라 두 문명간의 충돌이기도 하였다. 아리아인들이 이들 지역에 정착하여 기록한 〈리그베다〉에는 그들이 치룬 치열한 싸움을 묘사하고 있다. 결국 용감한 유목민으로서 말이 끄는 전차와 철을 다룰 줄 아는 아리아인들이 승리함으로써, 드라비다족은 인도의 남부로 밀려날 수밖에 없었다.

아리아인들은 인더스인들의 도시생활과는 달리 그들이 가져온 가축과 함께 목초지를 찾아다니며 동물사육을 주로 하였으나, 점차 농사짓는 일을 중요시하게 되었다. 메말랐던 지역에는 강물을 끌어들였으며, 밀림지역에는 불을 사용하여 밀림을 제거하는 화전민의 경작방법을 알고 있었다. 아리아인들은 이를 불의 신 아그니Agni가 내린 축복으로 여겼다. 또한 철의 사용법을 이미 알고 있었으므로 쇠로 만든 쟁기를 이용하여 그들의 주식인 밀과 보리를 경작하며 농경생활로 정착하게 되었다. 가축으로는 소, 말, 돼지, 닭, 양 등을 사육하였는데, 소는 가장 중요한 재산으로 그의 중요성이 〈리그베다〉에 수없이 강조되고 있다. 그들 부족간의 전쟁은 대체로 더 많은 소와 가축을 얻기 위한 투쟁이었다. 소는 우유와 노동력을 제공할 뿐만 아니라 쇠똥은 인도 특유의 연료를 제공해 주기 때문에 사람이 보호해야할 가장 소중한 동물로 생각되기 시작하였다. 그러나 아직은 후대와 같은 소를 숭배하는 사상으로까지는 확립되

힌두사원 한 켠에 모셔진 소상 인도에서 가장 중요한 재산인 소의 중요성은 〈리그베다〉에 수없이 강조되고 있다.

지 않았다.

사회적으로는 가부장적 제도가 확립되어 갔다. 아버지의 처자식에 대한 절대적인 지배권은 인도 가족관계의 정당한 규범이 되었고, 남성우위권과 연장자를 받드는 서열제도 역시 당연한 관습으로 받아들여졌다. 여성의 지위는 인도 역사를 통해서 볼 때 비교적 높은 편이었음에도 불구하고 신부는 결혼 지참금을 지불해야 했으며, 신을 섬기는 제의식祭儀式에는 부정 탄다는 이유로 참여하는 것이 금지되었다. 남자만이 재산상속권이 있었으며 아들들이 균등하게 아버지의 재산을 분배하는 것이 관례였다. 장자상속제는 왕실에서 확립되어 있었으나 장남이 신체적인 장애가 있을 경우에는 예외로 하였다.

아리아인들은 음악과 술, 도박 등을 즐겼던 것으로 보인다. 여러 베다에 이러한 내용이 나타나 있다. 그 중에서 특히 〈사마베다Sāma-veda〉는 노래를 위해 만들어졌다고 볼 수 있으며, 신과 여신들이 피리와 북을 연주하였다. 그러나 모헨조다로 유적에서 동으로 만든 '춤추는 소녀'가 발견되는 점으로 보아 베다시대 이전부터 노래와 춤을 즐겼음을 알 수 있다. 또한 인더스 유적에서 주사위 놀이의 흔적을 찾아 볼 수 있다. 베다시대 초기에는 매장과 화장의 풍습이 병행하였으나 불을 도입함으로써 화장풍습이 일반화 되어갔다. 이는 종교적인 면이 작용한 것으로, 화장할 때 나오는 연기를 따라 영혼이 하늘로 올라가 천계에 이른다는 믿음이 퍼져갔기 때문이다.

원래의 아리아인들은 모두 한 계급에 속했으며, 그들 모두는 사제와 전사, 상인과 농부였다. 생활이 점점 복잡해지면서 사회에서의 직능에 따라 계급의 분화가 일어나게 되었다. 그들의 삶에서 제의식이 중요한 역할을 하게 되고 직능상의 어떤 구분이 필요하게 되었을 때, 지혜와 학식을 갖추고 사색적인 재능이 뛰어난 어떤 가계들은 제의식을 담당하는 대표자가 되었다. 사회적으로 사색과 내적인 성찰 그리고 전적으로 영성의 문제에만 관여하는 보장된 한 계급을 인정하게 된 것이다. 이러한 사제브라흐만; brahman 계급은 어떤 고착된 교의들을 존속시키기 위하여 보증된 성직자 계급이 아니다. 단지 사람들을 보다 차원 높은 삶으로 일구어내도록 책임지워진 사회적인 의무를 지닌 지적인 상류계층을 의미한다. 이러한 사제들을 수호하고 자신들의 사회를 통치한 전사와 왕들은 크샤트리야kṣatriya 계급이라 불렀다. 크사트리야라는 말은 크샤트라 즉 '통치 · 지배'에서 파생된 것이다. 그 나머지가 바이샤vaiśya 계급으로, 바이샤란 전체 일반대중을 일컫는 말이었다.

처음 이들 계급 사이에는 결혼이나 식사 등에서 어떠한 제한도 없었다. 그러나 인도로 들어와 정착하면서 아리아인들은 정복자인 자신들과 피정복민인 선주민들간에 구별을 행하였는데, 주로 피부색에 기초한 것이었다. 이러한 과정에서 두 집단간에 결혼이나 식사를 같이 하면 안된다는 금기사항들이 생겨나기 시작하였다.

갠지스 강변에서 시신을 화장하는 모습 베다시대 초기에는 매장과 화장의 풍습이 병행하였으나 불을 도입함으로써 화장풍습이 일반화 되어갔다. 이는 종교적인 면이 작용된 것으로, 화장할 때 나오는 연기를 따라 영혼이 하늘로 올라가 천계에 이른다는 믿음이 퍼져갔기 때문이다.

또한 아리아인 자신들은 종교적이고 신비적인 의식을 거친 뒤 성스러운 지식을 전수받아 다시 태어난 사람 즉 두 번 태어난 사람으로 여겼다. 그들은 아리아족의 신앙생활에 참여하는 신성한 존재로서 피정복민인 선주민과는 다르다는 의식을 가지기 시작하였다. 이러한 과정에 피정복민인 비아리아족들에 대해서는 최하위층인 수드라sūdra 계급으로 규정하고 위의 세 계급을 섬기는 의무를 부여하였다. 이것이 우리가 말하고 있는 인도의 카스트 제도라는 계급제도이다.

카스트라는 말은 포르투갈어인 카스타casta; 종족, 혈통에서 유래하며, 인도의 산스크리트어로는 바르나varṇa에 해당한다. 대체로 '같은 성姓을 갖고 있는 가족집단', '신화적인 조상을 모시는 같은 후손', '세습적인 천직天職을 갖고 있는 사람들'이라는 의미로 이해된다. 이러한 의미에서 볼 때 카스트는 지역적, 정치적 집단이 아니라 사회적, 직업적 집단이라 할 수 있다. 카스트의 특징은 동족결혼이나 식사 등의 규율에서 더욱 분명히 나타나며, 각 카스트는 순수함을 고수하고 불결한 것에 오염되는 것을 경계하였다. 종족과 직업을 밑바탕으로 하는 카스트 제도는 정복자인 아리아족의 인종적인 우월감에서 만들어진 것이었다.

베다성전과 종교생활

- 시간이 흐르면서, 브라만 제관들은 〈아타르바베다〉를 중심으로 주술의 힘 즉 '브라흐만'을 구사하고 제사 의식을 주술화함으로써 제사 의식 전반을 통솔하는 중심적인 지위에 오르게 되었다.
- period B.C. 1200년~B.C. 800년
- keyword 리그베다 / 사마베다 / 야주르베다 / 아타르바베다 / 브라흐만 / 브라만 / 희생제의yojña

아리아인들이 인더스강 유역 판잡지방의 선주민들을 정복하고 점차 정착해가던 B.C. 1,200년경에 그들은 〈리그베다〉를 편찬하였다. 〈리그베다〉는 신에 대한 영감어린 찬가의 모음집이다. 이 영감어린 찬가들은 아리아인들이 새로운 땅에서 다른 신들을 섬기는 수많은 사람들을 대했을 때, 자기의 것을 잃어버리지 않고 잘 간직하기 위해 집성되었다고 한다.

그들이 찬양한 많은 신들은 자연계의 구성요소 및 자연현상, 또는 이의 근원으로 생각되는 지배력 등을 신격화한 자연신이다. 두 존재이지만 하나의 개념으로 여기는 천지양신天地兩神 디야바프리티비Dyāvāpṛthivī, 태양의 신 수리야Sūrya, 새벽의 여신 우샤스Uṣas, 폭풍의 신 루드라Rudra, 바람의 신 바유Vāyu, 불의 신 아그니Agni 등이다. 그러나 의인화가 진행되고 신화가 발달함에 따라 그 신격의 내용이 바뀌는 경우도 있다. 사법司法의 신 바루나Varuṇa는 하늘의 법칙[天則] 리타ṛta를 견지하고 인류와 우주의 질서를 유지하는 신으로서, 예전에는 물과 밀접하게 관계가 있었다고 한다. 무용武勇의 신 인드라Indra는 천둥과 번개의 신으로서의 성격이 강하지만, 동시에 아리아인 병사의 이상화된 모습이 투영된 무용신으로 묘사되고 있다. 또한 불교에서는 제석천帝釋天으로 수용하고 있다. 그 외에 추상적인 관념을 신격화한 신들도 있는데, 신념의 신 슈라다 Śraddhā, 격정의 신 마뉴Manyu, 무한의 신 아디티Aditi, 언어의 신 바츠Vāc, 계약의 신 미트라Mitra 등이다.

아리아인들은 처음에는 신들을 부르고 덕을 찬탄하는 찬가가 주가 되었으나, 점차 그들이 원하고 바라는 것을 기원하는 방향으로 흘러갔다. 사람들은 제단祭壇을 쌓고 여기에 불을 지피고는 살아있는 동물이나 곡물 등을 바쳤다. 그리고 공중으로 오르는 연기를 타고 그 공물供物들이 신이 있는 곳으로 감으로써 기도하는 사람들의 성의가 받아들여지는 것으로 생각하였다. 그리고 그 성의가 전달됨으로써 신들은 인간의 소원을 들을 수 있다고 여겼다. 이러한 행위는 점차 형식적인 성격을 띠게 되면서 희생제의犧牲祭儀, yajña라고 하는 제사 의식으로 발전하였다.

제사 의식의 형식이 완비되어감에 따라 맡은 역할도 분화되어 갔다. 〈리그베다〉를 관장하며 신들을 제사의 현장으로 이끌고 그들의 덕을 찬양하는 제관祭官이 있으며, 신에 대한 찬가를 일

불의 신 아그니(사진 위)**와 태양의 신 수리야**

정한 선율에 따라 노래하는 제관이 따로 있었다. 이들의 노래를 모은 것이 〈사마베다〉이다. 그리고 제사 의식 그 자체를 관장하는 제관이 또한 따로 있었는데, 그들은 제사 의식에서 행해지는 각 행위를 설명하고 그 행위 자체에 상징적인 의미를 부여하였다. 제사 의식에 관한 이러한 실제적인 규정들 즉 제사祭詞들의 모음집을 〈야주르베다Yajur-veda〉라고 한다. 〈리그베다〉에 이어 〈사마베다〉와 〈야주르베다〉는 대략 기원전 10세기에서 기원전 8세기경에 성립하였다.

　　기원전 8세기경에 위의 세 베다와 다소 성격을 달리하는 〈아타르바베다Atharva-veda〉가 성립하게 되는데, 이는 당시에 길흉화복을 좌우하는 주술에 관한 찬가, 문구의 집성이다. 이는 선주민과의 갈등이 진정되면서 선주민의 종교를 받아들임으로써 조화를 도모한 것이라 할 수 있다. 〈아타르바베다〉를 관장하는 제관을 브라만이라 불렀다. 처음에는 주술을 행하는 것이 신에게 제

베다를 학습하는 스승과 제자 베다는 제사 의식의 실제적인 실행 방법을 규정하고 제사 의식에 대한 신학적인 의의와 해석을 담고 있다.

사를 올리는 것보다 차원이 낮은 것으로 간주되었기 때문에 브라만은 위의 세 베다를 주관하는 제관보다 한 단계 낮은 사람으로 생각되었다. 그러나 제사 의식에 주술이 포함되고 주술의 중요성이 더해감에 따라 브라만의 위치는 달라지기 시작하였다.

● 　　브라만은 정확히 말해 브라흐마나Brāhmaṇa라고 하며, 이는 브라흐만Brahman을 구사하는 사람을 의미한다. 브라흐만은 음성·언어 가운데 감추어져 있는 주술의 힘呪力으로서, 구체적으로는 베다의 찬가에 표현되어 있는 것으로 생각되었다. 더 나아가 찬가 가운데 표현되고 있는 지식도 브라흐만으로 간주되었다. 시간이 흐르면서, 브라만 제관들은 〈아타르바베다〉를 중심으로 주술의 힘 즉 '브라흐만'을 구사하고 제사 의식을 주술화함으로써 제사 의식 전반을 통솔하는 중심적인 지위에 오르게 되었다. 제사 의식의 형태도 앞의 세 베다를 중심으로 신들 앞에 엎드려 숭배하며 기도하는 제사 의식이 점차 〈아타르바베다〉를 중심으로 주술의 힘인 브라흐만을 구사하는 주술적인 제사 의식으로 변화해 갔다.

　　주술의 중심인 브라흐만은 점차 우주 만물을 창출하는 근원적인 힘이라고 여겨졌다. 만물을 창출하고 이를 지배하며, 만물에 두루 존재하는 근본 원리로 생각되었던 것이다. 이러한 생각을 더욱 계승 발전시키고 있는 문헌이 브라흐마나 문헌이다. 브라흐마나 문헌은 대략 기원전 8세기 이후에서 기원전 5세기 경에 걸쳐 성립하였다. 이 문헌은 제사 의식의 실제적인 실행 방법을 규정하고 제사 의식에 대한 신학적인 의의와 해석을 담고 있다.

브라흐마나 문헌에서는 우주의 최고 원리에 대한 것은 물론 동치同置의 논리로 이해되는 염상念想; upāsana을 이야기 하고 있다. 이것은 현상적인 존재 A와 최고의 원리 B를 같은 것으로 놓고 계속해서 그렇게 생각하는 것이다. 예컨대 '소는 살아있는 기운生氣이다'라고 하여 소와 살아있는 기운을 같은 것으로 놓는다. 그리고는 계속해서 그렇게 생각함으로써, 소는 자신이 자유롭게 조종할 수 있으므로 살아있는 기운도 자유롭게 획득하는 것으로 여기는 것이다. 즉 바라문들이 주술의 힘인 '브라흐만'이 나타나 있는 찬가를 부르고, 정확한 의례규범에 따라 제사 의식을 수행하며, 동치의 논리에 입각하여 숭배 또는 의례를 실행하면, 그 제사 의식의 효과는 절대적이어서 신들도 그 지배를 벗어날 수 없다는 것이다. 일정한 방법을 따라 실행된 의례에 의해 일정한 결과가 반드시 획득된다고 할 때, 이는 주술적 의례의 세계라 하지 않을 수 없다.

브라만들은 엄격한 훈련을 통하여 주술의 힘인 '브라흐만'을 갖추었다. 그들은 스스로 지상에 존재하는 브라흐만이며 신이라고 지칭하면서, 의식적으로 제사 의식의 의례규범을 보다 치밀하고 복잡하게 만들었다. 당시의 사회에서 제사 의식은 사회생활 전반의 성공과 실패를 좌우하는 것으로 여겼다. 브라만들은 제사 의식을 독점하였으며 그들에 대한 사회적, 종교적 지위는 절대적인 것이었다. 〈아타르바베다〉로부터 시작된 주술적인 세계는 결국 바라문 지상주의, 제사의식 만능주의라는 시대적인 결과에 이르게 하였다.

브라흐만과 제식만능주의

● 제사의식이 없다면 태양도 떠오르지 않을 것이며, 만일 100번의 말의 희생제의를 행한다면 천계에 있는 인드라의 왕권도 빼앗을 수 있을 것이라고 하였다.
● period B.C. 1000~B.C. 600
● keyword 브라만 인생 네 주기와 네 가지 덕목 / 브라흐마나 문헌 / 브라만 중심사회 / 제식만능주의

아리아인들은 대략 기원전 10세기 경부터 인더스강유역에서 동쪽으로 이동하여 갠지스강유역으로 옮겨갔다고 한다. 아리아인들이 점차 이동한 경위는 당시의 한 문헌에서 상징적인 이야기로 전해지고 있다. 즉 비데가 마타바라는 사람이 있는데, 그는 만물에 두루하는 성스러운 불聖火을 입안에 보존하고 있었다고 한다. 그런데 그의 사제승이 〈리그베다〉의 성스러운 구절을 독송하자, 이 불은 그의 입에서 떨어져 대지와 하천을 태우며 동쪽으로 나아갔다. 두 사람은 이를 따랐지만, 불은 사다니라강사르수티강으로 현재의 간타크강으로 추정에 이르러 건너지 못하고 멈추었다. 이 이야기는 브라만이 선두에 서서 불의 제식을 수행하면서 아리아문화가 동쪽으로 확장되어 갔음을 보여준다.

이러한 상황에서 브라만들은 점차 하나의 사회계급으로서 힘을 얻게 되었다. 그들은 주술의 힘을 기조로 하는 제식의 효과를 강조하고 이를 독점함으로써 종교적인 권력을 장악하였다. 여기에 브라만 지상주의, 제식만능주의를 특징으로 하는 브라만 중심의 문화가 성립되었다. 이러한 문화는 기원전 10~6세기 경에 성립되었으며, 그 본거지는 남북으로는 빈디야Vindhya산맥과 히

말라야산맥으로 한정되며, 동쪽으로는 프라야가^{Prayāga}, 서쪽으로는 비나샤나에 이르는 지역이다.

당시 브라만들은 인생을 네 시기로 나누어 각 시기마다 해야 할 의무를 규정하였다. 먼저 학습기^{學習期; Brahmacārin}에는 스승 밑에 가서 베다와 삶에 필요한 지식을 배우는 시기이다. 학습기에 있는 브라만은 자기의 감정을 제어하고, 스승을 시봉하며, 끼니를 탁발해야 한다. 다음 가주기^{家住期; Gṛhastha}에는 가정과 사회적 의무를 다하며 가정을 꾸리는 시기이다. 가주기에 있는 브라만은 가장으로서 그는 재물을 탐하지 않고, 진실만을 말하며, 덕 있는 삶을 영위하고, 스스로 몸과 마음을 늘 청정하게 유지해야 한다. 다음으로 임처기^{林處期; Vānaprastha}에는 가정과 사회적인 의무를 다 마치고 숲 속으로 들어가 종교적인 수행을 행하는 기간이다. 마지막으로 유행기^{遊行期; Sannyāsa}에는 홀로 방랑의 길을 떠나거나 은둔하는 기간이다. 이 중에서 앞의 두 단계는 세속적인 면을 나

갠지스 강변 가트에서의 제사(사진 왼쪽)**와 유행기의 브라만**

타내는 반면, 뒤의 두 단계는 세속을 벗어나 있으며 세속적인 의례규범에 구속되지 않는 정신적인 면을 지니고 있다. 이 과정에서 인생에서 지녀야 할 네 가지 덕목이 형성되었다. 학습기에는 도덕적 법칙dharma을 준수하는 교육을 받아야 하고, 가주기에는 도덕적 법칙을 준수하면서 성적 욕망kāma을 비롯한 기본적인 생리적인 욕구를 충족시키고 생활의 안정을 위한 재물artha을 획득해야 하며, 유행기에서는 세속적인 욕망이나 재물로부터 자유로운 해탈mokṣa로 나아가야 한다는 것이다. 이러한 인생의 네 단계나 인생의 네 가지 덕목은 인도 사회의 기본적인 성격을 잘 나타내고 있다. 이 시기에 이르면 인간의 목적은 훌륭한 사회인이 되는 것에서 끝나는 것이 아니고 인간의 궁극적인 이상과 진리를 향해 노력해야 함을 보여주고 있다.

이 시기에는 이미 네 베다가 완성되었고, 그 부속 학문으로서 수학, 논리학, 천문학, 문법학, 의학 등이 베다와 함께 교육되었다. 교육은 주로 브라만 사제계급에 의해 이루어졌으며, 구전口傳으로 행해졌다. 교육의 기회는 드물게 여성에게도 주어졌지만, 주로 상위계급 특히 브라만 사제계급의 남자에게 주어졌고, 수드라는 베다 학습이 금지되었다. 브라흐마나 시대에 이르러 베다는 신성한 권위를 가진 것으로 받아들여졌다. 베다는 신성한 계시이며, 따라서 영원한 타당성을 지닌 진리라고 주장되었다. 베다는 인간의 저작이 아니며, 성선聖仙이 신비적인 영감에 의해 감득한 것이라 하여 천계문학天啓文學; Śruti이라 부르며, 성선 자신에 의해 저작된 성전문학聖傳文學; smṛti과 구별하였다.

브라흐마나 문헌에는 이제까지와는 다른 세계관이 전개되고 있다. 브라흐마나에 있어서는 신神들을 대신하여 제사의식이 세계관의 근저를 이루었다. 제사의식은 단순한 수단이 아니라 독자적인 존재로서 신들을 강제하고, 우주의 모든 현상을 지배하는 힘으로 믿어졌다. 신들도 제사의식을 통하여 비로소 불사_{不死}를 얻는다고 여겨졌다. 결국 브라만들은 신에 봉사하는 경건한 사제승이 아니라, 제사의식의 힘으로써 신들을 지배하는 자인 것이다. 샤타파타 브라흐마나Śatapatha Brāhmaṇa II,2,2,6에는 "학식이 있으며 베다에 정통한 브라만은 인간이라고 하는 신이다."라고 하였다.

브라흐마나의 종교는 전적으로 형식적인 것이었다. 베다찬가들의 시적 영감이나 감동은 더 이상 찾아볼 수 없게 되었다. 기도란 단지 만트라들을 읊조리는 것 혹은 거룩한 신조들을 낭송하는 것을 의미할 뿐이었다. 축복의 말은 신비한 힘을 지닌 인위적인 소리가 되었다. 제사의식에서 행해지는 세세한 모든 동작, 낭송되는 말 한 마디가 중요하게 되었다. 지상에서 신의 존엄을 지닌다고 몸소 선언하였던 제관들 외에는 아무도 그 모든 신비를 이해할 수 없었다.

●   모든 것은 제사의식의 지배 아래 놓여 있다. 제사의식이 없다면 태양도 떠오르지 않을 것이며, 만일 100번의 말의 희생제의를 행한다면, 천계에 있는 인드라의 왕권도 빼앗을 수 있을 것이라고 하였다. 대체로 제사의식은 천계에서의 지복이 아니라, 세상에서의 이득을 얻기 위하여 수행된다. 계약적인 동기에 근거한 무미건조한 상업적인 신조가, 꾸밈없고 경건하기만 하던 베다의 종교를 몰아내고 말았다.

브라만이 중심이 된 희생제의와 함께 주술적인 제사의식은 일상생활에서 일어나는 여러 가지 문제나 위기상황을 조절하고 해결하기도 하였다. 그것은 현세 이익의 기능을 가진 것으로 일반인의 생활에서는 없어서는 안되는 것이었다. 그러나 점차 제식주의가 발전함에 따라 종교의 본래적인 목적은 상실되고 제사의식의 실행이나 주문의 암송과 같은 형식만을 강조하는 경향을 낳게 되었다. 제사의식이 복잡해지고 다양해지면서 일반인들은 사제들의 도움이 없이는 제사의식을 실행할 수 없게 되었다. 이에 따라 제사의식에 정통한 브라만의 사제계급은 그 권한이 더욱 강력해졌고 이와 함께 그들의 타락도 깊어 갔다.

기원전 6세기에 이르러 동물의 희생제의와 함께 행해지는 형식적인 제사의식에 대해 비판이 여러 방면으로 일게 되었다. 제사의식의 효과와 그 의의에 대한 회의는 육체적인 금욕과 고행을 통한 자아에 대한 성찰로 전환되었다. 제사의식의 권위자들은 기본적으로 주술의 세계에서 가능한 일인 제사의 한계를 자각하고 영원 · 불사와 관계되는 실존적이고 종교적인 수행법과 철학을 개발하게 되었다.

불로써 행해지는 제사의식

우파니샤드 철학 1

- 업에 의한 재생은 끊임없는 윤회를 의미하며, 윤회로부터의 자유, 즉 해탈을 이루지 않는 한 계속되는 것이다. 이러한 해탈은 고행과 요가라고 하는 수행의 과정을 통해서만이 가능한 것이었다.
- period B.C. 500년경
- keyword 조상들에게 이르는 길 / 신들에게 이르는 길 / 윤회 / 업 / 고행 / 요가

우파니샤드의 문헌은 기원전 500년을 중심으로 전후 수백 년에 걸쳐 성립된 것으로 추정하고 있다. 우파니샤드Upaniṣad라는 말은 '가까이 앉는다' 라는 뜻을 지닌 말이다. 스승과 제자가 무릎을 맞대고 가까이에 앉아서 대화를 통하여 비밀스러운 지식을 전수했다는 뜻에서 주어진 이름이다. 이러한 대화에 참가한 자들은 브라만계급의 사람들뿐만 아니라 크샤트리야 혹은 심지어는 슈드라계급이나 여자들 까지도 포함되어 있었다.

당시의 지식인들은 동물에 대한 희생제의와 형식적인 제사의식에 대한 효과와 의의에 대해 회의적이었다. 또한 당시에 죽은 후에 다시 태어난다는 재생의 관념과 업보의 관념이 퍼져가면서 형식적인 제사행위는 그 의의를 상실하고 있었다. 그보다도 그들은 궁극적인 실재에 대한 지식과 영원한 삶을 위한 종교적인 갈망이 추구되고 탐구되었다.

재생 관념의 처음의 모습은 〈샤타파타 브라흐마나Śatapatha Brāhmaṇa〉에서 보이고 있다. 베다에 대한 바른 지식을 지니고 자기의 의무에 충실한 사람은 죽은 후에 불멸을 위해 다시 태어나지만, 그렇지 못한 사람은 죽음의 먹이가 되어 거듭 재생한다고 하고 있다. 브라흐마나에서는 단지 내세에서 거듭되

는 생사를 상정하고 있다. 이러한 믿음이 우파니샤드에 와서는 현세에 다시 태어난다는 것으로 전환되었다.

우파니샤드에서는 죽은 후에 가게 되는 두 가지 길을 제시하고 있다. 판찰라Pañcāla의 국왕 프라바하나 자이발리Pravahaṇa Jaibali는 브라만의 유명한 철인哲人 웃달라카 아루니Uddālaka Āruṇi의 물음에 대해, 브라만에게는 전해지지 않은 왕족만의 가르침인 윤회과정의 다섯 단계와 죽은 후에 가게 되는 두 가지 길을 가르쳐 주었다고 한다.

윤회과정의 다섯 단계는 당시에 화장하는 풍습과 강우현상을 결합하여 설명되고 있다. 즉 사람이 죽어서 화장하게 되면 그 영혼이 상승하여 ①달에 도착하고, ②비가 되어, ③지상으로 떨어져 먹을 수 있는 것이 되며, ④그것은 먹혀져 정자精子가 되고, ⑤이것이 모태로 들어가 태아로 재생한다는 것이다.

그리고 두 가지 길이란 조상들에게 이르는 길과 신들에게로 이르는 길을 말한다. 어느 길을 지나가는 가는 생전의 행위에 의한 것이라고 한다. 우파니샤드는 또한 악인이 가야할 제3의 장소를 거론하기도 한다. 조상들에게 이르는 길은 생전에 제사와 선행을 믿고 행하는 사람들이 가는 길이다. 그들은 죽은 후에 화장할 때의 연기와 함께 하늘로 올라가 조상들이 계신 곳을 포함한 여러 곳을 지나 달에 이른다. 이 즐거운 세계에 선행의 힘이 남아 있는 한 머무르지만, 이것이 소진하면 위의 단계에 따라 지상으로 내려와 재생하게 된다. 이와는 달리 윤회과정의 다섯 단계를 알고 생전에 숲에서 고행과 요가를 따르고 행하다가 죽은 자는 신들에게 이르는 길로 들어간다. 그들은 화장의 불꽃을 타고 아그니 등 신계神界의 여러 영역을 거쳐서 브라흐만의 세계 혹은 진리의 세계로 인도되어 다시는 돌아오지 않는다.

사두 수행자들 인도에는 단식을 행하거나 신체에 고통을 가하고 있는 고행자들의 무리가 있는가 하면 갠지스 강가나 숲속에서 고요히 명상에 젖어 있는 요가 수행자들을 보게 된다. 고행은 타파스라고 한다. 타파스는 원래 열, 불을 의미하는 말이다. 〈리그베다〉 후기에는 알이 열을 받아 부화되어 새로운 생명이 탄생한다는 점에서 열이 만물 창조의 원동력으로 간주되었다.

그렇다면 사람들을 윤회하게 하는 원동력은 무엇인가? 우파니샤드는 이것을 업業; karman이라고 하였다. 우파니샤드에 의하면, 아르타바가Ārthabhāga 가 유명한 철인 야즈냐발키야Yājñavalkya에게 사람은 죽어서 무엇을 남기는가 라고 물었을 때, 그는 아르타바가를 아무도 없는 곳으로 데리고 가 그것은 업業 이라고 하는 비의秘儀를 전했다고 한다.

● 　　이와 같이 업에 의한 재생은 끊임없는 윤회를 의미하며, 그것
　　　은 윤회로부터의 자유 즉 해탈을 이루지 않는 한 계속되는 것
　　　이다. 이러한 해탈은 고행과 요가라고 하는 수행의 과정을 통
　　　해서만이 가능한 것이었다. 그것은 곧 신에게로 이르는 길이
　　　다. 종국적으로는 세계의 궁극적인 실재 즉 브라흐만의 본질
　　　을 깨달아야 하고, 자신이 브라흐만과 다르지 않다는 것을 깨
　　　달아야 만이 그 브라흐만의 세계로 가게 되는 것이다. 그 방
　　　법으로 제시되고 있는 것이 고행과 요가이다.

　지금도 인도에는 단식을 행하거나 신체에 고통을 가하고 있는 고행자 들의 무리가 있는가 하면 갠지스 강가나 숲속에서 고요히 명상에 젖어 있는 요가 수행자들을 보게 된다.

　고행은 타파스tapas라고 한다. 타파스는 원래 열, 불을 의미하는 말이 다. 〈리그베다〉 후기에는 알이 열을 받아 부화되어 새로운 생명이 탄생한다는 점에서 열이 만물 창조의 원동력으로 간주되었다. 그리고 타파스는 일종의 열 감각으로서 고행과 밀접한 관계가 있다. 신체를 극한으로까지 몰고 가서 강하 게 긴장시킬 때, 일종의 열감각이 생기며 이와 함께 특이한 정신상태가 나타 나게 되고 신비한 능력이 생긴다는 사실을 알고 있었던 것이다. 〈아타르바베

다)에는 이러한 타파스를 행하는 무리가 있었음을 서술하고 있다. 그들은 타파스에 의해 자기 자신조차도 잊어버리는 황홀한 경지에 들어가고 신비한 주술적인 힘을 얻었다고 한다.

브라흐마 문헌에서 이 타파스는 제식을 수행할 때 켜놓은 불과 관련하여 설명되고 있다. 만물을 창조하는 열은 제사를 수행시키는 원동력으로 생각되었다. 그러므로 브라흐만을 알고 만물을 자유로이 움직이는 힘을 얻는 것은 타파스를 체현함으로써 가능하다고 보았다. 이러한 사고방법은 고차원적인 실존적 실천이 발전함에 따라 원래 주술적인 타파스에서 불사不死와 관련된 수행법으로 승화되었다.

우파니샤드 시대에 여러 형태의 고행자가 개인적으로 또는 집단을 이루어 수행하였다. 그 중에는 브라만도 있지만 브라만이 아닌 수행자도 많았다. 제사의 한계가 알려지면서 이를 넘어서는 높은 종교적 경지를 위해 고행자의 무리가 생기는 것은 자연스러운 일일 것이다. 그들은 세속적인 일체의 생활을 버리고 무리를 지어 숲속에 거주하였다. 식물의 뿌리와 줄기, 꽃과 열매 등을 먹으며 나무껍질로 옷을 삼았다. 번뇌를 억제하고 살생을 하지 않으며 여성을 멀리하는 청정한 생활을 이어갔다. 고행자들 가운데에는 한 곳에 머물지 않고 유행생활을 하는 이도 있었다.

재생으로 인한 윤회로부터 벗어나기 위한 방법으로써 고행은 감각기관을 제어하고 욕망을 버리게 하는 것이라면, 요가는 정신을 통일하여 브라흐만과 자기 자신에 정신을 집중하게 하는 것이라 하겠다. 이와 같이 이 시대에 형성된 업과 윤회 그리고 고행과 요가를 통한 해탈이라는 주제는 이후에 불교, 자이나교, 힌두교 등의 중심 주제가 되었으며, 인도의 사상, 종교, 문화에 매우 깊은 영향을 미치게 되었다.

우파니샤드 철학 2

- 〈샤타파타 브라흐마나〉에서는 "실로 태초에 이 우주가 브라흐만이었다. 그것이 신들을 창조하였다."고 말하고 있다.
- period B.C. 500년경
- keyword 梵브라흐만 / 我아트만 / 梵我一如 / 튜리아turiya 상태 / 순수 직관의식 상태

우파니샤드 철학의 정수는 역시 범아일여梵我一如의 가르침이라 하겠다. 범아일여란 범梵을 가리키는 브라흐만Brahman과 아我를 가리키는 아트만Ātman이 서로 같다는 것이다. 이것은 다시 말하면 우주의 근본원리인 브라흐만과 개체의 근본원리인 아트만이 같다는 의미이다. 〈브리하드아란야카 우파니샤드Bṛhadāraṇyaka-upaniṣad〉에 의하면, "브라흐만은 스스로 자기 자신을 창조했다."고 하였으며, 또한 "그는 세계를 창조하고 그 속으로 들어갔다."고 하고 있다.

우주의 근본원리 또는 최고신에 대한 탐구는 〈리그베다〉 시대부터 있어온 것이었다. 〈리그베다〉 시대에는 자연의 구성요소나 힘에 대해 인격적인 신의 성격을 부여하였다. 그러나 이러한 다신교적인 사고방식 외에 세계의 모든 현상 내지는 힘들의 배후에 있는 어떤 통일적이고 근본적인 원리에 대한 의식이 있었다. 그러한 의식은 우주의 창조 혹의 세계의 전개에 대한 탐구였다. 프라자파티Prajāpati는 '생물의 주主'라는 뜻으로, 원래 다른 신들의 칭호로 사용되다가 나중에는 독립적인 창조의 신으로 숭배되었으며, 비슈바카르만Viśvakarman은 '모든 것을 만든 자'라는 뜻으로 또한 창조의 신으로 숭배되었다.

그리고 추상적이고 형이상학적인 유일자唯一者; Tad Ekam로부터 세계가 전개되었다고 설명하기도 한다.

이와는 성격을 조금 달리하는 것으로 푸루샤Puruṣa의 찬가가 있다. 이 푸루샤의 찬가는 우파니샤드 철학의 정수인 범아일여의 가장 오래된 흔적이라 할 수 있다. 푸루샤는 우주적인 원인原人을 말하는 것으로, 유일하게 존재하는 이 푸루샤로부터 우주의 여러 현상이 창조되었다는 이야기이다. 푸루샤의 마음으로부터 달이, 눈으로부터 해가, 입으로부터 인드라와 아그니가, 숨으로부터 공기가, 배꼽으로부터 하늘과 땅 사이의 중간지대가, 머리로부터 하늘이, 발로부터 땅이, 귀로부터 방향이 산출됨으로써 이 세계가 창조되었다고 한다. 이는 우주적 거인의 여러 신체 기관들로부터 우주적인 사물이나 현상이 생성한다고 하는 것을 보여준다. 이것은 또한 원초적 인간과 우주적인 여러 현상 사이의 대응관계를 나타내고 있다고 하겠다.

브라흐마나시대에는 조물주로서 프라자파티Prajāpati가 최고신으로 등장하였다. 그는 이미 〈리그베다〉의 말기 이래로 숭배의 대상이 되어 왔지만 브라흐마나에 이르러 유력한 존재가 되었다. 그는 제식을 창시하고, 스스로 제식을 행할 뿐만 아니라 제식 그 자체로 간주된다. 또한 최초에 물[水]이 있고, 그 가운데 황금의 알이 떠 있으며, 그로부터 프라자파티가 출현하여 만물을 생기하였다고 하고 있다. 시간이 흘러가면서 점차 프라자파티가 점유하고 있던 창조주의 위치에 브라흐만이 대체되어 갔으며, 브라흐만은 우주의 근본원리로서 자리를 잡아갔다. 〈샤타파타 브라흐마나〉에서는 "실로 태초에 이 우주가 브라흐만이었다. 그것이 신들을 창조하였다."고 말하고 있다.

개체의 근본원리인 아트만에 대해 우파니샤드는 가짜를 진짜인 것인 양 임의적으로 가르친 후에 다시 그 가짜를 부정하는 방법으로 가르치고 있다. 〈찬도기아 우파니샤드Chāndogya-upaniṣad〉에 보면, 만물의 아버지인 프라쟈파티가 인드라신에게 이와 같은 단계적인 방법으로 아트만에 대한 지식을 전해주고 있다.

옛적에 프라쟈파티가 아트만을 얻으면 세상의 모든 것을 얻을 수 있다고 말을 하자, 인드라가 제자가 되기 위해 찾아왔다. 먼저 인드라는 프라쟈파티와 함께 많은 세월 동안 금욕생활을 하며 보낸다. 그러고 나서 스승인 프라쟈파티에게 아트만에 대해 질문한다. 스승은 제자에게 아트만 즉 자아란 다른 사람의 눈을 들여다볼 때 혹은 물속이나 거울을 들여다볼 때 보이는 육체의 모습이 아트만이라고 가르쳐 준다. 이는 깨어 있는 상태에서의 자아이다. 즉 우리의 눈과 코와 귀 등의 감각기관이 바깥의 세계와 접촉하여 활동하고 있는 상태이다. 인드라는 만족하고 스승의 곁을 떠났으나 곧 의심하게 된다. 육신이 멸하면 그것도 멸할 것이다. 그렇다면 내가 바랄 것이 없지 않은가? 인드

삼매에 든 수행자

라는 다시 스승을 찾아가 금욕생활을 하며 많은 세월을 더 머문다. 스승은 이제 꿈속에서 여기저기로 옮겨 다니는 자가 자아라고 가르쳐 준다. 꿈꾸고 있는 상태로서, 이때에는 우리의 감각기관과 몸은 쉬고 있지만 우리의 마음 즉 내적인 감각기관과 의식은 계속 활동하고 있는 상태이다. 깨어 있을 때의 체험을 재료로 하여 미세한 대상의 세계를 만들어내고 있는 상태이다. 인드라는 곧 의심하여 다시 스승에게 나아가 많은 세월을 더 머문다. 그러자 스승은 깊이 잠들어 아무런 꿈도 꾸지 않을 때, 그것이 자아라고 하였다. 꿈도 없는 깊은 수면 상태에서는 어떤 감각기관이나 의식작용도 없고 그에 해당하는 대상도 사라지게 된다. 즉 주관과 객관의 대립이 사라지고 다양성과 제한성이 사라진 행복하고 평화스러운 상태이다. 그렇다고 아주 무의식의 상태를 말하는 것은 아니다. 마치 한 마리의 새가 이리 저리 날아다니다가 마침내 자기의 보금자리에 돌아와서 쉬고 있는 상태와 같다고 하였다. 이때 자아는 일시적으로 브라흐만과 하나가 되어 지극한 복락을 누린다고 한다.

〈만두키야 우파니샤드Māṇḍūkya-upaniṣad〉와 같은 후기 우파니샤드에서는 여기에서 한 걸음 더 나아가서 제4의 튜리야turīya상태를 완전한 상태로 말하고 있다. 이 4번째 자아의 상태는 희열ānanda의 상태로서, 세 번째의 깊은 수면의 상태와 같이 주객의 대립이 초월되며 모든 유한한 정신적인 활동이 그친 상태이다. 자아가 특정한 대상이 없이 순수 직관 의식으로서 스스로 밝게 존재하는 상태이다.

또한 〈찬도기야 우파니샤드〉에는 이와는 조금 다르게 웃달라카 아루니Uddālaka Āruni가 그의 아들인 슈웨타케투Śvetaketu에게 직접적으로 체험하게 하는 방법으로 아트만을 가르치고 있다. 아루니는 아들에게 니야그로다Nyagroda 나무 열매를 하나 가져와 쪼개고 또 쪼개라고 한다. 그리고 씨앗 안에 무엇이 보이는가고 묻자, 아무 것도 보이지 않는다고 답한다. 그 때 아루니는 그 보이지 않는 미세한 본질 그 본질에서 이 커다란 니야그로다 나무가 존재하며, 그 보이지 않는 미세한 본질 그것이 아트만이며, 그것이 너의 본질이라고 말한다. 또한 아버지는 소금을 물에 녹이고는 소금물을 맛보라고 한다. 소금물은 어느 부분을 맛보더라도 똑같은 짠맛이다. 소금의 존재를 보지는 못하지만 소금은 물의 모든 곳에 있듯이, 아트만은 존재하는 모든 것에 두루 존재하는 공통된 본질이라는 것이다. 그리고 또한 그것이 너의 본질이라고 가르친다.

● 　　이와 같이 인간을 포함하는 모든 세계는 하나의 궁극적인 실재에 참여하고 있다고 하는 범아일여의 진리를 깨닫는 것이 우파니샤드에서 말하는 최고의 지식이다. 이러한 최고의 지식은 고행을 통하여 감각기관을 제어하고 요가를 통한 명상으로 예지가 발현되었을 때에 가능한 것이다.

자유로운 사상의 전개

- 그는 이 세상에 실재하는 것은 지수화풍地水火風의 네 원소 밖에 없으며, 인간이 죽으면 그들의 네 원소로 돌아갈 뿐이라고 하였다. 선악은 물론 내세도 존재하지 않는다고 하였다.
- period B.C. 500년경~B.C. 400년경
- keyword 도시국가 / 왕권국가 / 16대국 / 자유사상가 / 사문 / 사문과경 / 아지따 께사깜발리 / 유물론자

기원전 6~5세기의 인도는 정치적, 사회적으로 많은 변화가 일어난 시기였다. 아리아인들은 계속 동방으로 진출하여 이 무렵에는 갠지스강 중류지방에 정착하기에 이르렀다. 이와 함께 이 지방을 비롯하여 동북부지방에는 정치, 경제, 사회적으로 현저한 변동이 일어나고 있었다. 농업 생산력의 증대로 상업과 수공업이 발달하였고 더불어 화폐경제가 발달하게 되었다. 상품 유통에 따라 사람들이 도시로 몰려들면서 도시가 발달하게 되고, 새로운 도시를 중심으로 도시국가가 형성되는 양상을 띠게 되었다.

이러한 사회의 구조적인 변동은 신분 계급제도에서도 변화를 가져왔다. 군소부족들이 몇 개의 왕권국가로 통합되면서, 농촌사회에서는 단지 부족의 수장音톐에 지나지 않았던 왕이 왕권국가에서는 관정灌頂을 받은 국왕rājan으로서 국가의 지배자의 위치에 올라서게 되었다. 이러한 것은 초기 불교경전에서 브라만계급보다 왕족계급인 크샤트리아계급이 사회적으로 더 높은 위치로 서술되고 있는 것에서 알 수 있다. 또한 평민계급에 해당하는 바이샤계급 안에서도 상업자본가나 많은 토지를 소유한 자들은 자산가資產家; grhapati로서

일반의 평민과는 다른 신분으로 여겨졌다. 특히 유통경제의 발전을 배경으로 한 상공업자들은 다수의 직업조합seni 또는 pūga을 형성하여 도시 내의 경제적인 실권을 장악하였으며, 장자長者; seṭṭhi, śreṣṭhin라 불리는 조합의 우두머리는 상업 자본가의 대표로서 사회적으로 중요한 지위를 갖게 되었다.

이 무렵에 인도에는 16대국이 있었다고 전해지며, 특히 동북부 6개국의 7대도시는 부처님의 행적과 매우 밀접한 관계를 가지고 있었다. 마가다Magadha국의 수도인 라자그라하王舍城, Rājagṛha; 현재 라즈기르, 코살라Kośala국의 수도인 스라바스티舍衛城, Śrāvasti; 현재 사헤트마헤트와 사케타沙計多, Sāketa; 현재 야요다, 밤사Vaṃsa의 수도 코삼비橋賞彌城, Kauśāmbi, 카시Kāsi의 수도 바라나시波羅奈城, Bārānasi; 현재 바라나시, 밧지Vṛji의 수도 웨살리毘舍離城, Vesālī; 현재 바이샤리, 앙가Aṅga의 수도 참파瞻波城, Campa; 현재 바가르푸르 등이다.

이러한 사회적인 변동은 새로운 사상을 요구하였다. 이제까지 씨족제

성자들의 대화 브라만 사회의 밖에 몸을 두고 공공연하게 브라흐마니즘를 신랄히 비판하는 무리들이 증가하였다. 이들은 '사문(노력하는 사람이라는 뜻)'이라 부르며, 당시의 자유로운 사상가와 종교가들을 총칭하였다. 이들은 인생의 어느 시기이든 출가하여 인생과 세계를 탐구하고 논하면서 수행을 행하였다.

농촌사회의 지도원리였던 제사 중심의 브라흐마니즘은 도시국가 사회에서는 이미 그 기능을 발휘할 수 없었고, 그들이 독점하는 사회지배도 점차 무너져 가고 있었다. 도시국가 사회 안에서 두각을 나타내고 있던 왕족계급과 토지 소유자 그리고 상인과 장인 등의 자산가들은 새로운 사상에 대한 갈망이 어느 때보다도 높았다. 또한 그 동안 억압받고 있던 계층이 도시국가 사회의 출현과 함께 가속화 된 자유로운 사회 분위기는 사상과 종교적인 면에서 새로운 움직임이 일어나기에 충분한 조건이었다.

먼저 전통적인 브라만 사회 내부에서 일부 유행하는 지식계층의 브라만들은 희생제의를 통한 제식만능주의를 반성하고, 현상세계의 근원적인 진리라든가 자신의 근원적인 본질을 찾기 위한 고행이라든가 명상으로 전환을 시도하고 있었다.

●   이와는 달리 브라만 사회의 밖에 몸을 두고 공공연하게 브라만의 주의주장에 반대하며, 브라흐마니즘의 제사종교를 신랄히 비판하는 무리들이 증가하였다. 이들은 사문沙門; Śramaṇa이라 부르며 '노력하는 사람'이라는 뜻으로, 당시의 자유로운 사상가와 종교가들을 총칭하였다. 이들은 국왕과 자산가 계급의 지지를 받았으며, 새로운 사회에 부응하는 사상과 종교로서 그 역할을 증대해가고 있었다.

그들은 브라만과 달리 어떠한 계급에서도 사문이 될 수 있으며, 인생의 어느 시기이든 출가하여 인생과 세계를 탐구하고 논하면서 수행을 행하였다. 또한 베다성전의 권위를 부정하고, 브라만의 언어인 산스크리트어를 사용하지 않고 일반 민중의 말에 근거한 프라크리트어俗語를 사용하였다. 그들은 브라만교에서 규정한 네 가지 생활단계를 따르지 않고 자유로운 시기에 출가하여 한 곳에 머물지 않는 유행생활을 하였다. 여러 가지 수행을 행하며 서로 우주와 인생에 대해 논하며 사람들에게 새로운 가르침을 펼치고 있었다. 석존 역시 이와 같은 사문 가운데 한 사람이었던 것이다.

당시에 유행하는 브라만이나 사문들이 품고 있었던 사상은 매우 다양하다. 이들의 견해에 대해 불교에서는 『디가 니까야Dīghanikāya』의 「범망경梵網經」에 62견으로, 자이나교에서는 『수야가다Sūyagaḍa』에 363견으로 정리하여 전해지고 있다. 여기에서는 각각의 견해를 주장한 사람의 이름이 전해지지 않으며, 사상가의 이름과 결부하여 전하고 있는 것은 『디가 니까야』의 「사문과경沙門果經」이다. 「사문과경」은 부처님이 당시 마가다국의 국왕이었던 아자따삿뚜 웨데히뿟따Ajātasattu Vedehiputto왕의 방문을 받고, 국왕이 부처님을 뵙기 전에 친견한 여섯 사문에 대한 소견을 말하자 그에 대해 부처님이 가르침을 펼치는 내용을 담고 있는 경이다. 아자따삿뚜는 부왕이었던 빔비사라왕을 시해하고 왕위를 찬탈한 뒤 하루도 편하게 잠을 이루지 못하였다고 한다. 부처님으로부터 이 설법을 들은 뒤로는 편히 잠을 이루고 삼보에 대한 믿음이 굳건해졌다고 한다.

경전에서는 세 번째로 등장하지만 아지따 께사깜발리Ajito Kesakambalī의 견해를 먼저 소개한다. 그는 이 세상에 실재하는 것은 지수화풍地水火風의 네 원소 밖에 없으며, 인간이 죽으면 그들의 네 원소로 돌아갈 뿐이라고 하였다. 선악은 물론 내세도 존재하지 않는다고 하였다. 경전의 내용은 다음과 같다.

"대왕이여, 보시한 것도 없고 제사지낸 것도 없고 바쳐진 공물供物도 없습니다. 선행과 악행의 업들에 대한 열매도 과보도 없습니다. 이 세상도 없고 저 세상도 없습니다. 어머니도 아버지도 없습니다. 화생化生하는 중생도 없고,

이 세상과 저 세상을 스스로 최상의 지혜로써 알고 실현하여 드러내는 바른 도를 구족한 사문·브라만도 없습니다.…… 송덕문頌德文은 화장터까지만 읊어질 뿐이며, 뼈다귀는 잿빛으로 변하고 바쳐진 공물은 재로 끝날 뿐입니다. 보시란 어리석은 자의 교설일 뿐이니 누구든 보시 등의 과보가 있다고 설하는 자들의 교설은 공허하고 거짓되고 쓸데없는 말에 지나지 않습니다. 어리석은 자도 현자도 몸이 무너지면 단멸하고 멸절할 뿐이라서 죽고 난 다음이라는 것은 없습니다.”

이는 업과 윤회를 모두 부정하는 완전한 유물론자이다. 세상의 많은 사람들은 부지불식간에 이러한 사고와 행동을 하고 있지는 않는지 한번 생각해 볼 일이다.

도덕부정론자

- 부처님께서는 『앙굿따라 니까야』에서 막칼리 고살라는 업 지음도 노력도 업의 결과도 모두 부정하기 때문에, 그의 사상이 가장 위험하며 가장 천박하다고 꾸짖으시고 있다.
- period B.C. 500년경~B.C. 400년경
- keyword 빠꾸다 깟짜야나 / 7요소설 / 막칼리 고살라 / 사명외도邪命外道 /결정론적 숙명론 / 뿌라나 깟사빠 / 선악행위와 과보 부정

기원전 6~5세기의 인도는 석가 세존께서 활동하던 시기이다. 당시에 사회구조의 큰 변동과 함께 많은 사상이 일어나던 시기였다. 전통적인 사상으로는 브라만을 사제로 하는 제사종교인 브라흐마니즘이 있었으며, 이들은 범아일여梵我一如 사상을 그들의 철학적인 바탕으로 삼고 있었다. 이러한 전통적인 사상에 반대하여 일어난 사상가들은 사문Śramāna이라 불리며, 그들은 무리를 이루어 한 곳에 머물거나 유행하며 그들의 사상을 펼치고 있었다. 당시 사문들의 사상을 잘 보여주고 있는 경이 『디가 니까야長部』의 「사문과경沙門果經」이다.

지난번에 우리는 업과 윤회를 모두 부정하는 아지따 케사깜발리의 견해를 살펴보았다. 이와는 다소 다르지만 업과 윤회를 부정한다는 면에서 다르지 않은 또 다른 유물론자로서 빠꾸다 깟짜야나Pakudha Kaccāyana라는 사문이 있다. 그는 이 세상에 실재하는 것으로 지수화풍地水火風의 네 가지 원소 외에 괴로움苦과 즐거움樂 그리고 영혼命我; jīva 등 세 가지를 합쳐 일곱 가지 요소를 들고 있다. 영혼을 주장하고 있지만 그것은 물질적인 것으로 지극히 유물론적인 것이다. 단지 일곱 가지 요소만이 실재하며, 업 지음과 지은 업에 대한 과보,

해탈된다거나 속박된다는 것도 없다는 태도이다. 경전의 구절을 보자.

"대왕이여! 중간생략 이들 일곱 가지 요소들이 있나니, 만들어지지 않았고, 만들어진 것에 속하지 않고, 창조되지 않았고, 창조자가 없으며, 생산함이 없고, 산꼭대기처럼 움직이지 않고 변하지 않고 서로를 방해하지 않습니다. 서로 서로에게 즐거움도 괴로움도 그 둘 모두도 주지 못합니다. 그러므로 여기서 죽이는 자도 없고 죽이게 하는 자도 없고 듣는 자도 없고 말하는 자도 없고 아는 자도 없고 알게 하는 자도 없습니다. 날카로운 칼로 머리를 자른다고 해도 누구도 누구의 생명을 빼앗은 것이 아닙니다. 다만 칼이 이 일곱 가지 요소들의 가운데로 통과한 것에 지나지 않습니다."

이것은 역시 실천적인 면에서 도덕을 부정하는 입장이라는 것을 알수 있다. 반면에 영혼의 윤회전생은 인정하지만, 거기에 인간의 의지에 의해 일어나는 업 지음도 노력도 업의 결과도 모두 부정하는 막칼리 고살라Makkhaligosāla라는 사문이 있었다. 그는 모든 것은 다만 자연의 정해진 상황과 본성에 의해 결정된다고 하는 일종의 결정론적인 숙명론을 주장하였다. 윤회의 주체로서 영혼[命我; Jīva]을 인정하고 있지만, 이것은 상주하는 물질적인 존재로 생각하여 지수화풍地水火風과 허공 등의 원소와 같은 원리로 파악하였다. 또 얻음得 · 잃음失 · 괴로움苦 · 즐거움樂 · 태어남生 · 죽음死이라고 하는 추상관념을 하나의 원리로서 상정하고 이것들을 실체로 보려고 하였다. 경전을 통하여 살펴보자.

"대왕이여! 중생들이 오염되는 것에는 어떤 원인도 어떤 조건도 없습니다. 어떤 원인도 어떤 조건도 없이 중생들은 오염됩니다. 중생들이 청정하게 되는 것에는 어떤 원인도 어떤 조건도 없습니다. 어떤 원인도 어떤 조건도 없이 청정하게 됩니다. 자신의 행위도 남의 행위도 인간의 행위도 없습니다. 힘도 없고 정진력도 없고 근력도 없고 분발도 없습니다. 모든 중생들과 모든 생명들과 모든 존재들과 모든 영혼들은 자신의 운명을 지배하지 못하고 힘도 없고 정진력도 없이 운명과 우연의 일치와 천성의 틀에 짜여서 여섯 종류의 생에서 즐거움과 괴로움을 겪습니다. 중간생략 어리석은 자나 현자나 같이 수많은 겁을 모두 치달리고 윤회하고 나서야 괴로움의 끝을 냅니다. 그러므로 여기에 '나는 계나 서계誓戒나 고행이나 청정범행으로 아직 익지 않은 업을 익게 하겠다'라거나 '익은 업을 점차로 없애겠다'라는 것은 있을 수 없습니다.

수행중인 행자

즐거움과 괴로움의 크기가 정해져 있는 이 윤회에서는 아무것도 줄이거나 늘일 수 없으며 아무것도 증가시키거나 감소시킬 수 없습니다. 마치 감긴 실타래가 던지면 실이 다 풀릴 때까지 굴러가는 것처럼 그와 마찬가지로 어리석은 자나 현자나 같이 치달리고 윤회하고 나서야 괴로움의 끝을 냅니다."

이는 모든 것은 이미 운명으로 결정되어 있기 때문에 어떠한 노력으로도 이를 바꿀 수 없다는 것이다.

● 세존께서는 『앙굿따라 니까야^{增支部}』에서 막칼리 고살라는 업 지음도 노력도 업의 결과도 모두 부정하기 때문에. 그의 사상이 가장 위험하며 가장 천박하다고 꾸짖으시고 있다. 그러나 그는 많은 제자를 거느린 교단의 우두머리였다고 한다. 그가 속한 교단은 아지위카^{Ājīvika}라고 불렸으며, 한역불전에서는 '삿된 영혼^{命我}을 주장하는 외도^[邪命外道]'로 낮추어 부르고 있다. 아지위카 교단은 부처님시대에 상당한 세력을 가지고 있었고, 그 후 아쇼카왕 비문에서는 불교나 자이나교와 함께 독립된 종교로 인정되고 있으며, 훨씬 후대인 14세기 무렵에는 남인도에서 번성하였다는 기록도 전하고 있다.

막칼리 고살라와 밀접한 관계가 있으며 아지위카교도였다고 하는 뿌라나 깟사빠^{Pūraṇa Kassapa}라는 사문이 있었다. 그의 윤회에 대한 견해는 알 수 없으나 업과 과보를 부정하는 도덕부정론자로 알려져 있다. 불교경전에 의하면 그는 500명의 제자를 거느렸으며 릿차위^{Licchavi}족의 아바야^{Abhaya}왕자와도 교분이 있으며, 신통력을 가지고 있었다고 전해지고 있다. 어쨌든 아자타 삿뚜왕에게 비친 그의 모습을 경전을 통하여 살펴보자.

"대왕이여! 자기 손으로 직접 행하고 명령하여 행하게 하고 남의 손 등을 자르고 자르게 하고 막대기로 고문하고 고문하게 하고 재물을 빼앗는 등으로 슬프게 하고 다른 이들에게 시켜서 슬프게 하고 억압하고 억압하게 하고 생명을 죽이고 주지 않는 것을 가지고 문을 부수어 도둑질하고 약탈하고 주거를 침입하고 노상에서 강도질하고 남의 아내를 범하고 거짓말을 하더라도, 그 사람은 죄를 범한 것이 아닙니다. 만일 날카로운 원반을 가진 바퀴로 이 땅의 생명들을 모두 하나의 고깃덩어리로 만들고 하나의 고기무더기로 만들지라도, 그로 인한 어떤 죄악도 없으며 죄악이 생기지도 않습니다. 중간생략 갠지스강의 북쪽기슭에 사는 신심있고 맑은 사람들에게 가서 보시하고 보시하게 하고 공양하고 공양하게 하더라도, 그로 인한 공덕도 없으며 공덕이 생기지도 않습니다. 보시하고 자신을 길들이고 제어하고 바른 말을 하더라고, 공덕이 없으며 공덕이 생기지도 않습니다."

그는 당시에 일반 세간에서 인정되고 있던 선악의 행위와 그 행위가 미래에 초래하는 과보조차도 모두 부정하고 있다. 이들의 견해를 보면서, 우리는 진정으로 어떠한 생각으로 살아가고 있는지 자신을 돌이켜 보아야 할 것이다.

고행주의자

- 차가운 물은 유심인 생체에 해당하며, 차가운 물에는 극미의 생명체가 들어 있으므로 그냥 마시면 안되며 반드시 여과시켜 마셔야 한다. 또한 목욕과 양치가 금지되는데, 이는 물을 오염시켜 수체 자체를 오염시키고 살상하기 때문이다.
- period B.C. 444~B.C. 372년경; 마하위라 자이나교 개조
- keyword 산자야 벨라티풋타 / 판단중지 / 니간타 나따뿟따 / 진리의 상대주의 / 자이나 / 지바命 / 불살생계

〈사문과경〉에서 마가다의 국왕인 아자따삿뚜왕은 당시에 알려진 사문이었던 산자야 벨라티풋타Sañjaya Belaṭṭhipytta에 대해 '애매모호함을 답하는 자'라고 평가하고 있다. 그는 "저 세상이 존재하는가?", "천상의 신들과 지옥 중생과 아귀 등 화생化生은 존재하는가?", "선악의 과보는 존재하는가?", "여래는 사후에 존재하는가?" 등의 형이상학적인 문제에 대하여 질문을 받으면 확정적인 대답을 주지 않았다고 한다. 경전의 내용을 살펴보자.

"대왕이여, 만일 당신이 '저 세상은 있소?'라고 내게 묻고, 내가 '저 세상은 있다'라고 생각한다면, 나는 '저 세상은 있다'라고 대답해야 할 것입니다. 그러나 나는 이러하다고 하지 않으며, 그러하다고 하지 않으며, 다르다고 하지 않으며, 아니라고 하지 않으며, 아니지 않다고도 하지 않습니다. 만일 당신이 '저 세상이 없소?'라고 …… ."

이러한 그의 입장은 '뱀장어처럼 미끄러워 잡기 어려운 의론'이라고 이야기 되고 있다. 그는 그러한 형이상학적인 문제는 인식될 수 있는 것이 아니며 알 수 없는 것으로서 판단을 중지해야 한다는 입장을 취하고 있다. 다른 사문들과는 달리 그는 변하지 않는 어떤 존재를 상정하고 있지 않다는 점에서

주목할 만하다고 하겠다. 그의 제자로서 사리뿟따Sāriputta, 사리불 존자와 목갈라나Moggallāna, 목련 존자가 있었다. 이 두 제자가 그들을 따르던 250여인들과 함께 석존에게 귀의하자, 산자야는 뜨거운 피를 토했다고 전해지고 있다.

반면에 니간타 나따뿟따Nigaṇṭha Nātaputta라는 사문은 이러한 점을 극복하는 한 모습으로서 진리의 상대주의Syādvāda를 주장하였다. 사물은 여러 입장에서 고찰되어야 하며, 절대적이거나 일반적으로 판단을 내려서는 안된다고 하였다. 만약에 어떤 판단을 내리려고 한다면 '어떤 점에서 본다면syād'이라는 제한을 붙여서 말해야 한다고 하였다.

니간타는 '묶임 혹은 집착으로부터 풀려난 자'라는 뜻이다. 이들은 훨씬 이전부터 인도의 동북부에서 주로 엄한 고행을 행하던 사람들로서 교단을 이루고 있었다고 한다. 나따뿟따는 나따족 출신이라는 뜻으로 니간타 나따뿟따의 본래의 이름은 와르다마나Vardhamāna였다. 그는 상업도시로 번창한 웨살리 북부 나따족의 왕족의 아들로 태어났다. 30세에 니간타의 교단에 출가하여 고행을 닦아 깨달음을 얻어 지나Jina; 勝者가 되었다. 그 후 이 교단은 지

마하위라 상

나의 가르침을 따르는 사람들이라 하여 자이나Jaina라고 불렀다. 그는 뒤에 마하위라Mahāvīra라고 존칭되었으며 72세에 세상을 떠났다. 마하위라는 '위대한 영웅'을 뜻하며 흔히 대웅大雄으로 한역되었다. 니간타 나따뿟따의 이야기를 들어보자.

"대왕이여, 니간타는 네 가지 제어로 단속합니다. 대왕이여, 어떻게 네 가지 제어로 단속할까요? 대왕이여, 여기 니간타는 모든 차가운 물을 금하고, 모든 악을 금하고, 철저하게 금하여 모든 악을 제거하고, 모든 악을 금하여 해탈을 얻습니다. 대왕이여, 이와 같이 니간타는 네 가지 제어로 단속합니다. 대왕이여, 이를 일러 니간타 나따뿟따는 자아에 도달했고 자아에 계합했고 자아에 머문다고 합니다."

그는 모든 존재를 영혼jīva, 命과 비영혼ajīva, 非命으로 나누었다. 여기서 영혼은 지체地體, 수체水體, 화체火體, 풍체風體, 식물체, 동물, 천신, 지옥중생 등 모든 것 하나하나에 존재한다고 보았다. 비영혼은 허공ākāśa, 물질pudgala, 운동의 조건dharma, 정지의 조건adharma의 네 가지이다. 이 네 가지와 영혼을 합하여 다섯 가지 실재체實在體, astikāya라고 하였다.

● 　　그들의 교리는 영혼이 물질에 흘러들어가 영혼이 물질에 묶여 있다는 것이다. 그러므로 영혼이 물질에 묶이게 되는 것을 제어하여야 한다. 그 제어하는 방법으로 고행이 강조되며, 극심한 고행이 이루어졌을 때 영혼은 물질의 속박으로부터 풀려나며 이것이 곧 해탈이라고 한다.

그렇다면 어떻게 이 영혼을 물질로부터 분리하여 홀로 우뚝 존재하게 할 것인가 하는 것이 이들의 수행과 교리의 중심이다. 오래전부터 니간타의 교도들은 네 가지 금하는 법을 지켜왔다고 한다. 즉, 생명을 해치는 것, 거짓을 말하는 것, 훔치는 것, 외적인 것을 소유하는 것이다. 마하위라는 여기에 음행 淫行을 하지 않는 것을 포함하여 다섯 가지 금계의 법을 완성하였다고 한다.

니간타는 금계를 엄격히 지키는 수행에 의해서 해탈을 이룰 수 있으며, 이는 극심한 고행의 모습으로 나타난다. 특히 불살생의 금계는 이들 교단의 중심적인 계라 할 수 있을 정도로 엄격히 준수하고자 노력하고 있다. 생명을 해치는 것은 악업을 더욱 견고히 하여 영혼을 속박하여 윤회케하는 매우 중대한 일이었다. 수체와 관련된 불살생의 실천은 전통적으로 매우 강조되어 왔다. 그래서 차가운 물은 유심有心인 생체生體에 해당하며, 차가운 물에는 극미의 생명체가 들어 있으므로 그냥 마시면 안되며 반드시 여과시켜 마셔야 한다. 또한 목욕과 양치가 금지되는데, 이는 물을 오염시켜 수체 자체를 오염시키고 살상하기 때문이다. 양치의 경우에는 수체와도 관련되지만, 인도에서는 양치에 님neem 나뭇가지를 꺾어서 양치도구로 사용하므로 식물체 존재를 상해하는 결과를 초래하기 때문이다. 지체에 존재하는 생명을 상해하지 않기 위해서 그들은 함부로 땅을 파서는 안된다고 하였다. 화체 존재의 생명력을 인정함으로 수행자는 아무리 추워도 자기의 몸을 따뜻하게 하기 위해 불을 피우는 것을 금하고 있다. 풍체 존재의 생명력에 손상을 입히는 것을 방지하기 위해 입가리개와 털채를 사용하고 있다. 또한 식물체의 생명력과 관련하여서는 식단과 관계되어 있는데, 채식주의를 원칙으로 하며 살기위해 가장 최소한으로 먹는 것으로 하고 있다. 특히 식물체 자체의 존재성을 해치면서 부차적으로 저지르게 되는 다른 살생을 막기 위해서 뿌리 식물의 채취 및 식품으로 이용하는 것을 금하고 있다. 절식과 단식이 고행의 방법으로 행해지며, 서서히 절식과 단식을 통하여 모든 것을 정화하며 죽음에 이르는 고행도 있다. 마하위라는 물론 많은 자이나교도들은 죽음에 이르러서는 대개 이러한 방식으로 자신을 정화하며 죽음에 임한다고 한다. 무소유 혹은 불음不淫과 관련하여 그들은 아무것도 몸에 걸치지 않은 상태로 고행을 행하였으며, 후대에는 흰옷 하나만 걸치고 수행하는 백의파白衣派도 나타났다. 그 외에 영혼의 정화를 위해 들판의 잡초를 뽑아내듯이 자신의 머리털을 뽑는 고행을 통해 자신의 악덕을 뽑는 수행도 있다.

석존 또한 6년이라는 긴 고행기간을 다른 사문들과 함께 이러한 고행을 단행했으며, 이러한 극단적인 수행은 옳지 못하다고 판단하고 그만두었다고 기록하고 있다. 마하위라는 석가 세존과 같이 같은 계급인 왕족출신이며, 교리와 용어 및 신화 설화에도 공통된 것이 적지 않다. 오늘날에도 인도에는 많진 않지만 그의 가르침을 따르는 교도들이 있다.

자이나교 수행자 자이나교에서는 공의파와 백의파로 나뉘어져 있는데, 한 겹의 옷조차 입지 않는 공의파는 니간타 나따뿟따로부터 비롯한다.

제2장
불교의 탄생과 전개

싯닷타의 출가와 수행

- '나'나 '나라는 관념'을 조금도 남김없이 모두 없애버려야만 진정한 해탈이라 할 수 있을 것입니다.
- period 남전 B.C. 563~483, 북전 B.C. 466~386; 붓다의 생몰연대
- keyword 생로병사 / 고행주의 / 밧가와 / 선정주의 / 알라라 깔라마 / 웃다까 라마뿟따 / 6년 고행

고따마 싯닷타Gotama Siddhattha가 그의 나이 29세에 까삘라왓투Kapilavatthu 성을 빠져나와 출가를 결행한 것은 무슨 이유였을까? 우리는 경전에서 왕자로서 동서남북의 문을 통하여 놀러나갔을 때 늙은 노인네와 병든 환자와 죽은 시신을 목격하고 괴로워하다가, 이들을 해결하고자 수행하고 있는 사문을 만나고부터 자신의 갈 길을 정했다고 읽고 있다. 『과거현재인과경』에서는 싯닷타가 자신의 머리칼을 자르며, 마부 찬나Channa에게 상투속에 있던 구슬을 건네주며 부왕에게 전하라고 하면서, 다음과 같이 말하고 있다.

"나는 지금 천상에 태어나는 즐거움을 얻기 위함도 아니요. 부모님을 모시고 효도하기 싫어서도 아니며, 그 어떤 불만이 있어서도 아니다. 다만 생로병사가 두려워 그것을 끊어버리기 위함이다."

그러나 이러한 이유에 덧붙여서 당시의 정치적인 상황도 출가하는 중요한 동기의 하나로 보기도 한다. 그 당시 샤까Śākya족은 아직 부족국가의 형태를 지속하고 있었으며, 그와 이웃하고 있던 코살라국은 세습군주국으로서 샤까족을 그의 세력권 안에 포섭하고 있었다. 또 하나의 대국이었던 마가다국은 코살라국과 정략적인 결혼 관계로 겨우 안정을 취하고 있던 상황이었다.

샤꺄족은 스스로 태양족의 후예로서 자부심이 강했던 터라, 샤꺄족이 싯닷타에게 거는 기대는 매우 컸으리라 생각된다. 싯닷타는 당시의 정치적인 상황을 몰랐을 리가 없다. 그러한 상황에서 그는 왕자로서 그에게 거는 제국건설의 기대는 무거운 짐으로 다가왔음은 추측하고도 남음이 있다. 『숫따니빠따』에 '크샤트리아출신이 재력은 적으면서 욕심만 커서 제국의 꿈을 갖는다면 파멸의 길'이라는 구절에서, 그것을 충분히 느낄 수 있다. 싯닷타가 출가하여 그토록 처절하게 수행을 감행했던 것은 생로병사라는 중생의 보편적이면서 근원적인 문제를 해결하고자 하는 것이었겠지만, 가까이로는 앞으로 샤꺄족이 직면해야 하는 고통을 해결해야 한다는 절박함도 또한 있었을 것이다.

싯닷타가 출가를 결행하여 처음으로 찾아간 사람은 고행주의자 밧가와Bhaggavā였다. 그는 말라Malla족의 아누삐아Anupiya의 망고 숲에서 여러 사람들과 함께 극심한 고행을 행하고 있었다. 싯닷타가 그에게 "고행으로 무엇을 얻고자 하는가?"라고 물었을 때, 밧가와는 "이러한 고행을 하여 천상에 태어날 것을 바란다."고 하였다. 천상에 태어나기 위해 극심한 고행을 행하고 있는 그들을 보고, 싯닷타는 그들의 고행이 자신이 바라던 수행이 아님을 알고 그들과 헤어져 마가다국의 라자가하로 향하였다.

라자가하에서 마가다국의 국왕인 빔비사라Bimbisāra로부터 나라의 반을

고행상(파키스탄 라호르뮤지엄 소장) 붓다는 하루에 삼씨 한 알을 먹거나 쌀 한 톨을 먹으며 수행을 거듭하였다.

주겠다는 정치적인 제안을 거절하고, 싯닷타는 유명한 요가수행자로 알려진 120세의 알라라 깔라마Alāra-Kālāma를 만나기 위해 웨살리Vesāli로 갔다. 그는 웨살리 근처에서 3백 명의 제자들을 거느리고 그 무엇에도 집착하지 않는 무일물無一物의 상태에서 체험하는 삼매[無所有處定]을 가르치고 있었다. 싯닷타는 그에게 "늙고[老] 병들고[病] 죽는[死] 것을 끊는 법을 가르쳐 달라."고 하였다. 그는 "생사의 근본을 끊고자 한다면 먼저 출가하여 계행을 지키고 인욕하면서 조용한 곳을 찾아 선정을 닦아야 한다. 선정을 통하여 아무 것도 없는 경지[無所有處定]에 들어가게 된다."라고 하였다. 싯닷타는 그가 말하는 대로 열심히 수행하여 그가 말한 경지를 얻었다. 그러나 그가 말한 경지는 현실적인 삶을 버리고 오직 명상에 깊이 빠져 있는 동안에만 즐거움이 있을 뿐이지, 명상을 벗어나 일상적인 생활로 돌아가면 전과 다름없이 고통을 벗어날 수 없는 것이었다. 『과거현재인과경』에 의하면, "출가한지 104년이란 오랜 세월을 수행하고 얻은 것이 이것뿐이란 말인가. 그렇다면 다른 사람은 100년을 다 살지도 못하는데 어찌 이런 수행을 할 수 있다는 말인가?"라는 의심 끝에 그를 떠나지 않을 수 없었다고 한다.

그와 헤어진 싯닷타는 당시 유명한 선인仙人이자 철학자로서 7백 명의 제자를 거느리고 있던 웃다까 라마뿟따Uddaka Rāmaputta를 찾아 다시 라자가하로 돌아왔다. 웃다까는 선정을 통하여 생각이 있는 것도 아니고 없는 것도 아닌 경지[非想非非想處定]를 해탈이라고 가르치고 있었다고 한다. 스승의 가르침에 따라 열심히 수행하여 웃따까가 말한 경지를 얻었으나, 의문이 일어나 스승에게 물었다.

●   "생각도 아니고 생각이 아닌 것도 아닌 경지에는 '나'라는 존

유성출가와 **설법 장면**(파키스탄 다르뮤지엄 소장)

재가 있는 것입니까, 없는 것입니까? 중간생략 당신은 거친 번뇌는 끊었지만 아직 미세한 번뇌는 남아 있다는 것을 알지 못하고 궁극적인 문제를 해결했다고 생각하고 있습니다. 만약에 미세한 번뇌가 자라면 다시 하생下生을 받게 됩니다. 그렇기 때문에 피안으로 건너간 것이 아니라는 것을 알 수 있습니다. '나'나 '나라는 관념'을 조금도 남김없이 모두 없애버려야만 진정한 해탈이라 할 수 있을 것입니다."

싯닷타의 지적에 웃다까는 대답을 하지 못하고 침묵만 지키고 있었다. 결국 먼저 해탈을 얻으면 자기들을 우선 해탈시켜 줄 것을 부탁하는 가운데, 싯닷타는 그들을 떠나게 되었다.

싯닷타는 당시의 유명한 수행자들을 모두 찾아 배움을 청하였으나 그 누구에게도 만족할 수 없었기 때문에, 스스로 올바른 수행의 길을 찾을 수밖에 없었다. 싯닷타는 가야Gayā지방의 네란자라Nerañjarā강 근처에 고행자들이 머무는 숲으로 발길을 옮겼다. 그곳은 우루웰라Uruvelā 근처의 세나니Senānī 마을이다. 고행림苦行林에는 니간타라 불리는 자이나교도와 사명외도邪命外道라 불리는 아지위까Ajīvika들이 모여 고행을 닦고 있었다. 고행에는 가시 위에 눕거나 손을 머리 위로 올리거나 사방에 불을 피우고 그 가운데 앉아 있거나 한발로 서거나 진흙에 눕거나 해나 달을 쳐다보거나 단식斷食하거나 묵언黙言하는 등 여러 방식이 있다. 싯닷타는 절식과 단식을 병행하며 정진에 정진을 거듭했다고 한다. 경전에서는 이때의 모습을 다음과 같이 전하고 있다.

『보요경』 제5에서는 "몸뚱이 살이 소진消盡되어 오직 살가죽과 뼈만 남아 배와 등골이 드러난 것이 마치 공후箜篌와 같았다."고 하였다. 또 『과거현재인과경』에서는 "피골이 상접하고 핏줄이 통째로 드러나 마치 빨라사palāśa 꽃과 같았다."고 하였다. 『맛지마 니까야Majjhima Nikāya』에는 석존이 당시를 회상하고 있는데, "나는 시체들이 널려 있는 들판에서 뼈다귀들을 주어모아 잠자리를 만들었다. 어린 목동들이 다가와 나에게 침을 뱉고, 오줌을 싸고, 오물을 던지고, 나뭇가지로 귀를 찌르기도 했다."고 하고 있다.

싯닷타는 거의 6년 동안 극도의 고행을 했는데도 해탈은 커녕 오히려 육신만 지칠 뿐 아무 것도 얻어지는 것이 없었다. 그는 고행은 바른 수행이 되지 못한다는 것을 알고, 이제까지 고집하던 고행위주의 수행을 버리기로 결심하였다. 『과거현재인과경』은 이렇게 전한다.

"내가 하루에 삼씨 한 알을 먹거나 쌀 한 톨을 먹기도 했다. 심지어 7일에 한 번씩 먹어 몸이 고목처럼 되면서까지 거의 6년이나 고행했다. 그렇지만 나는 아직 해탈을 얻지 못했다. 이제 이런 고행은 바른 수행법이 아님을 알겠다."

그는 단순히 마음의 작용을 그치는 삼매도 아니며 극도로 몸을 괴롭히는 고행도 아닌 정도正道를 찾아 구하였다.

항마와 성도

● 나에겐 세상의 선업을 구해야 할 까닭이 조금도 없다. 악마는 선업을 찾는 자에게나 가서 말하라.
  나에겐 확신이 있고, 노력이 있고, 지혜가 있다.
● period 남전 B.C. 563~483, 북전 B.C. 466~386; 붓다의 생몰연대
● keyword 악마의 유혹 / 선업 / 선정 / 지혜 / 멸진정 / 숙명통 / 생사해탈

고따마 싯닷타는 어느 누구보다도 더한 고행을 6년간이나 하고서, 이
와 같은 고행은 자기 몸만 괴롭힐 뿐 도대체 이익이라고는 없다는 것을 알아
채고 고행을 포기하기에 이른다. 『방광대장엄경』「왕니련하품」에 보면, 다음
과 같이 회고하고 있다.

"내가 생각해 보니, 나 또한 그 누구보다도 심한 고행을 했지만 지혜를
성취하지 못했다. 그러므로 고행이란 깨달음의 원인이 아니라는 것을 알게 되
었다. 또한 고통으로 고통을 끊고 열반을 이루어 도를 닦는 것이 아님을 알았
다. 고행이 아닌 다른 수행으로 생로병사의 고통을 끊는 길이 반드시 있을 것
이다."

그런데 싯닷타가 고행이 깨달음의 원인이 아니라고 깨닫는 데는 고행
을 시작한 지 6년이라는 상당히 긴 세월이 필요했다. 이것은 무엇을 의미하는
것일까? 생각컨대 이는 당시에 많은 출가자들이 수행 방법으로써 고행을 택하
고 있었다는 것을 의미하며, 고행의 구체적인 방법들이 매우 다양했었기 때문
일 것이다. 경전에 의하면 싯닷타는 그 당시에 행해지던 거의 모든 방법들을
실천했다고 하고 있다. 그러나 그러한 방법들을 실천하는 가운데 그들 나름대

로 얻게 되는 것이 전혀 없다고 할 수는 없을 것이다. 하지만 궁극적으로 극단의 고통으로써 근본적인 괴로움을 끊을 수 있는 것이 아니라는 것을 알기 까지는, 많은 낱낱의 고행의 체험이 필요했는지도 모른다. 6년이라는 긴 세월의 고행으로, 고행이 깨달음의 원인이 아니라는 것을 확신하기에 이른 것이다.

이에 이르자, 싯닷타는 출가하기 전에 농경제에 나갔다가 잠부나무 아래에서 법열을 얻었을 때를 회상하였고, 그때 행했던 그 방법이 깨달음에 이르는 방법이 아닐까하고 생각하게 된 것이다. 고행을 포기하기로 결심한 싯닷타는 네란자라강의 샛강 숩빠띳티따Suppatiṭṭhita에 들어가 목욕을 하고는 촌장의 딸 수자따Sujātā의 공양을 받았다. 고행림에서 함께 고행을 하던 꼰단냐 등 다섯 명의 동료들은 싯닷타의 행동을 보고 싯닷타가 타락하였다고 비난하고, 그의 곁을 떠나 바라나시Vārāṇasī의 이시빠따나Isipatana로 떠나 버렸다. 혼자 남게 된 싯닷타는 수자따가 공양하는 우유죽을 먹고 잃었던 건강을 다시 회복하

마왕조복 장면(파키스탄 페샤와르뮤지엄 소장)

게 되었다. 싯닷타는 네란자라강 기슭의 삡팔라Pipphala 나무 아래에 길상초를 깔고 앉으며 굳은 결심을 한다.

"내가 여기서 깨달음을 얻지 못한다면 차라리 죽는 한이 있더라도 결코 자리에서 일어나지 않을 것이다."

싯닷타가 이와 같은 비장한 결심을 하고 마지막 정진에 들어갔을 때, 악마Māra들이 방해하기 시작하였다. 『숫타니파타』에서는 다음과 같이 묘사하고 있다.

"당신이 베다를 공부하고 불Agni에 제사를 드리면 많은 선업善業이 쌓일 텐데 구태여 정진해서 무엇을 얻으려 합니까? 정진의 길은 참으로 힘들고 통달하기도 어렵습니다."

이때 싯닷타는 다음과 같이 말했다고 한다.

"그대, 게으른 자의 친구여, 사악한 자여, 그대는 무엇 하러 여기 왔는가? 나에겐 세상의 선업을 구해야 할 까닭이 조금도 없다. 악마는 선업을 찾는 자에게나 가서 말하라. 나에겐 확신이 있고, 노력이 있고, 지혜가 있다. 이처럼 최선을 다하는 나에게 어찌 감히 죽고 사는 것을 말하는가? 최선을 다하는 열정의 바람은 흐르는 강물도 말려 버릴 것이다. 중간생략 너의 첫째 군대는 욕망慾望이요, 둘째는 혐오嫌惡이며, 셋째는 기갈飢渴이요. 넷째는 갈애渴愛이며, 다섯째는 나태懶怠요, 여섯째는 공포恐怖요. 일곱째는 의혹疑惑이며, 여덟째는 위선僞善과 고집固執이다. 너의 이득과 명성과 존경과 명예는 거짓으로 얻은 것이며, 오만하여 남을 경멸하는 것이 바로 너의 군대요, 검은 악마의 공격군이다."

『삼웃따 니까야』에는 악마 빠삐요^{Pāpīyo}의 세 딸이 아름다운 자태로 싯닷타의 성불을 방해하는 것으로 나온다. 악마의 세 딸은 딴하^{Taṇhā}, 아라띠^{Aratī}, 라가^{Ragā}이다. 딴하는 목이 타서 물을 찾듯이 오욕을 탐하여 집착하는 것을 의미하고, 아라띠는 마음이 우울하여 기쁘지 않은 상태를 뜻하고, 라가는 이성에 대한 욕정을 말한다. 이상에서 보면, 악마 또는 악마의 세 딸 등은 수행의 과정에서 마음속에서 일어나는 인간적인 갈등을 그대로 표현하거나 의인화한 것임을 알 수 있다. 〈니다나까타^{Nidānakathā}〉에는 의인화된 악마를 물리치는 부동의 싯닷타의 모습을 묘사하고 있다.

"악마^{Māra}가 싯닷타를 날려버리겠다고 회오리바람을 일으켰지만 싯닷타의 옷자락 끝도 흔들리게 하지 못했고, 물에 떠내려 보내겠다고 폭풍우를 퍼부었지만 싯닷타가 입은 옷을 이슬방울만큼도 적실 수 없었으며, 바위덩이를 퍼부었지만 싯닷타 앞에서 꽃이 되었으며, 예리한 창이나 칼 등 치명적인 무기를 퍼부었지만 싯닷타 앞에서 꽃으로 변했고, 뜨거운 불덩이를 퍼부었지만 싯닷타 앞에서 꽃으로 바뀌었고 중간생략 암흑을 불러왔지만 모래는 꽃이 되고, 진흙은 향이 되었고, 암흑은 밝은 태양 빛에 어둠이 사라지듯 사라져버렸다."

『방광대장엄경』「왕니련하품」에 의하면, 싯닷타의 결심이 더욱 견고해지고 있는 모습을 보여주고 있다.

"내 차라리 지혜를 지키다가 죽을지언정 어리석게 살지는 않겠다. 마치 의리를 지키는 용감한 사람처럼 승리를 위하여 싸우다가 깨끗이 죽을지언정 겁쟁이로서 삶을 구걸하여 남의 압제를 받지는 않겠다."

싯닷타는 이러한 결심으로 많은 악마의 유혹을 물리치고 깊은 선정으로 들어갔다. 선정이 깊어짐에 따라 천안통을 얻어, 모든 중생들이 업력으로 괴로움과 즐거움의 과보를 받는 중생계의 모습을 낱낱이 알게 되었다. 더 나아가 멸진정을 통해 과거사를 꿰뚫어 아는 초인적인 지혜인 숙명통을 얻었으며 중생들의 많은 지난날의 삶을 알게 되었다. 새벽녘에 이르러 싯닷타는 중생의 성품이 어떠한 인연으로 생사가 있는지를 살펴보았다. 생사는 태어남이 있으므로 생기고, 태어남은 존재 자체가 있으므로 생기고, 존재 자체는 네 가지 집착에 의하여 생기고, 네 가지 집착은 욕망에서 생기고, 욕망은 감각에서 생기고, 감각은 내가 객관대상을 만남에 의하여 생기고, 이 만남은 여섯 가지 감각 기관이 세상을 받아들임에 의하여 생기고, 여섯 가지 감각기관은 관념과 실체에 의하여 생기며, 관념과 실체는 분별하는 인식을 따라 생기고, 분별하는 인식작용은 의욕에 따라 생기고, 의욕은 객관세계를 사실대로 알지 못하는 어리석음에서 비롯된다는 것을 알게 되었다.

그러므로 어리석음을 없애면 의욕이 없어지게 된다. 이렇게 하여 삼계를 윤회하는 생존의 업을 없애고 태어남과 늙고 죽음까지도 벗어날 수 있게 되는 것이다. 이와 같이 원인과 조건의 관계를 거꾸로 살피고, 바로 살펴 새벽에 이르러 중생의 근본적인 고통의 원인이 이 어리석음에서 연유한다는 것을 확연하게 확인되었다.

이렇게 하여 싯닷타의 나이 35세가 되던 해 12월 7일 초저녁에 선정을 얻어 8일 새벽별이 뜰 때에는 크게 깨달아 지혜광명을 얻어 일체 모든 것의 구체적인 모습을 꿰뚫어 아는 지혜를 성취하게 되었다.

처음으로 법륜을 굴리다

- 수행자여, 두 개의 극단을 가까이 하지 말라. 그것은 쾌락에 빠지는 것과 스스로 지나친 고행을 하는 것이다. 이러한 극단은 지혜롭고 성스러운 법이 아니다.
- period 남전 B.C. 563~483, 북전 B.C. 466~386; 붓다의 생몰연대
- keyword 범천 권청 / 녹야원 / 다섯 비구 / 중도 / 사성제 / 팔정도 / 연기법 / 무아 / 여섯 아라한 / 삼보

고따마 싯닷따는 당시에 마음을 고요히 함으로써 해탈에 이른다고 하는 두 선인으로부터 최고의 선정을 배워 통달하였다. 그러나 그는 이로부터 생로병사의 근본적인 괴로움을 해결하지는 못하였다. 결국에는 또 다시 당시에 많은 사문들이 행하고 있던 고행이라는 방법을 실행하기로 결심하고, 이를 6년간이라는 긴 세월 동안 맹렬히 행하였다. 그러나 이 또한 몸을 고통스럽게 하는 것에 불과하다는 결론을 얻고서, 몸을 괴롭히는 것으로써 생로병사의 근본적인 괴로움을 벗어날 수 없다는 것을 알게 되었다. 양쪽의 극단적인 방법을 통해서 실패하게 된 싯닷따는 몸과 마음을 함께 잘 조절해 갈 때에 문제가 해결될 것이라는 것을 알게 된 것이다.

그는 이제 몸과 마음의 조정에 힘쓰게 되었고 이를 통해 고도의 평정을 유지하게 되자, 그 동안의 의문에 집중하게 되었다. 그것은 바로 생로병사의 괴로움이며, 그 괴로움을 어떻게 벗어날 것인가 하는 문제였다. 깊고도 깊은 명상 끝에 암흑은 사라지고 빛이 찾아왔다. 무명無明은 사라지고 지혜가 생겨났다. 그는 깨달음을 얻은 것이다.

그렇다면 그는 무엇을 깨달은 것일까? 그는 법Dharma을 깨친 것이며, 그

법에 의해 새로운 길을 깨달은 것이다. 만물은 브라만이나 혹은 자재신이라고 하는 고정된 절대적인 하나의 실체로부터 나오는 것도 아니며, 몇몇의 실체들이 모여 이루어지는 것도 아니다. 모든 것은 영원히 존재하는 어떤 실체성을 가지지 않으며, 상호 인연 관계속에서 생멸이 있게 된다는 것이다. 이는 곧 연기법을 말하는 것이며 싯닷따는 이 연기법을 깨침으로써 붓다가 된 것이다. 생로병사의 일체의 괴로움에서 벗어나는 새로운 길은 이 연기법속에서 제시된 것이라 할 것이다.

　　연기법은 자기 자신의 실체성이나 우주 만물의 실체성을 구하고 있는 한은 깨달을 수가 없을 것이다. 자기 자신의 실체성이 극복될 때 그것은 가능

초전법륜 붓다가 깨닫고 다섯 비구들에게 최초로 설한 법은 중도와 사성제 그리고 팔정도이다.

해진다. 싯닷따가 웃다까 라마뿟따의 비상비비상처정非想非非想處定를 비판하고 그로부터 나오게 된 것도 그의 선정에는 아직 '나라는 관념'이 있다는 것이었다. '나라는 관념'이 남아 있는 한 번뇌는 계속 이어지며 욕망은 살아 움직이는 것이다. 싯닷따가 멸진정滅盡定을 얻어 자기 자신조차도 극복했을 때, 그때서야 비로소 모든 욕망으로부터 해방이 가능했던 것이다. 싯닷따가 모든 욕망으로부터 해방되었을 때, 그 때 그는 그 어떤 선입견도 없이 목전에 펼쳐지는 사실을 사실 그대로 직관할 수 있었다. 즉 '이론이 아닌 체험 그대로 아는' 여실지견如實知見하게 된 것이다. 이 여실지견이 곧 다름 아닌 깨달음의 뜻이다. 붓다는 그 어떤 욕망으로 인한 기대감이 없이 사실을 사실 그대로 보고 안다는 것이다. 욕망으로부터 해방되어질 때 욕망을 채우고 욕망을 채우려고 하는 쾌락으로 빠지지 않게 되며 또한 욕망을 억누르기 위한 극단적인 금욕으로 치닫지 않게 된다.

그러나 범부로서 욕망에서 벗어난다는 것은 얼마나 어려운 일인지는, 싯닷따가 깨닫고 붓다가 된 후의 여정을 보면 더욱 잘 알 수 있다. 붓다는 깨닫고 난 후 깨달은 법을 설하기를 주저하고 있었다. 그 주저하는 이유가 어리석고 욕망으로 가득 차 있는 범부는 붓다의 가르침을 받아들이지 않는 것은 물론 도리어 두려워 할 것이라는 것이다. 『과거현재인과경』의 내용을 보자.

"내가 얻은 바른 법[正法]은 매우 깊고도 미묘하다. 내가 만약 저들 중생을 위해 설명하더라도 그들은 그것을 알아듣지 못할 뿐 아니라 도리어 두려움을 느낄 것이다. 중간생략 이 법은 미묘하여 때로는 세상의 일들과 서로 반대되는 것이기도 하다. 중생들은 욕심에 물들고 어리석음에 덮여 있어서 욕망을 벗어나야 한다는 내 가르침을 믿고 이해하기 어려울 것이다. 그래서 나는 차라리 입을 다물고 설법하지 않으려 하는 것이다."

이에 대해 브라흐마는 거듭해서 간곡하게 설해 줄 것을 청하고 있다. 과거생에 선지식을 가까이 하여 덕을 좀 쌓은 인연으로 지금 큰 법을 알아들을 수 있는 사람도 있다고 하였다. 이들을 위해서라도 자비를 베풀 것을 청하였다. 브라흐마의 거듭되는 청을 받아들여 법을 전하기로 작정하고 누구에게 먼저 설해야 이해할 것인가를 살펴보았다. 예전에 출가하여 수행할 때 만났던 바라문 철학자 알라라 깔라마와 웃다까 라마뿟따를 떠올렸다. 그러나 알라라 깔라마는 7일 전에, 웃다까 라마뿟다는 바로 어제 세상을 떠났다. 이어 그는 한 때 자기와 함께 고행하던 다섯 비구들을 기억하였다. 그들은 코살라국 바라나시의 녹야원鹿野苑에서 아직도 고행을 행하고 있었다.

다섯 비구들은 사문 고따마는 이미 신성한 고행을 버리고 공양의 즐거움을 누리는 타락한 자로 단정하고, 그가 오더라도 못 본체하고 침묵하기로 약속하였다. 그러나 붓다가 다가오자 그들은 모두 자리를 내어 주며 편히 앉게 하였다. 붓다는 교만한 마음으로 함부로 위없이 존엄한 이의 성을 부르는 것을 꾸짖으며, "나는 아뇩다라샴막삼보디를 얻었고 이미 불사不死의 길을 성취하였다. 나는 이제 내가 얻은 법을 가르치려 한다."고 단호하게 말하였다. 붓다의 단호한 자세에 압도된 다섯 사람은 귀를 기울이지 않을 수 없었다. 이 때 붓다는 그들에게 말하였다.

●   "수행자여. 두 개의 극단을 가까이 하지 말라. 그것은 쾌락에 빠지는 것과 스스로 지나친 고행을 하는 것이다. 이러한 극단은 지혜롭고 성스러운 법이 아니다. 그것은 몸과 마음을 피로하게 하여 스스로 판단하지 못하게 한다. 수행자여. 이 두 개의 극단을 떠나 다시 중도中道의 길이 있다. 그것은 눈을 밝게

녹야원 붓다가 처음으로 설법한 곳이다. 갠지스 강 중류, 지금의 바라나시(Varanasi)에서 북동쪽 약 7km 지점에 있는 동산에 위치한다.

처음으로 법륜을 굴리다 • 77

하고 지혜를 증진시키며 번뇌를 쉬고 고요하게 한다. 신통을 이루며 평등한 깨달음을 얻어 미묘한 열반에 이르게 한다. 이러한 중도란 무엇을 말하는가? 그것은 지혜롭고 성스러운 여덟 가지 올바른 길[八正道]이다.

다시 네 가지 성스러운 가르침[四聖諦]이 있다. 그것은 현실적인 인간의 삶은 고통의 연속이라는 가르침[苦聖諦]이다. 그러한 현실의 고통이 왜 생기는가에 관한 가르침[苦集聖諦]이다. 또한 고통을 없애 버려 열반을 얻은 상태를 말하는 가르침[苦盡聖諦]과 고통을 없애는 바른 길에 대한 가르침[苦滅聖諦]이다."

이것이 붓다가 최초로 설한 그 유명한 중도와 사성제와 팔정도에 대한 설법이다. 최초로 한 설법이라 하여 초전법륜初轉法輪이라 한다. 붓다가 사성제를 설하자 다섯 사람 가운데 꼰단냐Kondanna; 憍陳如가 먼저 모든 번뇌를 소멸하고 진리를 보는 눈이 맑고 깨끗해졌다. 이어서 생성하는 것은 무엇이든지 소멸되는 법이라는 연기법을 설하자, 나머지 네 사람Assaji; 阿說示, Mahanama; 摩訶男, Bhaddhiya; 婆提, Vappa; 婆頗도 차례대로 법에 눈을 뜨게 되었다. 그리고 '나'라는 의식을 구성하는 육체[色]나 정신적인 요소들[受想行識] 그 어디에도 고정불변의 실체라고 인정될 만한 자아아뜨만는 찾을 수 없다는 법을 설하자, 이 설법을 들은 다섯 비구는 모두 아라한이 되었다. 이때가 초전법륜을 설하고 나서 5일만이라고 한다. 다섯 사람이 아라한이 되자 붓다는 다음과 같이 선언하였다.

"이제 세상에 여섯 사람의 아라한이 있게 되었다."

이것으로 이 세상에 처음으로 불법승佛法僧의 삼보가 출현하게 된 것이다. 붓다가 깨닫고 초반에 설해진 중도와 사성제 그리고 연기설과 무아경 등은 붓다 교설의 핵심이라 할 수 있을 것이다.

전도를 선언하다

- 다른 마을로 갈 때, 두 사람이 같은 길로 가지 말고 혼자서 가라. 처음도 좋고 중간도 좋고 끝도 좋으니, 이치에 맞게 조리와 표현을 갖추어 잘 알아들을 수 있도록 법을 전하라.
- period 남전 B.C. 563~483, 북전 B.C. 466~386; 붓다의 생몰연대
- keyword 전도선언 / 깟사빠 삼형제 / 신통력을 보임 / 가야산의 설법 / 불의 교훈

붓다는 다섯 비구를 깨우치고, 괴롭다고 외치며 녹야원을 뛰어다니던 거부장자의 아들 야사Yasa와 그를 찾아온 친구 54명에게 역시 사성제를 설하여 모두 출가시켰다. 그리고 야사를 찾아 나섰던 아버지와 그의 어머니는 삼보에 귀의하고 5계를 받은 최초의 남자 신도 우빠사까Upāsaka; 淸信者와 최초의 여자 신도 우빠시까Upāsikā; 淸信女가 되었다. 그 해 여름 장마가 끝날 무렵에 붓다의 제자는 60여 명에 이르렀으며, 이제 세상에는 61명의 아라한이 있게 되었다. 이에 이르자, 붓다는 60명의 제자들을 모아 놓고 다음과 같은 전도를 선언하였다.

- "비구들아. 나는 신들과 인간의 굴레에서 벗어났다. 그대들도 역시 신과 인간의 굴레에서 해방되었다. 이제 많은 사람들의 이익과 안락. 그리고 세상에서 구하는 미래의 이익과 행복과 안락을 위하여 법을 전하러 가자. 다른 마을로 갈 때. 두 사람이 같은 길로 가지 말고 혼자서 가라. 처음도 좋고 중간도 좋고 끝도 좋으니, 이치에 맞게 조리와 표현을 갖추어 잘 알아들을 수 있도록 법을 전하라. 원만 무결하게 청정한 범행을

설하라. 중생들 가운데는 번뇌가 적은 사람들도 있을 것이다. 그들이 법을 듣지 못하면 악에 떨어질 것이나 법을 들음으로 성숙해질 것이다. 비구들아. 나도 법을 전하기 위해 우루웰라 Uruvelā의 세나니Senānī 마을로 가서 법을 설하리라."

당시의 바라문들은 자신들의 가르침을 스승과 제자 사이에 비밀한 법으로 전수해왔다. 그러나 붓다의 전도선언은 자신의 깨달음을 적극적으로 공개하여 누구에게나 전하고자 한 것이라는 점에서 큰 의미가 있다고 하겠다. 붓다로부터 전도를 명받은 60명의 비구들은 각자 인연이 있는 도시나 마을로 가서 법을 전하였다. 이제 붓다의 법은 점차 인도의 전역으로 펴져 가기 시작하였다.

붓다는 60명의 제자들과 전도를 위해 헤어진 후 우루웰라로 향하였다.

붓다와 깟사빠와의 만남 붓다가 제자들에게 전도선언을 하고 스스로 택한 전도대상은 우루웰라의 네란자라강가에서 불을 섬기며 많은 무리들을 이끌고 있던 깟사빠 삼형제였다.

우루웰라에는 붓다가야에서 멀지 않은 가야라는 곳에 마가다국 빔비사라왕의 신임을 얻고 있는 우루웰라 깟사빠Uruvela Kassapa, 나디 깟사빠NadīKassapa, 가야 깟사빠Gaya Kassapa 등의 삼형제가 있었다. 그들은 머리를 땋고 불을 섬기는 사화외도事火外道였다. 붓다는 이들을 교화하기 위해 삼형제의 맏이인 우루웰라 깟사빠에게 나아가 제각祭閣에서 하룻밤 자고 갈 것을 청하였다. 깟사빠는 제각안에는 사나운 독룡이 살고 있어서 해칠 것이라 하며 거절하였다. 그런 걱정은 할 것 없으니 제각 안에 재워줄 것을 청하자, 깟사빠가 허락하였다.

붓다는 제각에 들어가 자리를 깔고 가부좌하고 앉아 바로 삼매에 들어갔다. 이때 독룡이 나와서 붓다를 향해 연기를 뿜었다. 붓다도 독룡을 향하여 신통력으로 연기를 뿜었다. 이번에는 독룡이 붓다에게 불을 뿜었다. 붓다도 독룡을 향해 불을 뿜었다. 독룡은 결국 붓다의 신통력에 굴복하고 말았다.

깟사빠와 그의 제자들은 한밤중에 제각 안에서 연기와 불이 피어오르는 것을 보고 '불쌍하게도 저 사문이 해를 입게 되었다'고 생각하였다. 그러나 이튿날 아침 그들은 그들의 눈을 의심하였다. 붓다는 아무런 일도 없었던 것처럼 제각에서 나왔으며, 더구나 붓다는 독룡을 작게 만들어 자신의 바루에 담아 가지고 나왔다. 깟사빠는 붓다의 모습을 보고 내심 놀라며 생각했다. '저 사문 고따마는 정말로 신통력이 뛰어나구나. 그러나 신통력으로 사나운 독룡을 굴복시켰을지라도 나와 같은 아라한은 아닐 것이다.' 붓다는 타심통他心通으로 깟사빠의 마음을 꿰뚫어 보고, 그가 스스로 굴복하여 귀의할 때까지 여러 차례 신통력을 보이었다.

예컨대 밤마다 붓다가 머무는 처소에 사천왕, 석제환인, 대범천왕이 내려와 붓다의 설법을 듣고서 광명을 놓아 낮과 같이 하였다. 또한 깟사빠의 제자가 불의 제사에 불을 피우지도 못하고 끄지도 못하는 것을 저절로 불을 피우고 불을 끄뜨리며, 장작을 패기 위해 도끼를 들지도 내리지도 못하는 것을 들게도 하고 내리게도 하였다. 또한 붓다가 네란자라강에 들어가며 신통의 힘으로써 물을 양쪽으로 열리게 하고 붓다가 가는 곳에서는 걸음걸음이 먼지가 일어나며 양쪽의 물은 모두 솟구쳐 일어나게 하였다. 깟사빠와 그의 제자들은 멀리서 그 광경을 보고 붓다가 물에 빠지는 줄 알고 곧 제자들과 함께 배를 타고 왔으나, 붓다가 가는 걸음에서는 모두 먼지가 일어나고 있음을 보고는 참으로 보기 드문 일이라 속으로 찬탄하며 배에 오르도록 하였다. 붓다는 신통력으로써 배의 밑을 뚫고 들어가서 가부좌하니, 배의 밑으로부터 들어왔는데도 구멍이 나지 않았다. 깟사빠는 또한 희유한 일이라고 찬탄하며 생각하기를, '젊은 사문이 이와 같이 자재로운 신통력이 있기는 하지만 그러나 원래 내가 얻은 참된 아라한만은 못하리라'하였다. 이에 부처님은 바로 말하였다.

"당신은 '사문 고따마가 비록 아라한과를 얻었지만 내가 얻은 아라한과에는 미치지 못한다'고 늘 말하고 있소. 그러나 지금 내가 당신을 보니, 아라한이 아니며, 또한 아라한으로서 도를 실천하는 사람도 아닐뿐더러 아라한이 될 수 있는 수행을 하는 사람도 아니오!"

깟사빠는 붓다가 자신을 꿰뚫어 보고 있다는 것을 알고 부끄러움과 두려움으로 더 이상 교만할 수가 없었다. 그는 이제까지의 태도를 바꾸어 붓다의 제자가 되게 해달라고 간청하였다. 붓다는 나의 제자가 되고자 한다면 먼저 그대의 제자들과 함께 깊이 생각하여 여러 번 의논하여야 할 것이라고 하였다. 이에 깟사빠는 제자들과 의논한 결과 그의 제자와 함께 붓다의 제자가 되기로 결정하였다. 우루웰라 깟사빠와 500명의 제자들은 모두 땋았던 머리를 잘라버리고 제사에 사용하던 도구들마저 네란자라 강물에 던져버렸다. 그리고 붓다의 설법을 듣고 모두 구족계를 받았다. 네란자라강 하류에서 모여 있던 나디 깟사빠와 그의 제자 300명, 가야에 모여 있던 가야 깟사빠와 그의 제자 200명은 강의 상류에서 떠내려 오는 제사 용구와 머리카락을 이상하게 여겨 큰 형이 살고 있는 강의 상류로 찾아왔다. 두 형제는 맏형 우루웰라 깟사빠의 이야기를 듣고서, 그들과 그들의 제자들은 모두 붓다의 제자가 되기로 결정하였다.

　　붓다는 이제 1000명이나 되는 제자들을 거느리고 가야시사Gayāsīsa로 향해 유행을 떠났다. 가야시사는 한역에서는 가야산伽倻山 혹은 상두산象頭山으

물의 신변 교만한 맏형 깟사빠를 굴복 시키기위해 붓다는 여러 가지 신통력을 보인다. 물을 양 쪽으로 열리게 하여 먼지를 일으키며 걷 기도 하고 깟사빠가 타고온 배밑을 뚫고 올라와 가부좌를 하 지만 배에 구멍이 나지 않기도 하였 다.

로 번역되며 산이라기 보다는 평지보다 조금 높은 언덕이라 할 수 있다. 가야산에서 붓다는 그 유명한 '불의 교훈에 대한 말씀'이라고 번역할 수 있는 〈아딧따빠리야아 숫따^{Ādittapariyāya Sutta}〉를 설하였다.

　　"비구들이여, 모든 것이 불타고 있다. 모든 것이 불타고 있다는 것은 무슨 뜻인가? 눈[眼]이 불타고 있다. 눈에 비치는 색채와 형상이 불타고 있다. 눈의 식별작용도 불타고 있다. 눈과 그 대상과의 접촉도 불타고 있다. 눈의 접촉에 의해서 생기는 감수感受, 즐겁고 괴롭고 즐겁지도 않고 괴롭지도 않는 것들 또한 불타고 있다. 이와 같이 귀[耳]·코[鼻]·혀[舌]·몸[身]·뜻[意]도 불타고 있다. 뜻의 대상인 법이 불타고 있다. 뜻의 식별작용도 불타고 있다. 뜻과 그 대상과의 접촉도 불타고 있다. 뜻의 접촉에 의해 생기는 감수, 즐겁고 괴롭고 즐겁지도 않고 괴롭지도 않는 것들 또한 불타고 있다. 무엇에 의해 타는 것인가? 탐욕의 불, 성냄의 불, 어리석음의 불로 타오르고 있다. 태어나고, 늙고, 병들고, 죽고, 걱정하고, 슬퍼하며, 고통과 번뇌, 절망의 불로 타오르고 있다."

사리뿟따와 목갈라나의 귀의

- 일체의 모든 법은 원인과 조건에 따라 생기는 것이지 창조주라는 것은 없다. 이것을 바르게 이해할 수 있다면 참다운 도리를 얻으리라.
- period 남전 B.C. 563~483, 북전 B.C. 466~386; 붓다의 생몰연대
- keyword 산자야 벨라티뿟따 / 앗사지 / 사리불 / 지혜제일 / 목건련 / 신통제일 / 우란분 / 시아귀회

붓다의 가르침에 귀의한 제자들 가운데 뛰어난 인물들로 10대 제자를 들곤 한다. 그 가운데 사리뿟따Sāriputta와 목갈라나Moggallāna는 원래 라자가하에 육사외도六師外道의 한 사람인 벨랏티Belaṭṭhi의 아들 산자야Sanjaya의 제자였다. 사리뿟따와 목갈라나는 붓다의 가르침에 귀의한 후에 그들의 어머님의 이름에 따라 붙여진 이름이었다. 그들이 산자야에게 있을 때에는 사리뿟따는 우빠띳사Upatissa였고 목갈라나는 꼴리따Kolita였는데, 이들의 이름은 또한 그들이 살았던 마을 이름에서 따온 것이었다. 이들의 아버지는 모두 라자가하에서 멀지 않는 우빠띳사라는 마을과 꼴리따라는 마을의 촌장이었으며, 두 집안은 조상대대로 친분이 두터운 사이였다.

우빠띳사와 꼴리따는 당시에 유행하던 모든 경론에 통하지 않는 것이 없을 정도로 뛰어난 인물이었다고 한다. 어느 날 두 사람은 라자가하 근교의 산에서 열리는 축제인 기랏가사맛자Giraggasamajja를 보러 갔다. 이 축제는 축제가 열리기 7일전에 공표되는데, 전국에서 모여든 무희들의 춤과 노래 또는 연극이나 곡예가 공연되었다. 두 사람은 축제의 행렬을 구경하며 즐기고 있었는데, 그들은 문득 백년 후에 이 사람들 중에서 살아남는 사람이 과연 있을까 하

는 생각을 하게 되었다. 그러자 그들의 마음속에는 무상한 감개가 밀려들어 곧 해탈의 길을 구하게 되었으며, 집을 떠나 회의론자인 산자야의 제자로 출가하였다. 열심히 수행한 결과 산자야의 수제자로 인정되었으나 만족할 수 없었다.

어느 날 우빠띳사가 라자가하에 걸식하러 갔다가, 단정한 모습으로 자신감에 넘치는 걸음걸이로 걷고 있는 붓다의 제자 앗사지Assaji를 만나게 되었다. 우빠띳사는 저 사람이야말로 높은 지혜를 가진 사람일 것이라고 생각하고, 그를 쫓아가 한적한 장소에서 스승은 누구이며 어떠한 가르침을 펴는지 그에게 물었다. 그는 샤카족의 위대한 사문을 스승으로 모시고 있으며, 자신은 초심자에 지나지 않아서 그 분의 넓고 깊은 뜻을 제대로 전달할 수 없으며 단지 그 요점을 간단하게 말할 수 있을 뿐이라고 하였다. 우빠띳사는 그 요점만이라도 듣고 싶다고 하자, 앗사지는 그 요점을 게송으로 들려주었다. 『사분율』에는 다음과 같이 전하고 있다.

석굴암의 사리뿟따

"벗이여, 우리의 스승 여래께서는 원인因과 조건緣으로 생기는 법을 말씀하시고 또 원인과 조건으로 소멸하는 법을 말씀하신다. 만약 원인을 따라 발생하는 것이 있으면 여래께서는 그 원인을 말씀하시며, 만약 원인을 따라 소멸하는 것이 있으면 대사문은 그 이치를 말씀하신다. 이것이 우리 스승의 가르침입니다."

『과거현재인과경』에서는 다음과 같이 전한다.

●   "일체의 모든 법은 원인과 조건에 따라 생기는 것이지 창조주라는 것은 없다. 이것을 바르게 이해할 수 있다면 참다운 도리를 얻으리라."

석굴암의 목갈라나

법에 대한 붓다의 이러한 가르침을 듣고 크게 느낀 것이 있었던 우빠띳사는, 꼴리따를 찾아가 앗사지를 만났던 이야기를 하였다. 그리고 그들을 따르던 250명의 제자들과 상의하여 붓다에게 가기로 결정하였다. 산자야는 우리 세 사람이 힘을 합쳐 이들을 돌보자며 몇 번이고 만류했지만, 그들은 끝내 250명의 무리들과 함께 죽림정사로 찾아갔다. 산자야는 상수제자와 250명의 제자를 잃어버린 충격으로 그 분함을 이기지 못하여 입에서 피를 토하며 죽었다고 한다.

　　붓다는 우빠뗏사와 꼴리따가 250명의 동료들을 데리고 멀리서 오는 것을 보고, 비구들에게 저 두 사람은 나의 제자 가운데 가장 뛰어난 사람이 될 것이라고 하였다. 붓다의 제자가 된 후 목갈라나는 정진한지 7일만에 아라한이 되었으며, 사리뿟따는 영취산 기슭에서 그의 조카 디가나카Dīghanakha에게 설하는 법을 듣고 붓다를 만난지 15일만에 아라한이 되었다. 아라한이 되고서 교단의 포살의식에서 계의 항목[戒目]을 암송하는 자로 지명되었을 때, 그렇게 중요한 일을 교단에 들어 온지 얼마 되지도 않은 비구에게 시킬 수 있느냐고 반발하였다. 이에 붓다는 두 사람은 이미 한량없는 세월을 정진해왔던 사람이기 때문에 그 일을 시킬 수 있다고 하였다.

　　사리뿟따는 지혜제일이라고 칭찬을 받을 정도로 갖가지 지식에 통하고 통찰력도 뛰어났으며, 교단의 통솔력에도 빼어난 능력을 발휘했다고 한다. 붓다는 바라문 셀라Sela로부터 부처님을 이을 사람은 누구냐는 질문을 받고, 내가 굴린 법륜을 사리뿟따가 굴릴 것이라고 하였다. 붓다가 부재중이거나 병환중일 때에는 대개 사리뿟따가 붓다를 대신해서 법을 설하는 것이 보통이었다. 자이나교의 옛 전승인 〈이시바시야임 숫타임IsibhāsiyāiṃSuttāiṃ〉에는 '붓다 아라한 선인인 사리뿟따의 가르침'이라는 것이 적혀 있는 것으로 보아, 자이나교에서는 사리뿟따를 불교교단의 대표로 생각하고 있었던 것으로 보인다. 경전 가운데에도 붓다를 대신해서 사리뿟다가 교리를 상세하게 설하고, 붓다가 그것을 추인하는 형식이 보이고 있다.

　　목갈라나는 같은 이름의 불제자가 많아서 마하 목갈라나[大目連]라고도 하며, 신통제일이라고 불려졌다. 어느 날 그의 안색이 너무나 좋아서 사리뿟따가 그 이유를 묻자, "오늘 나는 붓다와 법담을 나누었는데, 붓다와 내가 모두 천안천이天眼天耳를 가지고 있는 것을 알았기 때문"이라고 대답했다 한다. 또 그는 죽은 모친이 아귀세계에 살고 있는 것을 보고, 부처님의 조언을 얻어 그곳으로부터 모친을 구했다고 하고 있다. 이것은 중국이나 한국에서 거행되고 있는 우란분盂蘭盆이나 시아귀회施餓鬼會에서의 인연설화의 기원이 되고 있다. 우란분은 지옥에 떨어진 이의 혹심한 괴로움을 구원하기 위해 닦는 법이며, 시아귀회는 굶주림에 고통받는 망령들을 위하여 베풀어 주는 법회를 말한다.

붓다의 만년에 데와닷따Devadatta가 붓다를 살해하려는 계획이 모두 실

봉서암 감로도의 아귀 목갈라나는 신통력으로 죽은 모친이 아귀세계에 살고 있는 것을 보고 우란분을 지으라는 부처님의 조언을 얻어 모친을 아귀계에서 구한다.

패로 돌아가자, 다섯 가지 계율을 내세우며 투표로 결정할 것을 제안하였다. 이에 왓지Vajji 출신 신참 비구 5백여 명이 지지하게 되고, 데와닷따는 이들을 데리고 가야시사로 가서 별도의 승가Saṁgha를 선언하였다. 이때 붓다는 사리뿟따와 목갈라나에게 바른 법을 설하여 그들로 하여금 깨닫게 하여 데와닷따를 추종하는 5백 명의 비구들을 데려오라고 분부하였다. 사리뿟따와 목갈라나가 그들에게 다가가자 데와닷따는 자신이 선포한 다섯 가지 계법에 대한 확신으로, 두 사람에게 새로 정한 계법을 말해주고 자신의 추종자들에게 법을 설해줄 것을 부탁하고 잠들었다고 한다. 데와닷따가 잠든 사이에 목갈라나는 신통력을 보이고, 사리뿟따는 위의를 갖추어 바른 법을 설하였다. 이리하여 이제까지 데와닷타를 지지했던 비구들이 자신들의 잘못을 깨닫고 붓다가 계신 곳으로 되돌아오게 되었다. 이러한 일들로 보면, 그들의 교단에서의 위치와 능력을 짐작하고도 남음이 있다.

마하 깟사빠의 귀의

- 세상에는 어리석은 사람이 있습니다. 훌륭한 옷과 금은보화를 지니고 있으면서도 베풀 줄 모르고 부끄러워하는 마음을 지니고 있지 않은 자입니다. 그런 사람이야말로 가난한 사람이라고 할 수 있습니다.
- period 남전 B.C. 563~483, 북전 B.C. 466~386; 붓다의 생몰연대
- keyword 대가섭 / 삡빨리 / 두타행 / 가난한 노파 제도 / 일좌일식一坐一食 / 결집

마하 깟사빠MahāKassapa는 대가섭大迦葉이라고 한역된다. 그는 부처님께 귀의한 후 고행 수행으로 일생을 보냈으며, 부처님께서 입멸한 후에 부처님의 말씀을 결집하여 후세에 불법이 길이 이어지게 하였다.

그의 원래 이름은 삡빨리Pippali이며 아버지는 까삘라Kapila, 어머니는 수마나데위Sumanādevī이다. 그의 고향은 마가다국의 마하띳타Mahātittha이다. 그의 집은 하늘 궁전의 하나인 북방비사문천北方毘沙門天의 궁전처럼 화려했고, 경작지는 마가다왕 범비사라가 질투할 정도로 넓었다고 한다. 그는 여덟 살 때부터 네 가지 베다를 비롯하여 당시 지도층 바라문들이 수업해야 할 모든 분야의 학문에 통달했다. 그는 결혼할 뜻이 없었지만, 부모님의 강요에 의해 맞다Madda국의 수도 사갈라Sāgala에 있는 바라문 꼬시아곳따Kosiyagotta의 딸 밧다 까삘라니BhaddāKāpilānī와 결혼하게 되었다. 그러나 두 사람은 부부관계를 맺지 않기로 약속하고 밤에 잘 때에는 꽃다발을 사이에 두고 서로 떨어져 잤다고 한다.

마하 깟사빠는 쟁기질할 때 퉁겨져 나온 벌레들을 새들이 쪼아 먹는 모습을 보고, 밧다 까삘라니는 수탉들이 곤충들을 잡아먹는 모습을 보고 출가

하기로 결심하였다. 집안의 재산을 정리하고 노예와 하인들을 모두 자유롭게 풀어주었다. 그리고는 집을 나와 라자가하로 향하였다. 길을 가다가 갈림길에서 헤어지기로 하고 약속대로 마하깟사빠는 오른쪽으로, 밧다 까삘라니는 왼쪽으로 갈라지게 되었다.

이 때 부처님은 죽림정사의 향실香室에 앉아 있다가 마하깟사빠가 출가의 뜻을 가지고 라자가하로 오고 있는 것을 알고, 정사를 나와 라자가하에서 3마일 정도 떨어진 곳에서 큰 길 옆에 있는 니그로다Nigrodha나무 아래에 앉아 있었다. 마하깟사빠는 나무 아래에 좌선하는 부처님의 거룩한 모습을 보고, 부처님 앞으로 나아가 합장하고 절하면서 말하였다.

"세존은 실로 일체종지一切種智를 이루셨나이다. 자비로 중생을 구원하시니, 모든 중생의 귀의처가 되십니다. 세존이시여, 이제 세존은 저의 스승이시며, 저는 세존의 제자입니다."

마하 깟사빠가 세 번을 말하자, 부처님은 대답하셨다.

"깟사빠야! 나는 너의 스승이고, 너는 나의 제자이다. 만약 일체종지를 성취하지 못한 사람이 너를 제자로 삼으려 한다면 머리가 일곱 조각으로 쪼개져 버릴 것이다."

이렇게 하여 부처님은 마하깟사빠를 제자로 받아들였다. 이어서 부처님은 네 가지 성스러운 진리[四聖諦]와 십이인연의 법을 설하였다. 4성제와 12인연을 설하자, 마하 깟사빠는 마치 마른 논밭에 단비가 내리는 듯하였다. 그리하여 붓다를 만난지 8일째에는 드디어 깨달음을 얻어 아라한의 지위에 오르게 되었다.

마하 깟사빠는 교단에 들어온 이후로 두타dhūta행을 행하는 수행으로 일관하였다. 두타는 '흔들어 떨어뜨린다'는 의미로서 '번뇌의 때를 흔들어 떨어뜨리고, 의식주에 대한 탐욕을 가지지 않고 일념으로 불도佛道를 수행하는 것'을 말한다. 두타행에는 열두 가지가 있어서 12두타행이라 말하며, 마하 깟사빠는 붓다의 10대제자 가운데 열두 가지의 두타행을 가장 잘 실천한 사람이 되었다. 열두 가지 두타행은 다음과 같다.

첫째, 사람 사는 곳에서 떨어진 산숲이나 광야의 한적한 곳에 머문다. 둘째, 항상 밥을 빌어서 생활한다. 셋째, 부잣집이나 가난한 집을 가리지 않고 차례대로 걸식한다. 넷째, 하루에 한 끼만 먹는다. 다섯째, 발우 안에 든 것만으로 만족한다. 여섯째, 정오가 지나면 과실즙이나 석밀石蜜 따위도 먹지 않는다. 일곱째, 헌 옷을 빨아 기워서 입는다. 여덟째, 옷은 내의內衣, 중의中衣, 상의上衣 세 벌만을 갖춘다. 아홉째, 무덤 사이에서 머문다. 열째, 나무 아래에 앉는다. 열한째, 한 데[露地]에 앉는다. 열두째, 앉기만 하고 눕지 않는다. 이러한 열두 가지 두타행으로 항상 숲속에서 홀로 고요히 선정에 들곤 하였다.

그에게는 라자가하의 가난한 노파를 제도한 이야기가 전해오고 있다. 그 노파는 너무나 가난하여 낮에는 사방으로 다니며 얻어먹고 살다가 저녁이면 풀밭이나 길가에서 낙엽을 주워 모아 몸을 가리고 자곤 하였다. 또한 부잣집 담 밑으로 흘러나오는 쌀 씻은 물을 마시면서 배고픔을 참고 견디기도 하였다. 그러한 노파에게 마하 깟사빠는 걸식을 청하러 갔다. 그 노파는 늙고 병든 자신을 찾아온 비구를 보고 놀라서 물었다.

"나 같은 사람을 찾아오는 사람이라곤 아무도 없는데, 어찌하여 사문께서는 여기까지 오셨습니까?"

깟사빠가 대답하였다.

"세상에서 가장 인자하신 분이 부처님이십니다. 나는 그대의 고통을 구제하기 위해 오늘 그대에게 음식을 청하러 왔습니다. 만일 그대가 무엇이라도 나에게 베풀어준다면 그 공덕에 의해서 후세에 가난을 벗고 천상에 날 것입니다.”

　노파는 이 말을 듣고 그 자비심에 감동하였으나, 보시할 것이 없어 슬프게 울기만 하였다. 깟사빠는 말하였다.

●　　　“노파여! 보시를 하고자 하는 마음이 있으면 그것은 가난한 것이 아닙니다. 그리고 부끄러워하는 마음이 있는 자는 이미 훌륭한 의복을 입고 있는 자입니다. 노파께서는 이미 이 두 가지를 지니고 있으니 결코 가난하지 않습니다. 그런데 세상에는 어리석은 사람이 있습니다. 훌륭한 옷과 금은보화를 지니고 있으면서도 베풀 줄 모르고 부끄러워하는 마음을 지니고 있지 않은 자입니다. 그런 사람이야말로 가난한 사람이라고 할 수 있습니다. 그대는 더 이상 가난하지 않습니다.”

　노파는 이런 가르침을 접하고 뛸 듯이 기뻤다. 법의 기쁨이 가슴을 일렁거렸고 구차한 몸도 잊은 채 기와조각에 남은 쌀 씻은 물을 깟사빠에게 올렸다. 깟사빠는 기쁘게 받아 마셨다. 이러한 일이 있은지 얼마 되지 않아 노파는 이 세상을 떠나 도리천忉利天에 태어났다. 보시의 공덕으로 온 몸이 찬란하게 빛나는 천상의 여인이 되어, 깟사빠의 은혜를 기억하고는 아래 세상으로 내려가 깟사빠에게 하늘의 꽃을 뿌렸다고 한다.

　마하 깟사빠는 노년에 이르렀어도 열두 가지 두타행을 하는 수행을 그만 두지 않았다. 이에 부처님은 마하 깟사빠에게 위로하는 뜻에서 권고하시었다.

　“그대는 이미 노년에 달해 있고 기력도 어느 정도 쇠약해졌다. 그대가 입고 있는 옷은 기워 입고 한 것을 되풀이 하여 옷이 무거워서 생활하는데 불편을 느낄 것이다. 지금부터는 두타행을 그만 두고 장자가 공양하는 가벼운 것을 입는 것이 어떻겠는가? 몸을 쉬게 하고 피로를 덜어주며 조용히 노구를 돌보는 것이 좋을 것이다."

그러나 깟사빠는 부처님의 권고를 받아들이지 않았다.

"세존이시여! 저는 모든 두타행을 닦는 것을 저의 즐거움이라 여겨 왔습니다. 이런 무거운 옷을 입고 일좌일식一坐一食하며 오랜 밤 동안 노지露地나 무덤 사이에서 선정을 즐기는 것이 저의 소망입니다. 세존이시여! 저는 도를 닦아서 탐욕을 줄이고 만족함을 알며 혹은 선정에 들거나 사유를 오롯하게 하면서 마음을 격려하고 무익한 말을 하지 않으며 홀로 조용히 도를 즐겼습니다. 세존이시여! 이것이 실로 저의 기쁨입니다.

세존이시여! 제가 나이가 들어서도 이렇게 수도를 계속하는 이유는 지금 현생에서 제 자신의 즐거움이 되기 때문이며, 다음 생에서의 사람들로 하여금 저와 같이 도를 닦게 하기를 바라기 때문입니다."

부처님은 이 말을 듣고 깟사빠는 후세 사람들의 등불이라고 하시며 대단히 기뻐하셨다. 그리고 깟사빠에 의해서 많은 사람들이 커다란 안락을 얻고 커다란 이익을 얻을 것이라고 하였다. 이와 같이 마하 깟사빠의 수행은 처음이나 나중이나 변함이 없었다. 부처님께서 입멸하시자 모두가 동요하여 교단이 흔들리는 와중에서도 굳건히 부처님의 말씀을 모음으로써 진리가 이 세상에 길이 전해지는 길을 연 것이다.

국왕과 대장자들의 귀의

- 제가 집착의 굴레에서 벗어나 열반의 길을 보았을 때, 그 길 이외에는 더 이상 다른 길이 없다는 것을 알았나이다.
- period 남전 B.C. 563~483, 북전 B.C. 466~386; 붓다의 생몰연대
- keyword 빔비사라 / 우루웰라 깟사빠 / 죽림원 / 수닷따 장자 / 제따와나 / 아나타삔디까 / 기원정사

붓다께서 바른 법을 펼치기 시작하자, 당시에 최고의 종교지식인이었던 브라만들은 물론 브라만교에 반대하며 해탈의 방법을 찾아 수행을 거듭하던 사문들도 붓다의 가르침에 귀의하는 자가 많았다. 이와 함께 마가다국의 빔비사라, 코살라국의 빠세나디, 코삼비의 우데나Udena 등의 국왕들과 각국의 거부장자들도 부처님께 귀의하였다.

붓다와 마가다국의 빔비사라왕과의 인연은 아직 붓다가 되기 전 출가하여 수행하던 시절에서부터 시작한다. 그때 빔비사라는 고따마 싯닷타에게 자신의 나라의 반을 주어 다스릴 것을 제안했지만, 싯닷타는 생로병사의 고통으로부터 벗어나는 길을 찾기 위해 출가한 몸임을 밝히면서 정중히 거절하였다. 그러자 빔비사라는 깨달음을 얻으면 먼저 라자가하로 와서 자신을 만나달라는 부탁을 하고 헤어졌다. 그 이후 붓다는 깨달음을 얻은 후 빔비사라와의 재회를 위해 깟사빠 삼형제를 비롯한 많은 제자를 거느리고 라자가하성王舍城 가까이 랏티와나Laṭṭhivana; 杖林苑의 수빳타 쩨띠야Supaṭṭha cetiya; 善住 靈廟에 머물렀다. 이 영묘는 그 지방 사람들이 여러 가지 종교행사를 하는 곳으로, 종파에 관계없이 수행인들이 여행중에 머무르기도 하는 곳이다. 이러한 소식을 접한 빔

비사라는 왕자와 대신 그리고 많은 바라문과 거사들에게 둘러싸여 붓다에게로 향하였다. 빔비사라는 랏티와나의 입구에 이르러 수레에서 내리고, 왕권을 상징하는 왕관·일산·부채·보검·가죽신 등을 벗어놓고 걸어서 들어갔다. 그리고 붓다 앞에 다가가 발아래 절하고 앉았다. 이때가 서력기원전 530년이며, 빔비사라는 31세이고 붓다는 36세 때의 일이라고 한다.

함께 따라온 수많은 라자가하 사람들은 젊은 고따마와 나이가 많은 우루웰라 깟사빠를 번갈아 보며 누가 스승인지 알 수 없었다. 그도 그럴 것이 우루웰라 깟사빠의 나이는 그때 120세였으며, 모든 선인仙人들이 우러러 보는 우두머리였기 때문이었다. 부처님은 이를 아시고 깟사빠에게 그대는 무엇을 보았기에 불[火]에 제사하는 것을 그만 두었는가고 물으셨다. 그러자 깟사빠는 붓다가 말씀하시는 뜻을 알아듣고는 큰 소리로 대답하였다.

"희생제의에서는 보이는 것, 들리는 것, 맛있는 것을 칭찬하고 여인네를 칭송하지만, 저는 이제 그런 것들이 부질없는 것이라고 보았기에 제사도 공물도 좋아하지 않게 되었나이다."

"깟사빠여, 그렇다면 그대가 좋아하게 된 것은 무엇인가?"

"제가 집착의 굴레에서 벗어나 열반의 길을 보았을 때, 그 길 이외에는 더 이상 다른 길이 없다는 것을 알았나이다. 그래서 저는 이제 제사도 공물도 좋아하지 않게 되었나이다."

다른 경전에서는 '이미 80년이나 풍신風神, 수신水神, 화신火神, 범천梵天, 산천이나 해와 달에게 제사를 지내며 지극정성으로 빌었지만 결국 얻은 것이 없었지만, 붓다를 만나고서 마침내 편안함을 얻었다'고 고백하듯이 털어놓았다고 한다. 깟사빠는 말을 마치자, 자리에서 일어나 붓다의 발아래에 절을 하면서 다시 말했다. "세존이시여, 세존은 저의 스승이시며, 저는 제자입니다.

세존이시여, 세존은 저의 스승이시며, 저는 제자입니다."

빔비사라와 함께 왔던 많은 사람들은 그 동안 우러러 받들어 왔던 깟사빠의 형제들이 젊은 고따마의 제자가 되었다는 사실에 놀라움을 금치 못하였다.

이때 붓다는 사람들의 근기에 따라 법을 설하시었다. 즉 남을 위하여 베풀고 살면서 선행을 쌓아야 한다는 보시[施論]와 믿음을 지닌 사람들이 지켜야 할 윤리적인 실천덕목으로써 계율[戒論]과 선행을 쌓고 계행을 지키는 덕행으로 다음 생에는 천상에 태어나 즐거움을 누리게 된다는 과보[生天論]를 설하였다. 이는 세속적인 입장에서 불교의 가르침을 따르는 종교적인 생활을 의미한다. 이와 같은 법을 듣고 사람들의 마음이 한층 성숙되었음을 아시고는, 다시 '생성하는 성질의 것은 무엇이나 소멸하는 법'이라는 무상법無常法을 설하시었다. 붓다의 설법을 들은 빔비사라왕과 자리에 참석한 많은 사람들은 마음의 문이 열리고 법을 보는 눈이 열렸다. 이에 빔비사라는 붓다를 찬탄하며 삼보에 귀의하고 청신자가 되었으며, 궁궐에 오시어 공양을 받아줄 것을 청하였다. 그 이튿날 빔비사라는 궁궐에서 부처님을 공양하는 자리에서, 성에서 가깝지도 멀지도 않는 죽림원竹林苑을 부처님에게 수행처로 기증하였다. 이 죽림원은 붓다가 처음으로 헌납받은 불교 최초의 수행처이다. 붓다는 빔비사라로부터 죽림원을 기증 받으시고, 다음과 같이 축원하시었다.

●   "보시하는 사람은 탐욕을 끊게 되고, 인욕忍辱하는 사람은 성냄을 떠나게 되고, 선행을 쌓는 사람은 어리석음을 여의게 되리라. 이 세 가지를 갖추어 실천하면 빨리 열반에 이르게 되리니. 가난하여 남들처럼 보시할 수 없더라도 다른 사람이 보

시하는 것을 보고 칭찬하고 기뻐하면 그 복은 보시하는 사람
과 다를 것이 없을지니라. "

　　부처님에게 귀의한 장자들이 여럿 있지만, 코살라국의 수도 사왓티
Sāvatthī; 舍衛城의 대장자 수닷따Sudatta의 귀의와 그가 기증한 기원정사는 당시에
세간의 화제 거리였다. 수닷따가 붓다를 처음으로 뵙게 되는 인연은 사업관계
로 마가다국의 라자가하에 있는 장자의 집에 간 것에 연유한다. 수닷따는 매
년 라자가하의 장자의 집에 가지만, 마침 그 해에 갔을 때에 그 집에서는 부처
님을 공양하기 위해 음식준비를 하고 있었다. 그 장자로부터 붓다께서 당시에
공동묘지로 쓰이고 있던 시따와나Sītavana; 寒林에 머물고 있다는 소식을 듣게 되

죽림정사 붓다가 깟사빠 삼형제를 제도하고서 빔비사라왕과의 약속을 지키기 위해 라자가하성 가까이 머물고 있
을때 빔비사라왕이 많은 권속들을 이끌고 붓다를 찾아왔다. 이때 붓다는 그들을 위해 법을 설하자 빔비사라왕은
청신자가 되었으며 다음 날 궁궐에서 공양을 받아줄 것을 청하였다. 다음 날 빔비사라왕은 공양을 올리고 부처님
의 수행처로서 죽림정사를 기증하였다. 죽림정사는 붓다 교단의 최초의 정사이다.

었다. 그날 밤 잠도 제대로 이루지 못하고 이른 새벽에 붓다를 뵙기 위해 성을 나서게 되었다. 성을 나서기는 하였으나 앞이 캄캄하여 겁나고 두려워 몸을 떨고 있는데, 갑자기 이상한 소리가 들려왔다.

"지금 부처님을 향해 한 발 내딛는 것은 천금을 베푸는 것보다 더 큰 이익이 되리라."

어디선가 들려오는 이 소리에 수닷따는 용기를 내어 걸음을 재촉하여 시따와나에 이르게 되었다. 마침 붓다는 새벽 좌선을 마치고 경행經行할 때였는데, 수닷따를 알아보고 부르셨다. 수닷따는 붓다께서 반갑게 맞이해 주시고 더욱이 자신을 잘 알고 있다는데 놀라워했다. 붓다는 그 자리에서 법을 설하셨고 붓다의 설법을 들은 수닷따는 눈이 밝아졌다. 수닷따는 그 자리에서 붓

기원정사 터 기원정사는 코살라국의 수도 사왓티의 대장자 수닷따가 제따왕자의 땅을 금을 깔아 얻어서 부처님께 기증한 것이다. 금을 깔아나가다 금이 모자라자, 제따왕자는 자신이 정문을 세우고 제따와나라마 즉 기원정사라고 이름하는 조건으로 땅을 물려주었다.

다에게 귀의하였고 자신이 거주하는 사왓티에서 안거해 주실 것을 청하였다. 그리고는 사왓티로 돌아와 수행처로서 마땅한 곳을 물색하다가 빠세나디왕의 아들 제따왕자의 소유로 있는 동산이 적당하다고 생각하였다. 수닷따가 그 땅을 사기 위하여 동산을 팔라고 했을 때, 왕자는 팔 생각이 없으면서 짐짓 땅을 사려거든 그 땅위에 황금을 깔아라고 하였다. 수닷따가 사람들을 동원하여 금을 깔기 시작하자, 놀라워하면서 왕자가 땅을 팔지 않겠다고 하였다. 그러자 분쟁이 발생하게 되고 수닷따는 코살라국의 최고법정에 재판을 신청하였다. 법정에서는 제타왕자는 약속을 지켜야 한다고 결정을 내렸다. 법정의 결정에 따라 수닷따 장자는 계속해서 금을 깔아나가다가 금이 모자라 잠시 멈추고 있을 때, 왕자는 수닷따의 믿음에 감탄하면서 더 이상 돈을 낼 필요가 없다고 하였다. 그리고 부족한 땅은 무상으로 희사하고 그곳에 자신이 정문을 세우고 제따와나라마Jetavanārāma; 기원정사라고 할 것을 제안하였다. 제따와나라마는 아나타삔디까라마Anāthapiṇḍikārāma; 祇樹給孤獨園라고도 하는데, 이는 제따왕자의 숲[祇樹]에다 고독한 사람들에게 음식을 베풀어주는 사람, 즉 수닷따 장자가 정사를 지었다는 의미이다. 여기서 고독한 사람들은 집을 나와 수행하는 독신자들을 말한다.

당시에 국왕들은 물론 상업을 통하여 자산을 모은 많은 자산가 계층들이 붓다에게 귀의하였다. 이들은 붓다와 붓다의 제자들에게 그들이 거주하는 부근에 수행처를 기증하고 수시로 공양을 행하면서 붓다와 그의 제자들로부터 법을 경청하였던 것이다.

앙굴리말라를 교화하다

- 나는 이미 오래 전에 멈추었는데 너는 아직도 멈추지 못하고 있구나.
- period 남전 B.C. 563~483, 북전 B.C. 466~386; 붓다의 생몰연대
- keyword 아힘사까 / 마니발타라 바라문 / 앙굴리말라 / 멈춤 / 임산부 / 진실구 / 인과의 이치

　　중생이 스스로 자신의 허물을 깨우치기는 쉽지가 않다. 중생이 깨닫기 전에는, 세간사는 무시이래로 훈습되어온 탐욕과 성냄과 어리석음으로 뭉쳐진 중생들의 활동하는 모습이므로 스스로 자신의 몸과 말과 마음의 행위가 허물임을 알기가 어려운 것이다. 부처님의 재세시에 하루 동안에 999명의 살인을 감행한 앙굴리말라의 경우도 또한 마찬가지라고 생각된다.

　　앙굴리마라Aṅgulimāla는 코살라국의 사위성 북쪽 작은 마을에 한 가난한 바라문의 집안에서 태어났다. 그의 어릴 적 이름은 아힘사까Ahiṃsaka인데, 그는 도둑의 별자리를 타고 났기 때문에 아무도 해치지 말라는 뜻에서 지어진 이름이다. 그는 당시에 유명한 대학이었던 땃까실라Takṣaśilā대학에서 공부하였으며, 얼굴이 잘 생겼고 민첩하였으며 총명하고 슬기로웠다. 다른 마을에 오래 전부터 마니발타라摩尼跋陀羅라는 바라문 스승이 있었는데, 그는 네 가지 베다의 경전에 정통하였다. 아힘사까는 그에게 나아가 법을 배워 겸손하고 공경하며 배워 받은 것을 잘 받들어 지니었으므로, 그의 스승은 그의 500명의 제자 가운데 그를 가장 사랑하였다.

　　마니발타라에게는 젊은 아내가 있었다. 그는 평소에 아힘사까에 대해

연심을 품고 있었는데, 마니발타라가 국왕의 부름을 받고 자리를 비우자 아힘사까에게 노골적으로 유혹하며 접근해왔다. 아힘사까는 스승은 아버지와 같고 그의 아내는 어머니에 비길 수 있는 것이라고 하며, 이를 물리치고 멀리 피하였다. 이에 부인은 모멸감을 느낀 나머지 스스로 제 옷을 찢고서 얻어맞은 얼굴을 하고서 누워 있었다. 집으로 돌아온 마니발타라는 아내의 모습을 보고 그 연유를 물었다. 그러자 그의 아내는 아힘사까가 못된 짓을 행하여 강제로 욕을 보이려고 이러한 일을 했다고 거짓말을 하였다.

마니발타라는 그 거짓말을 그대로 믿고서 분노를 이기지 못하고 아힘사까를 해치려 하였으나 힘에 부치는 일이었다. 그리하여 한 꾀를 내었는데, 그것은 아힘사까로 하여금 살인을 하도록 하여 내세에 지옥에 떨어지게 하는 것이었다. 그는 아힘사까에게 말하였다.

"너는 악한 사람이다. 높은 이를 욕보이었으니, 너는 지금부터 참다운 바라문이 아니다. 당연히 사람 천명을 죽이어야만 죄를 면하리라."

아힘사까는 천성이 공손하고 유순하여 스승의 지시를 존중하는 마음으로 스승에게 아뢰었다.

"스승님이시여, 사람 천명을 죽이는 것은 저에게 알맞은 일이 아니옵니다."

그러자 스승은 곧 말하였다.

"너는 악한 사람이로구나. 하늘에 나는 것과 바라문이 되는 것을 좋아하지 않느냐?"

스승의 그 말에 아힘사까는 드디어 그리하겠다고 하고서, 스승의 발 아래에 절하였다. 스승은 그를 보고 참으로 보기 드문 일이라고 생각하면서 그에게 말하였다.

"사람을 죽일 때마다 낱낱의 손가락을 끊어서 천 사람을 죽였을 때 그 손가락을 이어서 머리에 쓰고 돌아오라. 그리하면 너는 바라문이 될 것이다."

이러한 인연으로 그를 앙굴리말라라고 부르게 되었다. '앙굴리'는 손가락을 의미하고 '말라'는 목걸이를 의미한다.

앙굴리말라는 스승이 건네준 날카로운 칼을 지니고 거리로 나가 닥치는 대로 사람을 죽이기 시작하였다. 마침 비구들이 사위성의 거리로 걸식을 나갔다가 앙굴리말라가 벌이고 있는 일들을 목격하고 기원정사로 돌아와 부처님에게 말씀을 드렸다. 부처님은 제자들의 만류에도 불구하고 혼자서 앙굴리말라를 만나러 거리로 나갔다.

그때 마침 앙굴리말라의 어머님이 그의 행동을 제지하기 위해 거리로 나왔다가 아들과 만나게 되었다. 하루 해는 저물고 있었고 이제 한명만 죽이면 천명이 채워지는 상황이었다. 앙굴리말라는 그 부족한 한 명을 자신의 어머니를 죽임으로써 채우고자 하였다. 그가 막 자신의 어머니를 죽이려고 하려는 순간 부처님이 그 앞에 나타났다. 앙굴리말라는 그의 어머니를 놓아두고 부처님에게로 칼을 휘두르며 달려갔다. 부처님은 앙굴리말라가 달려오는 것을 보고서 천천히 걸어갔다. 앙굴리말라는 있는 힘을 다해 달려갔으나 천천히 걷고 있는 부처님을 붙잡을 수가 없었다. 앙굴리말라는 소리쳤다.

"사문이여, 멈추어라."

부처님은 그를 돌아보면서 천천히 말했다.

"나는 이미 오래전에 멈추었는데 너는 아직도 멈추지 못하고 있구나."

"그대는 가면서도 멈추어 있다고 말하고 오히려 나보고 멈추지 않는다고 한다. 그대는 멈추었고 나는 멈추지 않았다는 것은 무슨 뜻인가."

그러자 부처님은 차분한 목소리로 앙굴리말라에게 말하였다.

"나는 해치려는 마음을 모두 멈추었으나. 그대는 아직도 남을 해치려는 마음을 멈추지 못하였다. 나는 자비심에 머물러 일체 중생을 사랑하는데. 너는 악업을 멈추지 못하였으니 삼악도의 고통을 멈추지 못하였다. 나는 번뇌 망상을 끊고 진리에 머물러 있으나. 너는 진리를 보지 못하였으니 번뇌 망상을 멈추지 못하였느니라."

부처님의 이 말씀을 듣는 순간 앙굴리말라는 눈이 번쩍 뜨였다. 앙굴리말라는 그제서야 자신이 무지하여 잘못을 저지려고 있다는 것을 깨닫고, 부처님에게 나아가 참회하며 제자로 받아줄 것을 간청하였다. 부처님은 진실로 자신의 잘못을 뉘우치고 있는 것을 알고 그를 제자로 받아들이고 기원정사로 데리고 왔다. 그리고는 그에게 자비심이 가득한 소리로 법을 설하였으며, 앙굴리말라는 부처님의 설법을 듣고 진리에 눈을 뜨게 되었다. 그는 부처님의 가르침을 따라서 청정한 수행을 닦아나가니 오래지 않아 아라한을 성취하게 되었다.

어느 날 그가 사위성을 돌아다니며 걸식하다가, 임신한 한 여인이 아이를 분만하고자 하나 순산하지 못하고 몹시 괴로워하는 것을 보았다. 그는 정사로 돌아와 부처님에게 그러한 이야기를 하면서 그 부인에 대해 가엾은 마음을 이길 수 없다고 하였다. 그러자 부처님께서 말씀하셨다.

"너는 지금 저 여인의 처소에 가서 이렇게 말하라. '내가 부처님의 제자가 된 이후로 중생의 생명을 해친 기억이 없다. 이 진실하고 지성스러운 말에 의하여 여인은 편안히 해산하도록 한다.'"

그러자 앙굴리말라는 자신은 무수한 중생을 살해한 자로서 그렇게 말

앙굴리말라 기념탑 앙굴리말라는 브라만교 스승이 일러준 대로 999명의 사람을 죽이고 그 손가락을 잘라 머리장식을 하고 다녔는데, 1,000명째에 석가모니 부처님을 만나 교화를 받고 제자가 되었다.

한다면 거짓말을 하는 것이 아니냐고 하자, 부처님은 그것은 네가 세속에 있을 때의 일이고 지금은 성인으로 있는 때이니 그 근본이 같지 않다고 하면서 다시 다음과 같이 지시하셨다.

"너는 이제 사위성으로 가서 이렇게 외쳐라. '여러 어진 이들은 다섯 가지 일을 꼭 두호해야 한다. 무엇이 다섯인가. 살생하지 않는 것과 주지 않는 것을 가지지 않는 것과 음행하지 않는 것과 거짓말하지 않는 것과 술을 마시지 않는 것이다. 왜냐하면 살생의 과보는 칼을 사용했기 때문에 칼에 대한 과보를 받게 되고 도적질한 과보는 더욱 빈궁하게 되고 음행한 과보는 그 아내가 더욱 간음하고 나쁜 짓을 하게 되고 거짓말한 과보는 그 중생의 입에 냄새가 나며 술을 마신 과보는 어지러움이 더욱 많아지기 때문이다.' 그리고 저 여인의 처소에 가서 이렇게 말해라. '내가 부처님의 제자가 된 이후로 중생의 생명을 해친 기억이 없다. 이 진실하고 지성스러운 말에 의하여 여인은 편안히 순산하게 되리라.'"

앙굴리말라는 부처님의 지시대로 행하자, 그 여인은 즉시 해산하였다고 한다. 진실과 지성은 불가능한 것으로 여겨지는 것도 진실의 힘에 의해 성취되는 것이다.

또한 앙굴리말라가 사위성에서 걸식하고 있을 때 사람들이 앙굴리말라를 알아보고는 어느 한 사람이 돌로써 그의 몸을 치자, 어떤 이는 몽둥이로 그의 몸을 때렸으며 어떤 이는 칼로써 그의 몸을 찔렀다. 그러나 그는 묵묵히 참으며 머리가 깨어지고 몸에 피가 난 채로 정사로 돌아왔다. 부처님이 보시고는 말씀하시었다.

"잘 참고 나쁜 뜻을 내지 말지니라. 그 동안 너의 행의 과보는 무수한 백천 겁동안 지옥에 들어가야 할 것이었느니, 지금 받는 과보는 족히 말할 것이 못 되느니라."

앙굴리말라는 부처님의 말씀을 기쁘게 받아들였다.

부처님께서 앙굴리말라를 교화하신 내용을 살펴볼 때, 우리는 바르게 진리를 펴는 스승을 만나야 한다는 것과 잘못되었다는 것을 알았을 때 즉각 참회하고 뉘우쳐야 한다는 것과 지성至誠과 진실은 영묘한 힘을 지니고 있다는 것과 그 어떤 행일지라도 반드시 그 결과가 있다는 인과의 이치를 깨우쳐 주고 있다.

대중들에게 법을 설하다

- 부처님께서는 처음부터 법을 잘 이해할 수 없는 사람들 즉 대부분의 재가자들에게는 보시를 행하고 계를 지님으로써 그 과보로 천상에 태어난다고 가르친다.
- period 남전 B.C. 563~483, 북전 B.C. 466~386; 붓다의 생몰연대
- keyword 대기설법 / 꾸따단따 바라문 / 제사 / 점차법 / 보시 / 삼보귀의 / 선정 / 육신통 / 4성제

부처님께서 법을 설하실 적에는 어느 때나 듣는 사람의 근기에 맞추어 법을 설하신다. 이를 우리는 대기설對機說 혹은 대기설법對機說法이라고 부른다. 부처님의 말씀은 항상 듣는 사람의 이해 정도나 여러 여건에 따라 적절하게 설해지므로 이렇게 표현한 것이다.

짤막한 말씀들을 모은 경전들은 대개가 비구들에게 말씀한 것이 많다. 하지만 긴 경전의 경우 예컨대 『디가 니까야Dīgha Nikāya』의 경우에는 비구들에게 말씀하신 것 외에도 당시에 대표적인 종교적인 지식인이었던 바라문과 이러한 바라문의 사상에 반대의견을 가지고 철학하고 수행하던 사문들 그리고 국왕과 태수, 장자들이 포함되어 있다. 각각의 사람들에게 법을 전할 때에 그 당시의 여건과 그 사람의 정도에 맞추어 설해지고 있다. 그러나 그러한 가운데에서도 하나의 정형적인 모습이 보이고 있는데, 그것은 부처님이 진리로 이끌어 가는 점차적인 모습이다.

부처님께서는 처음부터 법을 잘 이해할 수 없는 사람들 즉 대부분의 재가자들에게는 보시를 행하고 계戒를 지님으로써 그 과보로 천상에 태어난다고 가르친다. 그리고 법을 알아들을 수 있는 사람들에게는 감각적인 욕망들의

위험과 타락과 오염, 그리고 그들로부터 벗어남의 공덕을 명료하게 밝혀주신다. 그 때 듣는 자가 마음이 준비가 되고 마음이 부드러워지고 마음의 장애가 없어지고 마음이 고무되고 마음에 깨끗한 믿음이 생겼음을 아시게 되었을 때, 그 상황에 따라 4성제를 설하거나 8정도를 설하거나 12연기를 설하거나 무아를 강조해서 설하시어 궁극의 진리로 들게 하였다.

『디가 니까야』에 보면 부처님 당시 마가다국의 국왕이었던 아자따삿뚜Ajātasattu, 코살라국의 대바라문이었던 뽁카라사띠Pokkharasāti, 앙가국의 대바라문인 소나단다Soṇadaṇḍa, 마가다국의 대바라문인 꾸따단따Kūṭadanta 등을 제도한 과정도 모두 이러한 점차적인 모습을 보여주고 있다. 그 가운데 마가다국의 꾸따단따 바라문을 제도한 과정을 살펴보자.

한 때 부처님께서 500명의 많은 비구들과 함께 마가다국를 유행하시다가 라자가하와 날란다 사이에 있는 카누마따Khāṇumata라는 곳에 있는 암발랏티까Ambalaṭṭhikā 정원에 머무셨다. 부처님께서 암발랏티까에 머무신다는 소식을 들은 카누마따의 바라문들과 장자들은 부처님의 법문을 듣기 위해 삼삼오오 짝을 지어 부처님 계신 곳으로 모여들고 있었다. 이 무렵 꾸따단따 바라문은 누각 위에서 낮 동안의 휴식을 취하고 있다가 이 광경을 목격하였다. 바라문은 부처님께서 세 가지 제사의 성취와 열여섯 가지 제사의 필수품들을 알고 계신다고 들었으므로, 이를 여쭈어 보기 위해 부처님을 뵈어야겠다고 생각하였다.

꾸따단따 바라문은 마가다국의 국왕인 빔비사라가 거룩한 마음의 표시로 카누마따를 영지領地를 내려주어, 그는 그곳에 머물고 있었다. 그 무렵에 꾸따단따 바라문은 큰 제사를 마련하고 있었다. 칠백 마리의 황소와 칠백 마리의 수송아지와 칠백 마리의 암송아지와 칠백 마리의 염소, 칠백 마리의 숫양이 제사를 위해 제사기둥에 끌려나왔다. 그리고 여러 지방의 바라문들이 이 제사에 동참하기 위하여 카누마따에 와서 머물고 있었다.

　　마가다국에 널리 알려지고 나이도 부처님보다 많고 학식이 높고 모든 이들로부터 존경을 받고 계신 분이 사문 고따마를 보러간다는 것은 적당하지 않으며, 오히려 사문 고따마가 존자를 뵈러 와야 한다고 하면서 함께 머물고 있던 바라문들이 극구 말렸다. 이에 꾸따단따 바라문은 스물아홉 가지로 사문 고따마의 뛰어난 점을 들면서 자신이 그 분을 찾아뵈어야 한다고 하였다. 그리고는 여러 바라문들과 함께 부처님을 찾아뵙고 세 가지 제사의 성취와 열여섯 가지 제사의 필수품에 대해 물어보았다. 이에 부처님은 전생에 궁중제관 바라문으로 있을 때 있었던 큰 제사의 모습을 보이며 하나씩 설명해갔다.

　　큰 제사를 위해 우선 국왕은 백성들이 생업에 충실히 할 수 있도록 보살펴서 나라가 안정되고 백성들이 편안하여야 한다고 하였다. 이어서 대신들과 바라문들과 장자들에게 큰 제사를 지내기를 상의하여야 한다고 하였다. 제사지내는 제주와 제사장의 조건 그리고 그들의 마음가짐을 설명하고, 이어서 제사에 참여하는 사람들의 염려를 막는 것에 대해 설명하고 있다. 그리고 제사의 내용에 있어 소와 염소와 양과 돼지와 닭들을 죽이는 동물 희생으로 바치는 제사가 아니며, 버터기름, 참기름, 생 버터, 우유, 꿀, 사탕수수즙으로 완성하는 제사를 설명하였다. 이는 당시의 제사의식에서 항상 해오던 동물희생제에 대해 단호하게 거부하는 입장이었다. 이에 대해 많은 브라만들은 이것이야말로 참다운 제사라고 찬성하고 있다. 그러나 꾸따단따 바라문은 이러한 세 가지 제사의 성취와 열여섯 가지 제사의 필수품들보다도 덜 번거롭고 덜 어려우면서도 더 많은 과보와 더 많은 이익을 주는 다른 제사가 있는지 묻고 있다. 그러자 부처님은 차례로 법을 설하시기 시작하였다.

먼저 계戒를 갖춘 출가자들을 위해 보시하는 것이야말로 항상 베푸는 보시이며, 대를 이어가는 제사라고 하였다. 또 다시 이 보다 더한 과보와 이익을 주는 제사를 묻자, 사방승가四方僧家를 위해 승원僧院을 짓는 것이라고 하였다. 이보다 더한 과보와 이익을 주는 제사는 깨끗한 믿음을 가진 마음으로 부처님께 귀의하고 법에 귀의하고 승가에 귀의하는 것이다. 이 보다 더한 과보와 이익을 주는 제사는 깨끗한 믿음을 가진 마음으로 학습해야 할 계의 항목을 받아 지니는 것이다. 그 계의 항목은 생명을 죽이는 것을 금하고, 주지 않는 것을 가지는 것을 금하고, 삿된 음행을 금하고, 거짓말하는 것을 금하고, 방일하는 근본이 되는 술과 중독성 물질을 섭취하는 것을 금하는 것이다. 여기까지가 많은 과보와 이익을 위해 재가자로서 행할 수 있는 제사의 성취라고 할 수 있다.

영취산을 오른 바퀴자국 부처님이 영취산에 계실 때, 국왕과 대신 등 많은 사람들이 법을 듣기 위해 오르내리면서 생겨난 수레바퀴 자국이다.

이 다음의 내용은 출가를 단행하여 나아가는 제사의 성취로 설명되고 있는데, 설명의 순차는 역시 계정혜戒定慧의 순서를 따르고 있다. 먼저 출가자가 지켜야 할 계의 항목들이 짧은 길이의 계, 중간 길이의 계, 긴 길이의 계로 나누어 상세하게 설명되고 있다. 그 내용들을 살펴보면 그 당시 바라문이나 사문들의 삿된 견해에서 나온 행위들이 금지되고 있음을 볼 수 있다. 수행자로서 최소한의 의식주 이외의 물건이나 물질을 소유하는 것을 금하고 있으며, 몸을 장식하거나 여러 가지의 잡기나 놀이, 전령이나 심부름 노릇을 하는 것 등을 금하고 있다. 특히 예언하거나 점을 치거나 주문을 외우거나 헌공하는 것 등의 하천한 기술을 통한 삿된 생계수단을 멀리하여야 한다. 이러한 계의 구족이 더한 과보와 이익을 주는 제사라고 하였다. 이어서 초선에 들어 초선을 구족하여 머무르고, 2선에 들어 2선을 구족하여 머무르고, 3선에 들어 3선을 구족하여 머무르고, 4선에 들어 4선을 구족하여 머무르는 것이 더한 과보와 이익을 주는 제사라고 하였다. 이어서 경전에서는 말하고 있다.

● "그가 이와 같이 마음이 삼매에 들고, 청정하고, 깨끗하고, 흠이 없고, 오염원이 사라지고, 부드럽고, 활발발活潑潑하고, 안정되고, 흔들림이 없는 상태에 이르렀을 때 지知와 견見으로 마음을 향하게 하고 기울게 합니다."

이로 인해 여러 가지 지혜가 나오게 된다. 신통변화를 일으키는 지혜[神足通], 인간의 능력을 넘어선 신성한 귀의 지혜[天耳通], 남의 마음을 아는 지혜[他心通], 전생을 기억하는 마음[宿命通], 인간의 능력을 넘어선 신성한 눈의 능력[天眼通], 모든 번뇌를 소멸하는 지혜[漏盡通]가 그것이다. 고집멸도苦集滅道의 4성제四聖諦의 통달이 곧 누진통인 것이다. 그리고 이것이 가장 높고 가장 수승한 제사의 성취라고 하였다. 이러한 부처님의 말씀에 꾸따단따는 부처님께 공양을 올리고 귀의하게 된다.

우리는 여기에서 바라문인 꾸따단따의 질문에 답하면서도 그에게 맞게 점차적인 법의 모습을 설하고 있는 것을 볼 수 있다. 이는 부처님의 가르침을 수행하고 있는 불제자로서 자신의 위치를 확인하고, 앞으로 나아가야 할 지향점과 현재 자신이 분발해야 할 점들을 분명하게 보여주고 있다고 하겠다.

중생의 현실은 고^苦이다

- '이것은 나이다', '이것은 나의 것이다'라고 생각하는 것은 5온에 집착하여 정신적인 구성물로써 생겨난 그러한 자아의 작용에 불과하다. 이러한 집착이 두카의 핵심에 있다.
- period 남전 B.C. 563~483, 북전 B.C. 466~386; 붓다의 생몰연대
- keyword 4성제 / 고의 본성 / 생로병사 / 5취온 / 자아 / 영원 / 무상 / 취착

부처님께서 법을 설하실 적에 듣는 사람의 근기에 따라 그리고 점차적으로 높여가면서 말씀을 펼친 것은 잘 알려져 있는 사실이다. 듣는 사람의 근기에 따라 법을 설하는 것을 대기설법이라 하고, 진리의 수준을 차례대로 높여가면서 법을 설하는 것을 차제설법이라 한다. 재가자들에게는 일반적으로 먼저 보시를 행하고 5계를 지킴으로써 그 과보로 천상에 태어나게 됨을 설하고 있다. 듣는 자가 법을 받아들인 준비가 되었다고 보여질 때, 그 때 부처님은 3법인三法印, 4성제四聖諦, 12연기 등을 설하시어 진리의 세계로 들어가게 한다.

3법인이나 4성제 그리고 12연기 등 법에 대한 직접적인 말씀들은 삼보에 귀의하여 본격적으로 출가를 단행한 비구들에게 설하는 것이 보통이었다. 3법인, 4성제, 12연기 외에도 많은 말씀들이 있었지만 특히 4성제는 이러한 여러 말씀들을 모두 꿰어내는 중심적인 말씀이라 할 수 있다. 부처님께서 성도하시고 다섯 비구들에게 최초로 설하신 초전법륜도 또한 이 4성제이다. 맨 먼저 설한 것만큼이나 4성제는 부처님의 말씀 가운데 매우 중요한 위치를 차지한다.

고따마 싯닷타가 29세에 궁전을 나와 사문의 길로 들어선 것은 생로병

사의 고품로부터 벗어나기 위함이었다. 그러므로 그의 출가수행의 주요한 주제는 모두 여기에 귀결된다고 할 수 있을 것이다. 4성제 즉 네 가지의 성스런 진리 또한 이러한 고와 관련된 말씀이다. 첫 번째는 고의 본성은 무엇인가에 대한 것이며, 둘째는 고의 원인 즉 고를 일으키는 조건들은 무엇인가에 대한 것이다. 셋째는 이러한 고의 조건들은 제거될 수 있는가에 대한 것이며, 넷째는 그러한 고의 조건들을 제거함으로써 고를 제거할 수 있는 삶의 길을 말씀하시고 있다.

고품; duḥkha란 무엇인가? 우리는 흔히 부처님께서 설하신 여덟 가지의 고를 상기한다. "비구들이여, 이것이 고성제이다. 태어남이 고품다. 늙음이 고품다. 병듦이 고다. 죽음이 고품다. 우리가 싫어하는 대상을 만남이 고품다[怨憎會苦]. 우리가 사랑하는 대상과 헤어짐이 고품다[愛別離苦]. 우리가 얻고자 하는 것을 얻지 못함이 고품다[求不得苦]. 한

마디로 5온을 취하여 집착[取着]함이 고품다[五陰盛苦]." 원어인 두카를 우리는 고품라고 하고 고통·괴로움으로 번역해왔지만, 이는 부처님이 하신 말씀의 의미를 온전히 드러낸 것이라고 할 수는 없다. 여기에서 그 의미들을 한번 살펴보기로 하자.

먼저 고품는 모든 사람들이 경험하고 있는, 표면적으

싯닷타, 죽은 자와 가족의 슬픔을 보다(사진 위)와 **기원정사 내 부처님이 대좌하여 법을 설하던 곳**

로 드러나 있는 고苦를 들 수 있다. 존재하기를 원하지만 존재하지 않는 부재나 죽음을 통하여 사랑하는 사람과 이별하는 슬픔, 미워하는 사람이나 사물의 출현, 욕망의 좌절, 질병, 감각기관의 쇠퇴, 공포, 불안 그리고 죽음에의 전망 등이다. 이러한 차원의 고는 우리 모두가 경험하는 것으로 이해하기가 쉽다. 또한 이는 현실적으로 일정 부분의 노력을 통하여 고를 감소시킬 수도 있다. 예컨대 사랑하는 사람과 함께 있고 건강하고 우리가 욕망하는 것을 가질 경우 등이다. 석가 세존께서 단지 이러한 범속한 의미의 고를 말씀하신 것이라면 4성제는 그리 큰 의미를 가지지 못했을 것이다.

　　　그러나 좀 더 성찰해간다면, 우리는 인생에 있어서 표면적인 유쾌함이나 즐거운 순간조차도 고의 한 형태임을 알게 된다. 유쾌함도 즐거움도 사랑, 행복, 환희함도 그 안에는 찰나성이라는 독소가 내재되어 있다. 그들의 각 순간들은 찰나에 흘러가 버리는 것이다. 그들이 흘러가 버린다는 것은 고통이며, 그러한 순간들이 흘러가 버린다는 그 기본적인 각성은 유쾌함, 즐거움, 사랑, 행복, 환희조차도 슬픔, 공포, 불안으로 물들게 한다. 또한 죽음과 절멸에 대한 공포는 인생의 욕락과 기쁨마저도 파괴하고 다만 모든 것이 재빠르게 흘러가는 순간임을 각성하게 한다. 그러한 각성들은 의식의 밑바닥으로 가라앉으면서 잠재의식 또는 무의식으로 자리잡게 된다. 이러한 무의식은 앞으로 살아가는 우리의 인생에서 무의식적인 공포와 불안을 만들어낸다. 스스로도 의식하지 못하는 불안과 공포는 우리를 더욱 안전과 영원에로의 갈망과 탐착으로 나아가게 한다.

●　　　그러나 일체의 존재는 계속 변화하고 있으므로 영원함과 행복에 대한 우리의 탐착은 반드시 무너지도록 운명지어져 있

다. 깊은 차원의 고·고통·괴로움은 바로 여기에 있다. 일체의 모든 것이 매 순간 변화하고 있다는 것 즉 무상無常을 무상으로 받아들이지 않는 곳에 괴로움은 생성되는 것이다. 무상한 5온五蘊 가운데 영원을 구하고 있는 자아는 그 안에 이미 고를 담고 있는 것이다.

부처님은 5온은 무상하며 무아無我이며 고라고 하였다. 5온은 색온色蘊, 수온受蘊, 상온想蘊, 행온行蘊, 식온識蘊의 다섯 가지 무더기를 말한다. 색온은 물

수닷타 장자의 기원
정사 보시

질적인 존재의 근본적인 요소들과 그것들의 유출물들이다. 예컨대, 육신, 감각기관, 외부세계의 대상이 여기에 속한다. 수온은 쾌와 불쾌 그리고 쾌도 아니고 불쾌도 아닌 중립적인 느낌을 불러일으키는 우리의 모든 물리적 정신적인 감정을 포함하고 있다. 상온은 지각적 행위들을 말한다. 이는 마음 뿐만아니라 다섯 가지 감각기관의 지각적인 행위에 의해 구성된다. 이는 그 대상이 물질적인 요소가 아니라 관념과 생각들이다. 행온은 다양한 정신적인 구성물을 포함하는데 그 가운데 중요한 것은 의지적인 행위이다. 이것은 감관과 마음을 선이나 악 또는 중립적인 방향으로 이끌어 준다. 식온은 지식과 미망을 모두 가능하게 하는 의식의 여러 활동으로 구성되어 있다.

자아는 5온을 소유하고 있는 어떤 것이거나 5온에서 벗어나 독립적으로 존재하는 어떤 것이 아니며, 5온의 어느 하나와도 동일시할 수 없다. 부처님의 제자인 사티는 '스스로 윤회 전생하며 생사윤회를 경험하는 것은 의식이다'라는 것을 스승께서 가르치고 있다고 하면서 돌아다녔다. 이에 부처님은 "어리석도다! 의식은 조건에서 생겨난다고 항상 설명해오던 것이 아니던가?"라고 하며 질책하였다. 의식은 색수상행의 요소들 안에 근거하고 있으며, 그것들과 떨어져 존재하지 않는다는 것이다.

5온을 소유하고 있다고 여기거나 5온과 독립적인 존재로 여겨지는 자아란, 오직 이들 5온의 구조물에 불과한 것이다. '이것은 나이다', '이것은 나의 것이다'라고 생각하는 것은 5온에 집착하여 정신적인 구성물로써 생겨난 그러한 자아의 작용에 불과하다. 이러한 집착이 두카의 핵심에 있다. 5온은 끊임없이 변화하는 과정의 성격을 지니고 있으며 잠시라도 동일한 것으로 남아 있는 법이 없다. 그러나 이들 5온으로부터 구성되어 나오는 자아는 5온에 취착하고 매달리며 고뇌와 슬픔을 겪지 않을 존재, 늙거나 쇠하지 않을 존재, 죽지 않을 존재를 창조하려고 부단히 노력한다. 영원을 구하고 있는 자아는 끊임없이 변화하고 있는 5온에서 변하지 않는 영원한 자아를 구하거나 5온과 분리되어 별도로 영원히 변하지 않는 자아가 존재한다고 집착하는 것이다. 그러나 이러한 노력은 실패할 것이 명백하다. 존재는 변화가 본성이므로 취착하고 매달린다고 해서 그 본성이 바뀌어지는 것은 아니기 때문이다. 취착하고 매달리는 것은 행복과 기쁨의 짤막한 순간들과 함께 오직 좌절과 공포 그리고 불안만을 만들어낼 뿐이다. 결국 무상하고 결정적인 실체가 없는 곳에서 변하지 않는 영원한 것을 갈망하는 중생의 현실은 괴로움의 연속일 뿐이다.

고^苦의 원인과 소멸

● 고의 소멸 즉 열반은 존재의 절멸이 아니다. 그것은 온갖 종류의 취착과 집착을 없앰으로써 얻어지는 존재의 풍성한 완성인 것이다.
● period 남전 B.C. 563~483, 북전 B.C. 466~386; 붓다의 생몰연대
● keyword 고를 일으키는 조건 / 고의 조건들의 소멸 / 연기법 / 무명 / 갈애 / 취착 / 자아에 대한 망상

중생의 현실이 고라면 이러한 고의 원인 즉 고를 일으키는 조건들은 무엇인가? 고의 원인에 대한 성스러운 진리[苦集聖諦]가 곧 네 가지 성스러운 진리[四聖諦]에서 두 번째에 해당하는 말씀이다. 고의 원인이라는 등의 말속에는 벌써 고 즉 괴로움은 우연한 것이 아니라는 의미가 포함되어 있다. 모든 괴로움에는 그 원인 즉 괴로움을 일으키는 조건이 있다는 말씀이다. 그러나 당시에는 선행이든 악행이든 그 어떠한 행위에도 그에 따르는 과보가 생기지 않는다고 하여 원인과 결과라고 하는 인과설을 부정하는 무리들이 있었다. 모든 것은 우연적인 것이며, 인간의 어떠한 선택이나 활동이라도 결과를 생기게 하는 원인이나 조건이 될 수 없다고 하였다. 또한 모든 현상은 신이나 영혼 혹은 지수화풍地水火風 등 몇몇의 실체성을 지닌 요소들에 의해 결정되어지며, 인간의 선택과 행위는 여기에 어떠한 영향도 미칠 수 없다고 주장하는 무리들도 있었다.

반면에 부처님은 일체의 모든 것에는 그 어떠한 실체성도 지니고 있지 않으며 끊임없는 변화의 과정속에 있다고 하였다. 그러한 변화는 어떠한 원인이나 조건도 없이 일어나는 우연적인 것이 아니며, 몇몇의 실체성을 지닌 어

떤 요소들이 원인이 되어 결정되어지는 것이 아니다. 끊임없는 변화의 과정은 수많은 조건들이 상호 원인이 되어 생성·유지·소멸의 과정들을 계속해가는 것이다. 그곳에는 어떠한 독립적인 존재나 실체도 없다. 존재는 상호 관련된 수많은 과정들로 구성되어 있으며, 각 과정안에 있는 매 순간은 무수한 조건들로 결정되어 있으며, 이들 조건은 모두 상호 관련된 과정들로 이루어져 있다.

이는 모든 것은 인연이 모이면 생겨나고 인연이 흩어지면 사라진다는 연기법을 말한다. 경전에서는 연기법의 일반적인 공식으로 다음과 같이 서술하고 있다.

"이것이 있으면 저것이 있고, 이것이 일어나면 저것이 일어난다. 이것이 없으면 저것이 없고, 이것이 소멸하면 저것이 소멸한다."

이것은 모든 것이 시간적으로나 공간적으로 서로 의존관계속에 존재한다는 것을 의미한다. 부처님은 이러한 연기법을 깨치신 것이며, 이 깨치신 법으로써 개인적 존재 즉 5온과 관련해서 생겨나는 자아에 대해 적용하고 있다. 그럼으로써 고가 어떻게 개인의 삶에서 발생하고, 그 발생의 조건들을 제거함으로써 어떻게 고가 소멸될 수 있는가를 설명해주고 있다.

연기의 원리를 개인적인 존재에 구체적으로 적용한 것이 12연기설이다. 이러한 열두 가지의 하나하나는 고가 의존하고 있는 일단의 중요한 조건들을 대표하고 있다. 그리고 이러한 고가 의존하고 있는 조건들은 탐욕과 성냄과 어리석음貪瞋癡을 추동력으로 하고 있다. 그 12연기의 전통적인 순서는 다음과 같다. 무명無明에 연緣하여 의지적인 행위가 일어난다. 의지적인 행위[行]에 연하여 의식이, 의식[識]에 연하여 개인적인 존재가, 개인적인 존재[名色]에 연하여 마음과 감각이 일어난다. 마음과 감각[六處]에 연하여 그들 대상과 함께 감각

비가 갠 전정각산 이 산은 붓다가 6년간의 고행을 버리고 수자따의 공양을 받고 기력을 회복한 후 깨닫기 위해 올랐던 산이다. 정상에 이르자 산신이 이 산은 정각을 이룰 만한 산이 못된다고 하여 산을 내려오다 거대한 동굴에 자리를 잡았다. 그러자 하늘에서 또한 정각을 이룰 만한 장소가 못되며 서남쪽 보리수 아래가 금강보좌라고 일러준다. 붓다가 자리를 떠나려고 하자 굴에 있던 용왕이 이곳에서 정각을 이룰 것을 간청하여 붓다는 그림자를 남겼다고 한다.

적 인상이 일어난다. 감각적 인상[觸]에 연하여 감각과 감정이, 감각과 감정[受]에 연하여 애가, 애[愛]에 연하여 취가, 취[取]에 연하여 생성력이, 생성력[有]에 연하여 존재의 재생이, 재생[生]에 연하여 늙음과 죽음 등의 괴로움이 일어난다. 그리고 늙음과 죽음으로 말미암아 무명은 다시 일어나 이 연생緣生의 바퀴는 계속된다는 것이다.

이 연생의 바퀴에서 고를 일으키는 조건들로서 11가지의 요소들을 들고 있지만, 반드시 11가지의 조건만이 있는 것은 아니다. 수많은 조건들이 있을 것이지만, 다만 그 중에서 몇몇의 특별히 의미심장한 것으로써 연결한 것이라고 할 수 있다. 그러나 이 연생의 바퀴는 연기라는 12가지의 사슬에 따라 개인의 삶에서 고의 발생과 소멸에 대해 잘 설명해주고 있다.

우리는 먼저 우리의 삶에 있어서 제어력이 있다고 믿는다면 믿고 있는 그 신념과 선택을 가진 삶으로 살아갈 것이지만, 만일 우리의 삶에 대하여 전혀 제어력이 없다고 믿는다면 우리는 맡겨진 대로 살아갈 뿐일 것이다. 그리고 잘못된 신념은 건강하지 못한 존재의 방향으로 가도록 선택을 연생할 것이며, 반면에 올바른 견해는 건강한 존재의 방향으로 가도록 선택을 연생할 것이다. 이러한 의미에서 무명이란 존재의 본성에 대해 잘못된 견해를 지니고 있다는 것과 동시에 올바른 견해를 가지고 있지 않다는 것을 의미한다고 할 수 있다.

가장 근본적인 무명은 우리는 5온을 취하여 집착하고 그것들에게 항구성과 독립성을 주기 위해 그것들을 자아와 동일시하려고 애쓰고 있다는 것이다. 그렇지 않으면 그 어떤 독립적이고 불가멸不可滅의 자아라는 환상을 보존하기 위해 자신의 삶의 과정들을 부정하거나 거부하는 것이다. 이러한 두 가지의 자아에 대한 억견은 가장 근본적인 무명으로서 그에 따른 신념과 선택으로 말미암아 건강하지 못한 존재의 방향으로 가도록 하는 의지적인 행위를 일으킨다.

연생의 고리를 따라 나아가 감각과 감정[受]에 연하여 욕망이나 갈애[愛]가 일어난다는 것은 명백하다. 갈애란 갈증이 목이 타는 듯이 물을 그리워하는 것과 같이 목이 타는 듯이 어떤 대상을 그리워하는 것이다. 그러나 감각의 대상과 명성 그리고 권력에 대한 보다 분명한 갈애뿐만 아니라, 자아와 영원 또는 불멸에 대한 갈애도 포함한다. 우리는 욕락을 약속해주는 대상·사람·경험을 목 타듯이 그리워하고 취착하며, 동시에 고통을 주려고 협박하는 그 무엇이라도 두려워하고 미워한다. 자아는 여기저기에서 만족을 추구하면서 욕락의 획득이나 고통의 제거를 영원한 것으로 만들려는 헛된 시도를 거듭함으로써 우리는 도리 없이 격정에 휘말리게 되는 것이다.

이와 같이 무명으로부터 시작하여 늙음과 죽음 등의 고에 이르는 연생의 바퀴는 일체 존재에 대한 연기성의 원리에 의한 것이다. 그리고 고가 의존하고 있는 조건들을 제거하면 고를 없앨 수 있다는 것도 또한 일체 존재에 대한 연기성의 원리에 의한 것이며, 고통받는 개인이 의존하고 있는 구체적인 조건에 대한 통찰에서 도출된 것이다.

부처님은 고의 소멸에 대해 이렇게 말씀하시었다. "이는 취착이 완전히 소멸되고, 격정이 제거되어 취착이 배제될 수 있고, 그것이 포기되고, 더 이상 마음속에 품지 않으며, 거기에서 해방될 수 있는 것을 뜻한다."

● 이는 개인적인 존재로 규정하고 있는 5온을 제거하라는 것이 아니다. 5온내에서의 고의 조건들이나 요소들이 제거되어야 한다는 것이다. 이들의 요소는 무엇인가? 그것은 연생의 고

리에서 성찰한 것과 같이. 무명. 잘못된 의도. 청정하지 못한 의식. 자아에 대한 망상. 5온에 대한 집착. 결과로서 생기는 갈애와 취착들이다.

고를 이루는 것이 만약에 5온 그 자체가 아니고 자아에 대한 5온의 집착이라고 한다면 이 집착을 없앰으로써 고는 사라지게 되는 것이다. 그러므로 『중부경』72에서 이렇게 말하고 있다.

"여래는 집착에서 구원을 얻었으며, 집착에서 자유로워졌다. 왜냐하면 자아에 관한 모든 상상·동요·교만한 생각이나 자아에 속하는 모든 것이 사라지고, 없어지고, 포기되고, 버려졌기 때문이다."

고의 소멸 즉 열반은 존재의 절멸이 아니다. 그것은 온갖 종류의 취착과 집착을 없앰으로써 얻어지는 존재의 풍성한 완성인 것이다.

고^苦를 없애는 길

- 세계가 영원하거나 무상하더라도, 사람에게 생로병사와 근심과 번뇌가 있다.
- period 남전 B.C. 563~483, 북전 B.C. 466~386; 붓다의 생몰연대
- keyword 고의 조건들을 제거하는 길 / 37보리분법 / 8정도 / 독화살의 비유

부처님께서 녹야원에서 다섯 비구들에게 최초로 설하신 4성제에 대한 가르침은 그 이후의 가르침이 모두 이 안에 거두어들일 수 있을 만큼 의미가 깊은 말씀이다. 왜냐하면 부처님의 말씀은 모두 고의 본성과 고의 원인 그리고 고가 완전히 소멸한 상태와 고에서 벗어나는 길에 초점이 맞추어져 있기 때문이다. 이제 마지막으로 성스러운 진리의 말씀인 고의 소멸에 이르는 길에 대해 살펴볼 지점에 와 있다.

지금 현재 중생의 현실은 고이며, 이 고의 원인은 12연기의 성찰에서 보는 것과 같이 무명, 잘못된 의도, 청정하지 못한 의식, 자아에 대한 망상, 5온에 대한 집착, 그 결과로서 생기는 갈애와 취착임이 밝혀졌다. 그리고 이러한 고의 원인이 완전히 제거되어 사라진 상태를 해탈이라고 하고 열반이라고 한다고 하였다.

그러면 이러한 해탈 혹은 열반에 이르는 길 즉 고의 원인을 제거하기 위한 방법은 무엇인가? 부처님의 가르침을 통해 볼 때, 그것은 37보리분법^{菩提分法} 혹은 37조도품^{助道品}이라 하여 총 37가지가 있다. 37가지란 4념처^{念處}, 4정근^{正勤}, 4여의족^{如意足}, 5근^根, 5력^力, 7각지^{覺支}, 8정도^{正道}를 말한다. 이 가운데 8정도

는 불교도라면 누구라도 고의 원인을 제거하기 위해 살아가면서 실천해야 하는 바른 길의 진수라고 하겠다.

8정도 가운데 올바른 이해[正見], 올바른 의도[正思惟]는 지혜[慧]에 해당하는 말씀이다. 올바른 말[正語], 올바른 행위[正業], 올바른 생활방식[正命]은 도덕적인 행위[戒]에 대한 말씀이다. 그리고 올바른 정진[正精進], 올바른 집중[正念], 올바른 선정[正定]은 선정[定]에 대한 말씀이다.

고를 극복하고 건전하고 완전한 삶을 이루려고 하는 지혜로운 삶은 무엇보다도 먼저 존재에 대한 올바른 이해[正見]와 이러한 이해에 부합하여 행동하려는 의도 즉 사랑, 자비, 선의, 무사無私에서 행동하려는 의도가 있어야 한다. 올바른 이해에 대해 부처님은 다양하게 기술하고 있다. 4성제에 대한 이해, 건전한 존재로 이끌어주는 것들에 대한 것과 불건전한 존재로 이끌어주는 것들에 대한 이해, 무상無常과 무아無我한 것에서 자아에 집착했을 때 고가 된다는 사실에 대한 이해, 만유의 연기성에 대한 이해, 고의 원인들을 없애는 방법에 대한 이해 등이다. 이는 이론적인 지식을 배제하지는 않지만 자아와 세계에 대한 형이상학적인 이론들과 동일시되지는 않는다. 그것은 『중부경』의 「독화살의 비유」에서 형이상학적인 이론들에 대해 취하고 있는 부처님의 태도에서 잘 알 수 있다.

부처님께서 쉬라바스티 기원정사에 계실 때, 마룽키야풋타 존자는 홀로 고요한 곳에 앉아 다음과 같이 생각하였다. 부처님께서는 형이상학적인 문제인 '세계는 영원한가 아닌가, 세계는 유한한가 무한한가, 자아와 육신은 분리된 것인가 같은 것인가, 여래는 사후에 존재하는가 존재하지 않는가 존재하는 것도 존재하지 않는 것도 아닌가'라는 것에 대해서는 대답하지 않으셨다는 것이다. 존자는 부처님에게 나아가 이러한 문제들에 대해 대답해주지 않는다

대보리사 측면 부처님 대보리사는 붓다가 깨달음을 얻은 보리수를 중심으로 세워진 사원이다. 아쇼카왕이 최초로
세웠다고 한다. 붓다는 모든 악마를 항복시키고 정각을 얻었다는 것을 증명하는 항마촉지인을 하고 있다

면 자신은 수도생활을 그만두겠다고 선언했다. 부처님은 먼저 교단에 들어와
종교적인 삶을 살아간다면 이러한 질문에 대해 답을 해주리라는 약속을 한 적
이 없음을 상기시킨다. 그리고 어리석은 사람이 위의 형이상학적인 문제에 매
달린다면 그는 그 의문을 풀기도 전에 목숨을 마치게 될 것이라고 하면서, 독
화살의 비유로써 자세하게 설명하시었다.

　　"예를 들어 어떤 사람이 독 묻은 화살을 맞아 견디기 어려운 고통을 겪
을 때 친족들이 빨리 의사를 부르려고 하였다. 그러나 화살을 맞은 사람이 '아
직 이 화살을 뽑아서는 안 됩니다. 나는 먼저 화살을 쏜 사람이 크샤트리야인
지 바라문인지 바이샤인지 수드라인지, 또 그 사람 성은 무엇인지, 그의 키가
큰지 작은지 중간 정도인지, 그의 얼굴색이 하얀지 검은지, 어떤 마을에서 왔
는지 먼저 알아야겠습니다. 또한 내가 맞은 화살이 어떤 종류의 것인지 알아

야 화살을 뽑을 것입니다. 뿐만 아니라 어떤 새의 깃으로 장식된 화살인지, 화살 끝에 묻힌 독은 어떤 종류의 독인지 알아야 화살을 뽑을 것입니다'라고 말한다면, 그 사람은 이러한 사실을 알기도 전에 죽고 말 것이다."

● "마룽키야풋타여. 세계가 영원하다는 확실한 견해가 있어야만 청정한 수행을 닦겠다고 생각하는 것은 바르지 않다. 또한 우주가 무상하다는 견해가 있어야만 청정한 수행을 닦겠다고 생각하는 것도 바르지 않다. 세계가 영원하거나 무상하더라도, 사람에게 생로병사와 근심과 번뇌가 있다. 그러므로 여래는 '이것은 괴로움이다苦. …… 이것은 괴로움의 멸로 이르는 길이다道'고 설하여 중생을 해탈에 이르게 한다."

그 외의 나머지 질문에 대해서도 마찬가지이며, 이와 같은 의문은 도리와 법에 맞지 않으며 청정한 수행도 아니며, 깨달음으로 나아가는 길도 아니며 열반의 길도 아니기 때문이라고 하였다. 반면에 4성제의 가르침은 도리와 법에 맞으며 청정한 수행의 길이며, 깨달음과 성스러운 열반에 이르는 길이기 때문에 한결같이 설하신다고 설파하고 있다. 올바른 이해란 형이상학적인 문제에 매달리는 것이 아니며, 4성제의 이해가 우선적이라는 것이다. 그리고 지혜는 형이상학적인 문제에 매달리는 것에서 나오는 것이 아닌 것이다.

올바른 이해와 올바른 의도는 곧바로 도덕적인 행위로 이끌게 한다. 반면에 잘못된 이해와 잘못된 의도는 나쁜 말과 나쁜 행위 그리고 나쁜 생활방식으로 나아가게 한다. 올바른 정진과 올바른 집중, 올바른 선정이라는 세 번째 그룹의 규범은 각성과 통찰을 위한 의식의 지속적인 훈련을 목표로 하는 것이다. 그 가운데 올바른 집중은 육신[身], 감각과 감정[受], 마음[心], 사유와 생각의 활동[法]에 대해 조심스럽게 각성하고 주의를 기울이는 것이다. 육신에 대한 올바른 집중은 호흡, 육신의 자세와 행동, 그리고 여러 가지 내적인 과정에 대한 집중을 통해 얻어진다. 감각과 감정에 대한 올바른 집중은 그것들이 유쾌하거나 불쾌하거나 또는 중립적이거나 그것들이 자신 안에서 일어나고 사라지는 방식에 대해 주의를 기울임으로써 성취되는 것이다. 정신적인 활동에 대한 올바른 집중은 마음의 모든 활동에 대해 주의를 집중하고, 우리 생각이 탐욕스러워 지는가, 육욕에 휩싸이는가, 증오하는가, 미망에 빠지는가, 헷갈리는가, 집중하는가 등등에 대해 각성함으로써 성취된다. 사유와 생각에 대한 올바른 집중은 생각과 관념이 어떻게 일어나고 사라지는가, 그것들이 어떻게 발전하고 억제되는가, 그것들이 의존하고 있는 조건은 무엇인가에 주의를 기울임으로써 성취되는 것이다.

이러한 8정도의 수행은 올바른 이해 즉 정견에서 시작하여 올바른 선정에 이르기까지 순차적으로 행해져야 한다고 생각하고 있다. 그러나 반드시 그렇지만은 않다. 지혜[慧]와 도덕적인 행위[戒]와 선정[定]은 상호 의존적이며 상호 지탱하고 있기 때문에, 동시에 따라가야 할 필요가 있는 것이다. 먼저는 얕은 수준에서 이루어지겠지만 수행이 깊어짐에 따라 이해와 실천과 성취의 수준은 높아질 것이 자명한 사실이다. 8정도를 비롯한 부처님의 가르침은 건전한 삶으로 살아가야겠다는 결단을 포함하는 것이며, 가르침에 따르는 실천과 그 실천에 따르는 성취가 실증되는 것으로 이것은 단순한 이론적인 지식이 아님을 보여주고 있다.

교단의 형성과 수행생활

- 상가에 소속된 출가자들의 최대목표는 욕망의 포기와 해탈의 성취에 있고, 상가를 믿고 따르는 재가자들은 선행을 쌓아 좋은 세상에 태어나는 것이다.
- period 남전 B.C. 563~483, 북전 B.C. 466~386; 붓다의 생몰연대
- keyword 삼보출현 / 상가samgha / 안거 / 원園; ārāma / 육시행도六時行道 / 계율 / 갈마 / 자자갈마 / 포살갈마

불교의 교단은 고따마 싯닷따가 네란자라강변 우루웰라의 보리수 아래에서 정각을 얻은 뒤, 바라나시 교외의 미가다야Migadāya 즉 녹야원에서 함께 고행을 행하였던 다섯 비구들에게 법을 설하여 깨닫게 함으로써 이루어졌다. 정각을 얻은 고따마 싯닷따는 깨달은 자 즉 붓다로서 다섯 비구들에게 사성제를 설하였을 때, 그 가운데 안냐따 꼰단냐가 가장 먼저 번뇌를 소멸하고 법을 보는 눈이 맑고 깨끗해졌다. 이를 알아차린 붓다는 기쁨에 넘쳐 '꼰단냐는 깨달았다'고 소리쳤다고 한다. 이에 꼰단냐는 세존 앞에 출가하여 구족계를 받을 수 있도록 청하였고, 붓다는 "에히, 빅쿠!Ehi bhikkhu! 나의 가르침 안에서 범행梵行을 잘 닦아 고苦에서 완전히 벗어나도록 하라."고 허락함으로써 최초의 교단이 형성된 것이다. 여기에서 '에히, 빅쿠'라는 말은 '선래 비구善來比丘'로 한역되는 말로서 붓다가 출가자들을 받아들이는 전형적인 말이 되었다. 빨리어 '에히'는 '오라, 이리오라'라는 뜻이며, 붓다의 이 한마디에 의해 붓다의 제자가 되었다.

붓다는 나머지 네 사람을 위해 계속해서 법을 설하게 되는데, 그 동안 꼰단냐는 혼자 마을에 들어가 여섯 사람이 먹을 음식을 얻어왔다. 붓다가 '생

성하는 것은 무엇이든지 소멸되는 법'이라는 가르침을 설했을 때, 먼저 왑빠와 밧디아가 법을 보는 눈을 떴고 이어서 마하나마와 앗사지가 법을 보는 눈이 맑아졌다. 이들 또한 '에히 빅쿠'라는 말로 구족계를 받았다. 붓다는 이들에게 '나'라는 의식을 구성하고 있는 육체나 정신적인 요소들은 그 어디에도 고정불변의 실체라고 인정할 만한 자아^我는 찾을 수 없다는 오온무아五蘊無我를 설하자, 다섯 비구들은 모두 깨달아 아라한이 되었다. 이에 붓다는 세상에 다섯 사람의 제자와 붓다를 합하여 여섯 사람의 아라한이 있다고 선언하였다. 이것은 이 세상에 처음으로 삼보가 출현한 것을 의미한다. 붓다 아라한은 불보佛寶이고, 사성제 및 연기법은 법보法寶이며, 다섯 사람의 제자 아라한은 승보僧寶가 되는 것이다.

그 이후에 녹야원에서 방황하던 야사와 그의 친구들이 출가함으로써 붓다의 제자는 60명에 이르렀고, 야사의 부모가 삼보에 귀의함으로써 재가신자가 되었다. 재가신자는 탁발하는 붓다와 비구들에게 먹을 것을 제공하는 것이 기본적인 의무이며, 이에 더하여 옷가지, 침구류, 약품 등을 제공하는 후원자였다. 교단의 인원이 이에 이르자 붓다는 각자 법을 전하러 각지로 나아갈 것을 선언하였다. 전도명령을 받은 비구들은 자신의 법을 듣고 출가를 희망하는 사람이 생겼을 경우 처리하는 방법을 물었다. 『사분율』제32에 의하면, 붓다의 지침은 이러했다.

●   "오늘 이후로 법을 듣고서 출가하여 구족계를 받고자 하는 사람들이 있을 때에는 이렇게 하라. 머리를 깎여 가사를 입히고 가죽신발을 벗게 하고 오른쪽 무릎을 땅에 끊고 합장케 한 다음에. '아무개가 붓다佛에게 귀의합니다. 담마法에 귀의합니

다. 상가[僧]에 귀의합니다. 이제 여래가 계신 곳에 출가하오니 여래·응공·등정각·붓다를 제가 받들어 모시고자 합니다.' 이렇게 세 번을 시킨 다음 구족계를 주도록 하라."

　　이는 출가희망자를 붓다가 있는 곳으로 데려오지 말고 현장에서 출가의식을 치르라는 것이다. 이로 인해 부처님의 가르침은 사방으로 퍼져 갈 수 있는 계기가 되었다. 여기에서 상가samgha라는 말은 승가僧伽, 승僧으로 음역되는데, 당시 어떤 특별한 목적을 가진 사람들이 모인 단체를 말하는 것으로 붓다시대에는 주로 출가자들의 단체를 의미했다. 상가라는 용어 외에 가나gaṇa라고 하기도 하였는데, 부처님의 교단 이외에 다른 종교교단들에 대해서도 함께 사용되었다. 불교교단 초창기에는 상가와 가나가 함께 사용되다가 불교 교단법으로 율律이 확정될 무렵 상가가 정식명칭이 된 것으로 보고 있다. 상가에 소속된 출가자들의 최대목표는 욕망의 포기와 해탈의 성취에 있고, 상가를 믿고 따르는 재가자들은 선행을 쌓아 좋은 세상에 태어나는 것이다. 따라서 출가자는 아라한이 목표이지만 재가자는 아나가민Anāgāmin 즉 아나함이 최고의 경지이다. 그러나 대승불교로 발전하면서 재가자 역시 아라한을 이상으로 여기게 되었다.

　　당시에 붓다와 그를 따르는 제자들은 다른 수행자들과 마찬가지로 일정한 거주지가 없이 걸식을 행하면서 한적한 곳에 머물며 선정에 힘쓰거나 유행하는 삶이었다. 붓다와 제자들은 우기에도 처음 얼마동안은 유행하며 탁발생활을 영위하였다. 그로 인해 마을 사람들은 농작물의 피해를 호소하였고, 불살생을 철저히 지키는 자이나교도들은 곤충이나 어린 풀들이 발육하는 우기에 밖으로 나다녀 생명들을 해친다고 비난하였다. 라자가하의 빔비사라왕이 다른 수행자들처럼 비구들도 우기에는 출입을 자제할 것을 건의하자, 붓다는 이를 받아들여 장마철 석달 동안은 일정한 장소에서 머물도록 하는 안거安居를 두게 되었다.

안거를 위한 정주지定住地는 걸식탁발을 위해 대개 작은 도시나 시골 근교에 정해졌다. 정주지는 그 형태에 따라 주처住處; āvāsa와 원園; ārāma으로 나누어진다. 주처는 비구들이 세운 일시적인 정주지로 안거가 끝난 후 내버려 두는 것이 보통이었다. 원園은 작은 도시나 대도시 근교에 있는 과수원이나 화원 등을 말하는데, 소유자에 의해 승가에 기증된 것으로 승가의 원saṁgha ārāma이라 하여 비구들의 영구적인 정주지가 되었다. 부처님 재세 중에 빔비사라왕이 기증한 죽림원을 비롯하여 베살리의 암바팔리원, 코삼비의 고시타원, 카필라밧투의 니그로다원 등이 잘 알려져 있다. 그리고 코살라국의 수도 사밧티 교외에 수닷타 장자가 기증한 기원정사는 일반 과수원이나 화원이 아니고 부처님과 제자들이 머물러 수행할 수 있도록 중심 건물을 비롯하여 부대시설까지 갖춘 정사였다.

정사에서 안거를 하게 되면서 출가자들의 생활도 점차 정형화 되어갔는데, 하루 일과는 흔히 육시행도六時行道라 하여 밤낮을 여섯으로 나누었다. 초저녁에는 조용한 곳에서 좌선하다 피로하면 운동을 겸해 도량을 걷는다. 한밤중에는 약 네 시간 정도 조용히 누워 잔다. 새벽녘에 일어나 좌선한다. 이른 아침에 좌선하다가 시간이 되면 상가띠로 갈아입고 탁발을 나간다. 식사는 정오가 되기 전에 마쳐야 하며 정오가 지나면 비시非時라 하여 물이나 과즙 이외에는 금한다. 정오가 되면 한 두시간 정도 휴식하다가 저녁때가 될 때까지 좌선과 경행을 하거나 붓다로부터 법을 듣거나 토론을 한다. 붓다나 비구들이 재가자들을 상대로 하는 설법은 달이 밝은 날 밤에 하거나 아침식사를 초청받았을 때 식사 전이나 후에 이루어졌다.

『중일아함경』제44나『근본설일체유부비나야』제1에 의하면, 성도 후 처음 25년간은 '말과 마음 그리고 행동을 청정하게 하라. 이것이 선인의 길을 닦는 것'이라는 한 마디로 금계로 삼았다고 한다. 부처님은 계가 단순히 금지적인 조문이 아니라 악행을 스스로 부끄럽게 여겨 자발적으로 악을 떠나고 사람들을 이익되게 하려 하는 정신력임을 천명하고 있다. 그러한 내용은『사문과경沙門果經』에서 부처님이 아자타삿투 국왕에게 계를 갖춘 비구에 대하여 설하는 것에 잘 나타나 있다.

"대왕이시여, 여기에 비구는 살생을 버리고 살생을 떠났으며, 막대기를 버리고 칼을 버리고, 부끄러워하는 마음을 지니고 자애慈愛의 마음을 지녀 목숨을 갖고 살아가는 일체의 것을 이익되게 하며 연민의 마음을 지니고 머뭅니다. 이것이 비구가 지켜야 할 계의 일부분입니다.

주지 않는 것을 취하는 것不與取을 버리고 주지 않는 것을 취하는 것을 떠나, 주어진 것을 취하고 주어진 것을 취하기 원하며, 스스로 훔치는 일없이 청정하게 머뭅니다. 이것이 비구가 지켜야 할 계의 일부분입니다."

그러나 점차 비행을 저지르는 자가 생겨나고 사회적인 물의와 비난이 일어나기도 했는데, 그 때마다 그 구체적인 사례에 따라 계戒: sīla가 제정된 것이 250조의 계목에 이르게 되었다. 주처나 원을 옮겨다니는 유행생활에서 점차 정주지에서 집합적인 단체생활을 하게 되면서 율律: vinaya이 형성되었다. 율은 원래 '훈련하다, 교육하다'라는 의미에서 변하여 '규정'을 의미하는 말이 되고, 율장에서는 '승가의 규칙'이라는 의미로 쓰이게 되었다. 승가의 규칙에는 승가에 들어온 비구 비구니가 개인적으로 지켜야 할 규칙과 단체생활을 위해 실행해야 할 규칙 등 두 가지가 있다. 개인적으로 지켜야 할 규칙을 학처學

處; sikkhapada라고 하며, 이를 모은 것이 바라제목차戒目; pātimokkha이다. 살생·투도·음행·망어처럼 '실행하는 것을 반드시 피해야 하는 것에 대한 규칙'이라는 의미에서 지지계止地戒라고 한다. 단체로서의 규칙은 매년 한번 열리는 안거安居의 행사나 반 달마다 열리는 포살布薩; uposatha의 의식 등과 같이 적극적으로 실행해야 할 규칙이다. 이것은 승가의 행사에 참여해야 할 의무를 나타낸 것이기 때문에 작지계作持戒라 한다. 율 가운데 규정되어 있는 학처는 벌칙을 갖고 있다. 학처를 모은 바라제목차는 전체 조문 가운데 승가 규정에 대한 위반사항을 중죄重罪로부터 경죄輕罪에 이르기까지 8가지 조항으로 나누고 있다.

　　승가는 현전승가와 사방승가로 나누고 있다. 현전승가는 지금 목전에 성립해 있는 승가라는 의미로, 4명 이상의 비구가 집합해 있으면 성립하는 것으로 보았다. 사방승가는 부처님 제자의 교단을 말하는 것으로, 공간적 시간적인 한계를 갖지 않는 삼세 일관의 상주 승가이다. 이 사방승가가 정사 등의 상주물을 소유하며 계율로써 승가의 질서를 대표하는 것이다. 승가의 회의방식을 갈마kamma라고 하는데, 회의의 의장을 갈마사라고 한다. 갈마가 있을 때에는 지역적으로 한계 지워진 계界; sīmā 안에 포함된 비구는 전원이 회의에 출석할 의무가 있다. 보통의 갈마는 4인승가로도 진행할 수 있지만, 자자自恣; pavāraṇa갈마는 계界 안에 5명 이상의 비구가 있어야 한다. 구족계갈마는 10인 이상[3師 7證]이 필요하며 변지邊地여서 비구를 모으기가 어려울 때에는 5인승가로도 가능하다고 하였다.

　　승가에 들어오고자 하는 사람은 먼저 자신을 인도할 화상和尙; upajjhāya을 구한다. 화상은 그를 위해 세 벌의 가사袈裟와 발우를 구하고 10인승가를 준비하여 계단에서 구족계를 받도록 한다. 계사戒師가 갈마사가 되며 입단자의 자격요건을 심사하는 비구를 교수사敎授師라 한다. 교수사는 입단자가 부모의 허락을 받았는지, 빚은 없는지, 일찍이 바라이죄를 범하지는 않았는지, 범죄자로서 관가의 추적을 받고 있지는 않는지 등등 20여 가지를 심사한다. 심사에 따라 구족계를 받게 되면, 바라이의 4조가 가르쳐지고 출가자의 기본적인 생활법인 4의依가 가르쳐진다. 4의란 출가자는 죽을 때까지 걸식에 의해 생활해야 하며, 옷은 버려진 천을 빨아서 입어야 하며, 나무 밑에 머물러야 하며, 약으로는 소 오줌을 사용한다는 것이다. 이것은 원칙에 해당하며, 경우에 따라서는 청식請食이나 새 옷, 정사精舍에 머무는 것, 그리고 나무뿌리에서 얻은 약도 인정되었다.

승가의 비구들은 안거가 끝난 후 자자갈마를 통하여 안거 중에 보고, 듣고, 의심하며 자신이 저지른 죄과를 대중 앞에서 고백하고 참회한다. 그리고 보름마다 행해지는 포살갈마에서 250조의 바라제목차를 합송하고 그것을 어긴 자는 고백하고 참회함으로써 교단의 청정성을 유지하였다.

코삼비의 분열

- 대왕이시여, 두 편의 말을 모두 들어보고, 비구로서 법이 아닌 것을 법이라고 말하거나 법을 법이 아니라고 말하는 자가 법답지 못한 소리를 하는 것이니, 그들을 존중하거나 의발이나 의약품을 공양하지 마시오.
- period 남전 B.C. 563~483, 북전 B.C. 466~386; 붓다의 생몰연대
- keyword 설법자 / 자율자 / 용변 후 물의 처리규정 / 재가불자 보시거부 / 분쟁해결 방법과 순서

승가僧伽는 범어 saṁgha를 소리나는 대로 옮긴 것으로 불교의 교단을 가리키는 말이다. 간략하게 승僧이라고도 하며, 화합을 뜻한다. 그러므로 화합중和合衆 또는 화합승和合僧이라고 하며, 한 법에 화합하여 있는 모습이 마치 바닷물이 한 맛인 것과 같다고 하여 해중海衆이라고도 한다. 승가라는 이름의 뜻이 대중이 화합한다는 의미임에도 불구하고 부처님 당시에 그 화합이 깨어지는 모습을 보인 적이 있다. 부처님께서 코삼비Kosambi의 고시타 원림園林; Ghosita arāma에 계실 때이다.

코삼비에 거주하는 경에 밝은 비구Dhammakathika; 說法者와 율에 밝은 비구Vinayadhara; 持律者간에 분쟁이 발생한 것이다. 팔리 비나야Vinaya의 『마하와가Mahavagga』와 『법구경』의 주석서인 『담마빠다타카타Dhammapadaṭṭhakathā』에 그 내용들이 전해오고 있다.

"코삼비의 고시따라마에 각각 500의 제자들을 거느린 두 비구가 머물고 있었는데 한 명은 지율자 비구였고, 또 다른 한 명은 설법자 비구였다. 어느 날 설법자 비구가 용변을 본 후, 세척하기 위해 사용하였던 물의 일부를 남겨둔 채로 나왔다. 그리고 나서 지율자 비구가 들어가서 그 물을 보았다. 그는 나

와서 설법자 비구에게 말하였다. "벗이여, 그대가 물을 남겨둔 채로 나왔습니까?" "그렇습니다." "벗이여, 그러면 이러한 행위가 계戒를 범하는 것이라는 사실을 몰랐습니까?" "예, 몰랐습니다." "벗이여, 그것은 계를 범하는 것입니다." "그렇다면 그것을 참회하겠습니다." "벗이여, 그러나 그대가 고의가 아니고 모르고 한 행동이라면 계를 범한 것이 아닙니다." 그는 그것이 계를 범한 것이 아니기 때문에 계를 범하지 않았다고 생각했다."

위의 내용을 보면 분쟁의 원인은 용변 후 물의 처리에 관한 규정과 관계된 것이고, 이 문제는 이미 두 당사간의 대화에서 해결된 것이었다. 그러나 정작 문제는 그 이후에 발생하게 된다. 지율자 비구는 자신의 제자들에게 "설법자 비구가 계를 범하고도 그것을 알지 못한다."고 비난하였다. 그러한 이야기를 들은 제자들은 또한 설법자 비구의 제자들에게 "그대의 스승은 계를 범하고도 알지 못한다."고 비난하였다. 이에 설법자 비구의 제자들은 스승에게 이 사실을 알리자, 설법자 비구는 "이 지율자 비구는 전에는 '그것은 계를 범한 것이 아니다'라고 말하더니, 이제 와서는 '그것은 계를 범한 것이다'라고 말하니, 그는 거짓말쟁이 이다."라고 비난하였다. 그러자 설법자 비구의 제자들은 지율자 제자들에게 "그대의 스승은 거짓말쟁이 이다."라고 비난하였다. 결국 두 비구간의 개인적인 갈등은 제자들간의 갈등으로 번졌고 나아가 그들과 견해를 같이하는 동료들과 하나가 되어 집단행동을 하는 단계로까지 나아갔다. 지율자 비구는 뜻을 같이하는 비구들과 의견을 모아 설법자 비구를 승가에서 추방하기에 이르렀다. 설법자 비구는 자신의 동료들과 친숙한 비구들에게 자신의 입장을 호소하여 그들의 지지를 얻었으며, 다른 지역에 있는 비구들에게도 전갈을 보내어 그들의 지지를 얻었다. 이제 그들은 포살布薩과 승가갈마僧伽羯磨도 각각 다른 장소에서 행하게 되었다.

그러자 분별있는 한 비구가 이 사실을 부처님에게 알렸다. 부처님은 범계犯戒한 비구를 추방시킨 비구들에게 가서 그들이 한 행동을 재고하도록 촉구하였고, 범계한 비구에게도 참회할 것을 촉구하였다. 그러나 그들의 다툼은 그치지 않았으며, 때와 장소를 가리지 않고 거친 말이 난무하였고 결국은 주먹이 오가는 상황에까지 이르렀다. 이러한 사실이 부처님에게 알려지면서, 부처님은 거듭 싸움을 중지할 것을 설득하였으나 오히려 한 비구로부터 개입하지 말 것을 요청받았다. 결국 부처님은 코삼비에서 아침 탁발을 마치신 후 여러 마을을 거쳐서 코살라국의 사위성으로 떠나갔다.

고시타 원림의 명문석판(사진 위)과 **고시타 원림터** 코삼비에는 고시타, 꿋꾸타, 빠와리까라 불리는 세 명의 장자가 있었는데, 이들은 붓다를 공양하기 위해 공양물을 싣고 코살라국 사왓티를 찾아가 붓다에게 공양하고 설법을 들었다. 그리고 붓다를 코삼비로 초청하였는데, 그들은 각자 붓다가 머무를 정사를 코삼비에 건립하였다. 고시타 원림은 고시타장자가 건립한 것이다.

부처님이 승가의 분열상을 보고 코삼비를 떠나는 상황에까지 이르게 되자, 코삼비의 재가불자들은 부처님을 코삼비에서 떠나게 한 비구들에게 분개하였다. 재가불자들은 모든 비구들에 대한 예의와 보시를 거부할 것을 다짐하고, 그들 비구들에게 어떠한 예의도 음식보시도 행하지 않았다. 결국 코삼비의 비구들은 사위성으로 가서 부처님의 면전에서

문제를 해결하기로 하였다. 계를 범한 비구와 동조자들은 부처님 앞에서 죄를 인정하고 참회하였고, 범계를 주장한 비구와 동조자들은 자신의 잘못을 인정하고 화합을 요청함으로써 다시 승가는 화합을 이루었다고 기술하고 있다.

코삼비의 비구들이 자신들의 잘못을 빌기 위해 사위성으로 왔을 때, 사위성의 대장자인 수닷타를 비롯한 5백 명의 교도들은 이들 코삼비의 비구들을 어떻게 대할 것인지 부처님께 물었다. 이에 대해 빨리율장과 『사분율』, 『오분율』에서는 두 편의 비구들에게 모두 공양하되, 법답게 설법하는 비구들의 견해를 따르고 믿음을 가지라고 하고 있다. 그러나 『십송율』의 경우는 이와 다소 차이가 있다. 『십송율』에서는 사위성에 머물고 있던 사리뿟다가 코삼비의 비구들을 어떻게 대할 것인가를 여쭙고 있다. 그러자 부처님은 "저들 가운데 법답지 못한 소리를 한 자들은 공경할 것도 없고 공양할 것도 없다. 법다운 소리를 하는 자들만 공경하고 공양하라."고 비구 비구니들에게 단호하게 의사를 밝히고 있다.

코살라국의 국왕 빠세나디Pasenadi는 부처님께서 비구들에게 이와 같은 조치를 내렸다는 소식을 듣고, 부처님을 찾아와 법다운 말을 하는 비구와 법답지 못한 말을 하는 비구를 어떻게 알 수 있는지 물었다. 이에 대해 부처님은 말씀하시었다.

● "대왕이시여. 두 편의 말을 모두 들어보고, 비구로서 법이 아닌 것을 법이라고 말하거나 법을 법이 아니라고 말하는 자가 법답지 못한 소리를 하는 것이니. 그들을 존중하거나 의발이나 의약품을 공양하지 마시오. 그들을 따라 경법經法을 독송하거나 배우거나 의심나는 것을 물어봐도 안 될 것이오. 하지만 먹을 것만은 그들 모두에게 주어야 할 것이오."

『십송율』은 교단의 분열사건에 대하여 강경한 태도를 취하고 있음을 알 수 있다.

또 한 가지 대중부의 소의율전인 『마하승지율』에서는 상가 내부에서 발생한 분쟁에 대해서 해결하는 그 방법과 순서를 밝히고 있다. 교단 내부의 분쟁은 먼저 대덕大德들이 나서서 해결할 것을 요구하고, 대덕이 없을 때에는 다문비구多聞比丘가 나서서 해결하며, 다문비구도 없으면 아란야비구阿練若比丘가 나서서 해결해야 한다. 그것도 용이하지 않을 때에는 덕을 갖춘 대세력의 교도를 불러들여, 분쟁하는 비구들이 그 교도를 보고 부끄러운 마음을 내어 분쟁을 없애는데 쉽도록 한다. 이러한 교도가 없을 때에는 왕이나 대신이나 세력이 있는 자를 불러들여 분쟁하는 비구들이 그들을 보고 경외敬畏하는 마음을 내어 분쟁을 없애는데 쉽도록 한다고 하였다. 그러나 이렇게까지 해서도 분쟁이 종식되지 않으면 덕이 있는 교도를 보내어 승가의 가르침을 따를 것인가를 묻고, 만약 따르지 못하겠다고 하면 환속시켜 마을로 쫓아버려야 한다고 하고 있다.

코삼비에서 있었던 비구들간의 분쟁은 승가가 직면했던 최초의 분열 위기였으며, 승가 내부의 분쟁에 대하여 어떠한 자세를 취하여야 할 것인지에 대하여 잘 보여주고 있다. 오늘날은 부처님의 당시와는 달리 사회적인 환경이나 승가의 환경이 상당한 차이를 보이고 있다. 물질문명이 극도로 발달함에 따라 물질문명의 혜택을 향유하고자 하는 욕구가 그 어느 때보다 강하며, 승가내의 조직체계가 정비됨으로써 조직내의 위치에 대한 욕구 또한 어느 때보다 강하게 작용하고 있다. 이러한 때일수록 부처님의 가르침을 따르고 있는 우리 불제자들은 한결같이 서로 서로가 법다웁게 마음을 쓰고 말하고 행동하고 있는지 점검해야 할 것이다.

데와닷따의 반역

- 선禪으로 신통을 얻어 위로 올라간다고 하더라도 끝까지 이르지 못한다. 무위열반에 이르지 못하고서는 다시 5욕五欲에 떨어지고 만다.
- period 남전 B.C. 563~483, 북전 B.C. 466~386; 붓다의 생몰연대
- keyword 신통력 / 데와닷따 5법 / 고행 / 중도 / 무위열반 / 수닷따 장자 / 사리뿟따와 목갈라나 역할

데와닷따는 부처님의 사촌동생이며 부처님을 20여 년 동안 시봉한 아난타는 데와닷따의 친동생이었다. 그러한 데와닷따가 어찌하여 부처님의 가르침에 반기를 들고 따로이 교단을 차렸는가?

데와닷따는 부처님이 성불한 후에 고향인 까삘라왓투를 방문했을 때 정반왕이 왕족과 귀족의 많은 자제들에게 출가를 장려하자, 그 때 그들과 함께 출가하였다. 그는 선정의 수행과 12두타행의 실천 내지 가르침을 널리 수학하였고, 또 그 방면에 두드러지는 성적을 나타내었다. 그러나 그는 오랜 수행에도 불구하고 아라한과를 얻지 못하였다. 그가 신통력의 수행방법을 배우고자 하자, 부처님은 그가 신통력을 원하는 동기가 마음속 깊이 자리잡고 있는 탐욕에서 비롯된 것이지 수행의 참된 목표인 해탈을 위한 것이 아님을 알고 다음과 같이 말하였다.

"신통을 가져본들 무슨 소용이 있느냐? 중요한 것은 고苦와 공空, 무상無常과 무아無我에 대하여 여실히 아는 것이다. 이것이야말로 스스로를 해탈시킬 수 있는 둘도 없는 법문이다."

부처님의 진실한 가르침을 헤아리지 못한 데와닷따는 부처님이 그 수

행방법을 가르쳐주기를 원하지 않기 때문이라고 생각하였다. 그리하여 지혜제일 사리뿟따에게도, 신통제일 목갈라나에게도 물어보았지만 대답은 부처님과 다르지 않았다. 그는 다시 친동생 아난타에게 물었다. 그러자 아난타는 그 동안 부처님을 시봉하며 얻어들은 신통력의 수행방법을 처음부터 끝까지 그에게 가르쳐 주었다. 그는 아난타에게 들은 것을 바탕으로 산야를 돌아다니며 모든 노력을 기울려 수행하였다. 그리고 다섯 가지 신통력을 지닌 수라타修羅陀 비구의 가르침을 받기도 하였다고 한다. 데와닷따가 마침내 신통력을 지니게 되자, 그는 자기의 모든 조건들이 이미 부처님과 비슷하므로 그 역시 부처님과 같이 세속인들의 존경과 공양을 받아야 한다고 생각하였다. 그는 교단에서 부처님이 지니고 있는 정신적인 지위를 세속에서 가지는 권력적인 지위로 해석하고, 부처님이 널리 존경과 공양을 받을 수 있는 이유가 단지 신통력을 지니고 있기 때문이라고 생각하였다. 그는 정치세력과 결탁하기 위해 마가다국의 아자따삿뚜 왕자에게 다가갔다. 왕자 앞에서 여러 가지 신통력을 보임으로써 왕자의 신임을 얻고 드디어는 왕자의 믿음과 공양을 받게 되었다.

그러던 어느 날 여러 대중이 있는 자리에서, 그는 부처님에게 여래께서는 이제 연세가 많으시니 대중들을 자신에게 맡겨줄 것을 청하였다. 그러자 부처님은 대지혜를 구비한 사리뿟따나 대신통을 지니고 있는 목갈라나에게도 아직 교단의 통솔을 맡기지 않고 있는데, 하물며 어린 왕자의 침이나 받아먹는 너에게 교단의 영도권을 넘기겠느냐며 크게 꾸짖었다. 공개석상에서 질책을 받은 데와닷따는 자존심에 심한 타격을 입고 분노하며 원망과 증오를 삭히지 못하였다.

그러한 일이 있은 후 그는 아자따삿뚜를 교사하여 빔비사라왕을 폐위하고 왕위를 찬탈하게 하였다. 아자따삿뚜가 왕위에 오르자 데와닷따는 국왕

석가족 자제들의 출가 데와닷따는 부처님의 사촌동생이며 부처님을 20여년 동안 시봉한 아난타는 데와닷따의 친동생이었다.

의 도움을 받아 부처님을 제거하기로 작정하고, 궁수弓手들을 보내기도 하고 붓다가 지나가는 길에 술 취한 코끼리를 풀어놓기도 하였으며, 자객으로 하여 금 바위를 굴려 떨어뜨리게 하여 부처님을 살해하려고 하였으나 뜻을 이루지 못하였다. 살해의 계획이 모두 실패하자, 그는 왕사성에 있는 대중들에게 다음과 같은 안을 제시하면서 투표로 결정할 것을 제안하였다.

　　첫째, 일생 동안 촌락에서 떨어진 한적한 임야林野에서 산다.
　　둘째, 교도의 집에 초대되어 음식을 대접받지 않고 일생 동안 탁발 걸식한
　　　　다.
　　셋째, 일생 동안 누더기 옷을 입어야 하며 교도로부터 의복을 공양 받아서
　　　　는 안된다.
　　넷째, 일생 동안 나무 아래에서 머물러야 하며 가옥에 머물러서는 안된다.
　　다섯째, 일생 동안 육류나 생선류를 먹어서는 안된다.

　　이때 석가족으로서 평소 데와닷따를 따르던 네 명의 비구들과 웨살리

의 왓지출신 신참비구 500명이 데와닷따를 적극 지지하고 나섰다. 그리고 석가족의 비구니 토라난타와 부처님의 대고모부인 안자나Anjana의 아들 단나빠니Dandapani도 지지하였다고 한다. 500명의 신참비구들이 데와닷따를 지지하고 나서자 아난타는 데와닷따의 주장이 붓다의 가르침에 어긋난다고 생각하는 사람은 웃따라상가uttarāsaṅgha; 上衣를 한쪽에 놓으라고 하였다. 이때 50명의 장로비구들만 아난타를 따랐다. 데와닷따는 자기를 지지하는 500명의 비구들을 데리고 가야시사로 갔다.

이러한 사실이 붓다에게 전해지자, 붓다는 다음과 같이 말하였다.

"그것은 적당하지 않고, 정직하지 못하고, 어울리지도 않으며, 출가자에게 가치도 없으며, 격에도 맞지 않는다. 저 어리석은 자들이 어찌하여 벌거벗은 외도들처럼 하려고 하는가?"

데와닷따가 주장하는 5법은 고행을 참아내는 수행이었다. 그는 수행자가 만약 빠른 수행의 성과를 보고 싶다면 생활상의 어려움을 참고 견디는 것이 필수조건이라고 생각하였다. 이와 같은 고행의 경향을 띤 수행의 원칙은 붓다도 지적한 것과 같이 외도들간에 상당히 유행하고 있었고 비교적 쉽게 일반인의 찬탄을 받았다.

이에 대해 부처님이 적당하지 않다고 한 것은 5법은 일찍이 붓다가 수행하던 중에 버린 한쪽으로 치우친 고행이었기 때문이다. 붓다는 이와 마찬가지로 또 한편으로 치우친 즐거운 행 또한 버리고 중도中道를 취하였던 것이다. 다만 행자의 근기에 따라 수행의 방편이 주어지는 것이며 일률적으로 고행을 강요하는 법은 제정할 수가 없는 것이었다. 부처님의 교단에는 마하가섭과 같이 12두타행과 같은 고행을 행하는 유명한 고행자들이 16여 명이나 있었으며, 반면에 좋은 옷을 즐기지만 행위의 근본은 청정하였다고 하는 천수보리天須菩提

등 몇몇의 비구들은 자신의 주변을 안락하게 함으로써 수행의 진전이 빠른 경우도 있었다. 이와 같이 붓다는 행자의 근기에 맞추어 중도로써 방편을 행하는 것이지 일률적으로 행하는 것이 아니었다. 붓다는 데와닷따의 개혁적인 요구에 대해 또한 이렇게 말하였다.

●   "계율이란 세속의 예사로운 법이요. 삼매의 성취 역시 세속의 예사로운 법이며. 신통으로 날아다니는 것 역시 세속의 예사로운 법이다. 그러나 지혜의 성취야말로 가장 훌륭한 길이다. 선禪으로 신통을 얻어 위로 올라간다고 하더라도 끝까지 이르지 못한다. 무위열반에 이르지 못하고서는 다시 5욕五欲에 떨어지고 만다."

부처님의 가르침의 핵심은 계정혜戒定慧 가운데 혜慧이며, 존재의 특질 혹은 생명의 원리에 대한 파악과 체득이기 때문에 계戒와 선정은 지혜를 발현하기 위한 보조적인 것이지 결코 그것 자체가 목적이 아닌 것이다.

그러나 당시의 불교도들 모두가 가르침의 정수와 부처님의 중도정신을 잘 이해한 것은 아니었다. 그랬기 때문에 부처님이 데와닷따의 5법의 잘못을 꾸짖었음에도 불구하고 아자따삿뚜왕의 보호와 지지로 인해 데와닷따 교단의 기세는 점점 높아갔고, 거사제자들과 사위성舍衛城의 대장자인 수닷따 등 많은 사회인사들의 지지가 있었다고 한다.

부처님은 여러 차례에 걸쳐 제자들에게 옳고 그름을 분석하여 주었고 제자들을 파견하여 부처님의 의견을 설명하게 하였다. 그 가운데 사리뿟따와 목갈라나의 역할이 가장 결정적이었다. 사리뿟따와 목갈라나는 데와닷따의 진영으로 위장하여 들어갔다. 데와닷따는 두 비구가 자신의 진영으로 들어온 것을 보고 기뻐하면서 두 비구들에게 법을 설해줄 것을 부탁하고 잠이 들었다. 이 틈을 이용하여 그들은 그들이 지니고 있는 신통력과 지혜를 발휘하여 대중들을 설득하여 다시 원래의 승단으로 돌아오게 하였다.

그 후 데와닷따는 모든 것이 뜻대로 되지 않자, 참회를 가장하고 열 개의 손톱속에 강한 독을 숨기고서 부처님을 배알하여 독살하려고 하였다. 그러나 오히려 자신의 손가락에 상처를 내어 독이 온 몸에 퍼져 죽었다고 한다. 아자따삿뚜왕은 데와닷따가 죽은 후 지난 날들을 후회하며 괴로워하다가 의사지와까Jivaka의 권유와 안내로 부처님에게 나아가 참회하고 부처님에게 귀의하였다.

이상에서 보면 데와닷따가 부처님의 가르침에 반역하고 승단을 분열시킨 것은, 승단의 참된 의미를 깨닫지 못하고 승단을 일반 세속 집단의 권력투쟁의 한 모습으로 인식하였던 것에 있다고 하겠다. 승단은 부처님의 법을 실천하는 불교도들의 모임이지 세간에서 하나의 세력을 형성하며 내부적으로 권력을 행사하며 자신의 권력욕을 충족시키기 위한 모임이 결코 아닌 것이다.

석가족의 멸망

- 비구들아, 흑업黑業을 지으면 흑보黑報를 받고, 백업白業을 지으면 백보白報를 받으며, 잡업雜業은 잡보雜報를 얻나니.
- period 남전 B.C. 563~483, 북전 B.C. 466~386; 붓다의 생몰연대
- keyword 석가족의 자긍심 / 토라난타 비구니 / 위두다바 / 석가족 정벌 / 친족의 그늘 / 네번째 정벌 / 업의 과보 / 마하나마 / 부처님의 두통

부처님의 종족인 석가족은 부처님의 만년에 이웃의 대국인 코살라국 위두다바Viḍūḍabha왕의 침략으로 몰살하기에 이른다. 침략을 받게되는 일차적인 원인은 부족에 대한 자부심, 특히 부처님과 같은 위대한 성인을 배출한 종족이라는 강한 자긍심에서 비롯되었다고 할 수 있다. 물론 근본적인 원인은 부처님께서 말씀하신 것과 같이 전세에 지은 업연에 의한 것이다.

석가족의 사람들이 부처님과 같은 종족이라는 것에 아주 강한 자긍심을 가졌다는 것은 『근본설일체유부비나야잡사』 제31권에 그 예를 보여주고 있다.

"사위성의 한 수행처에서 토라난타 비구니가 많은 대중 가운데에서 법을 설하고 있었다. 그 때 대가섭파가 가다가 그 곳에 이르니, 대중이 보고는 모두 다 일어나는데 토라난타는 단정히 앉아서 움직이지 않았다. 사람들이 토라난타에게 말하였다.

'성자여, 대가섭파는 인간과 천상이 공경하는 바입니다. 우리들은 멀리서 보고도 모두 다 놀라서 일어나거늘, 성자는 그대로 자리에서 움직이지 않으니 지극히 좋지 않습니다.'

그가 대답하였다.

'저 자는 원래 외도의 삿된 무리로서 아주 우둔한 것이 와서 출가하였다. 그러나, 나는 본디 석가족의 딸로서 부처님을 따라서 출가하였으며 널리 3장에 통달하고 설법을 잘 하여 진리에 계합되며 문답에 막힘이 없으니, 어찌 저를 보고 자리에서 일어나겠는가.' 그 때 대중이 듣고는 모두 미워하고 비난하였다."

석가족의 여인으로서 출가한 토라난타 비구니의 이러한 모습은 석가족이 자신의 종족에 대해 얼마나 강한 자긍심을 지니고 있었는지 짐작할 수 있게 한다. 이제 석가족이 멸망하게 된 그 시발점으로 돌아가 보자. 석가족과 이웃하고 있는 코살라국의 빠세나디왕이 왕위에 오르자, 왕은 사신을 보내 석가족의 공주를 보내줄 것을 요청하였다. 석가족은 그의 요청을 따라야 한다는 현실론과 '석가족의 공주를 빠세나디에게 보내는 것은 부족의 전통과 자부심을 깨뜨리는 것이다. 어찌 위대한 종족인 우리가 어떻게 종년의 자식과 혼인을 맺겠는가'라는 명분론으로 갈리었다. 그 때 붓다의 사촌이며 석가족의 마지막 왕인 마하나마Mahānāma가 절충안을 내놓았는데, 자신의 집의 하녀인 나가문다Nāgamuṇḍā의 딸 와사바깟띠야Vāsabhakhatiyā를 빠세나디왕에게 출가시키는 것이었다.

그리하여 빠세나디왕과 와사바깟띠야 사이에 태어난 아들이 위두다바Vidudabha이다. 위두다바가 자라자 국왕은 외가인 까삘라왓투로 활쏘기를 배우러 보냈다. 외가인 까삘라왓투에서 위두다바는 자신이 석가족의 노비의 소생이라는 사실을 알게 되었고, 그는 울분을 참으며 코살라국으로 돌아왔다. 그리고 함께 동행한 브라만의 아들 호고好苦에게 자신이 왕위에 오르게 되면 반드시 이 모욕적인 사실을 상기시킬 것을 당부하였다.

세월이 흘러 위두다바가 왕위에 오르자, 호고는 그 일을 상기시키며 가장 먼저 해야 할 일은 석가족을 치는 일이라고 하였다. 드디어 위두다바는 코끼리병, 전차병, 기병, 보병 등 4군을 거느리고 석가족의 정벌에 나섰다. 부처님은 위두다바가 석가족을 정벌하기 위해 출병하였다는 소식을 듣고 코살라국의 병사들이 오는 길목에서 가지와 잎이 많지 않은 작은 나무 밑에 결가부좌하고 앉아 계셨다. 그 때, 위두다바는 멀리서 부처님을 보고 곧 그 곳으로 나아가서 사뢰었다.

"대덕이시여, 동산에 그늘 짙은 숲이 많사온데 어찌하여 그런 곳을 버리고 잎도 없고 그늘이 없는 이러한 나무에 계시나이까."

부처님께서 말씀하셨다.

"대왕이여, 친족의 그늘이 청량하거늘 어찌 이러한 나무인들 청량하지 않겠습니까."

위두다바는 부처님의 말씀을 듣고 곧 이렇게 생각하였다. '까삘라왓투의 모든 석가족의 가지들은 모두 부처님의 친 권속이므로 여래께서 연민히 여기시는 것이니, 그 뜻을 어길 수 없다.' 이렇게 생각하고 본국으로 돌아갔다.

그러나 호고는 거듭 어릴 때 당한 모욕을 잊지 말라고 하며 상기시키자, 위두다바는 2차, 3차에 걸쳐 까삘라왓투를 침범해 왔다. 그 때마다 부처님은 그 길목에 있는 잎과 가지가 많지 않은 작은 나무 아래에 앉아 있었으며, 위두다바는 부처님을 발견하고는 군사들을 거두어 돌아가곤 하였다. 하지만 위두다바가 네 번째로 까삘라왓투의 정벌에 나섰을 때, 부처님은 전생에 맺어진 원결怨結은 더 이상 막을 수 없다는 것을 알고 물러났다. 그 때 신통제일의 제자 목갈라나는 신통력으로 위두다바의 군사들을 막으려고 하였으나, 부처님은 만류하면서 말씀하셨다.

● "네가 신통력이 있고, 짓는 바를 다 이루었음을 알고 있다. 그러나 석가족이 전생의 업으로 말미암아서 이제 과보를 받는 것이다. 그것은 마치 폭포수가 흐르는 것 같아서 가히 막을 수 없으니, 모름지기 스스로 받아야 하느니라."

부처님이 더 이상 진군을 막지 않자, 위두다바의 군사들은 곧바로 까삘라왓투로 들어가 석가족의 사람들을 무자비하게 살해하여 그 피로 냇물을 이루었다고 한다. 그 때 까삘라왓투의 왕인 마하나마는 석가족의 최후를 차마 볼 수 없어서 자신이 연못의 물속에 들어갔다가 나오는 동안만이라도 석가족의 사람들이 마음대로 피할 수 있게 해달라고 청하였다. 위두다바가 허락하자, 마하나마는 물속으로 들어가서는 나오지 않았다. 이에 물을 퍼내고 살펴보니, 머리를 물속의 나무뿌리에 묶어놓고 그대로 죽어 있었다.

위두다바는 석가족의 젊은 남자 5백 명과 젊은 여인 5백 명의 포로들을 거느리고 본국으로 돌아가다가 한 동산에 이르렀다. 호고는 국왕에게 이들은 모두 원수이므로 죽여야 한다고 하였다. 젊은 남자 5백 명은 코끼리에게 밟혀서 죽게하려고 하였으나, 그들은 오히려 코끼리를 때려누이고 손으로 들어서 버리었다. 이에 그들을 땅에 파묻어 머리만 나오게 하고는 쇠쟁기로 갈아엎어서 죽게 하였다. 젊은 여인 5백 명은 위두다바에 대한 모욕적인 언사로 화가 난 위두다바에 의해 손과 발을 잘리어서 죽었다고 한다. 위두다바와 그의 군사들은 그들이 지은 업에 의해 부처님께서 예언한 것과 같이 7일 후에 강가에서 야영하다 폭우가 쏟아져 대부분이 물에 빠져 죽었다.

석가족이 살해될 때에 부처님께서는 심한 두통을 앓으셨다. 제자들이 석가족은 무슨 인연으로 위두다바에게 이와 같은 비참한 일을 당하게 되었는가를 묻자, 부처님은 그 인연담을 말씀하셨다.

"옛날 라자가하에 한 어촌이 있었는데, 어느 해에 흉년이 들어 사람들은 풀뿌리를 먹으며 목숨을 연명하였다. 마침 그 곳에 큰 연못이 있어 사람들은 그 연못의 고기를 잡아먹고 살았다. 그 연못에는 두 종류의 물고기가 있었는데 구소拘璅와 양설兩舌이었다. 그 물고기는 '우리는 잘못이 없고, 땅에 살지 않는데 우리를 마구 잡아먹으니 장차 우리가 복을 지으면 원수를 갚자'고 서원하였다. 그 때 어촌에는 여덟 살짜리 아이가 있었는데, 그는 물고기를 잡지도 않고 물고기를 죽이지도 않았다. 그는 언덕 위에서 물고기를 잡고 죽이는 것을 보고 재미있어 하였다. 비구들이여, 그 때 어촌의 사람들이 바로 지금의 석가족이요, 구소라는 물고기는 지금의 위두다바였고 양설은 호고였으며, 그 때의 어린아이는 바로 나였느니라. 고기를 잡고 죽이는 것을 보고 재미있어 하는 마음을 내었기 때문에 드디어 그것이 업이 되었고, 그 업 때문에 내가 비록 위없는 보리를 증득하였으나 오히려 이 두통의 괴로움을 받았느니라. 만약 내가 이와 같은 복과 가없는 공덕을 얻지 못하였다면 역시 저들과 같이 그의 죽임을 받았을 것이다. 그러므로 비구들아, 흑업黑業을 지으면 흑보黑報를 받고, 백업白業을 지으면 백보白報를 받으며, 잡업雜業은 잡보雜報를 얻나니, 이러므로 너희들은 마땅히 흑과 잡의 두 업을 버리고 부지런히 백업을 닦을지니라."

인과의 이치는 한치의 오차도 없다. 홀로 지은 것은 홀로 받게 되지만 함께 지은 것은 또한 모두 함께 돌려받는 것이다. 다만 우매한 중생은 어리석어서 이를 깨치지 못할 뿐이다.

마지막 유행

● 형성된 것들은 소멸하기 마련인 것이 법이다. 방일하지 말고 해야 할 바를 모두 성취하라.
● period 남전 B.C. 563~483, 북전 B.C. 466~386; 붓다의 생몰연대
● keyword 자등명 법등명 / 4여의족 / 쭌다의 공양 / 꾸시나라 / 살라나무 / 4선의 출정 후 반열반

붓다의 세수가 80에 이르러 마지막으로 여름 안거를 한 곳은 웨살리 근처의 벨루와Beluva였다. 그 해는 흉년이 들어 비구들이 집단생활을 하며 걸식하기가 어려울 지경이었다. 이에 붓다는 각자가 가까이 지낼 수 있는 사람들이나 장소로 가서 어려운 우기雨期를 보내도록 하였다.

그 해 여름, 벨루와에서 붓다는 심한 병을 앓으셨다. 그러나 붓다는 아무른 내색도 하지 않고 정진의 힘으로 견뎌내셨다. 오래지 않아 병으로부터 회복되어 승원의 나무 그늘에 마련된 자리에 앉으셨다. 그러자 아난타가 다가와 그 동안 세존께서 심한 병을 앓고 계신 것을 보면서 자신 또한 몸과 마음을 어찌할 바를 몰랐다고 여쭈었다. 그리고 세존께서 비구 승가를 위해 아무런 분부도 없이 반열반에 들지는 않으실 것이라는 어떤 안심이 있었다고 하였다. 그러자 세존께서 말씀하셨다.

"아난타야, 비구 승가는 나에게 무엇을 더 바라는가? 나는 안과 밖이 없이 법을 설하였다. 여래가 가르치는 법들에는 비밀리에 가르친다는 것은 없다. 아난타야, 여래에게는 '나는 비구 승가를 거느린다'거나 '비구 승가는 나의 지도를 받는다'라는 생각이 없다. 그러므로 여래가 비구 승가에 대하여 무

엇을 당부하겠는가? …… 아난타야, 여래는 떠오르는 모든 생각들에 마음을 두지 않고 이러한 세속적인 느낌들을 소멸하여 무념무상無念無想의 삼매에 머무는 때에 여래의 몸은 더욱 더 편안해진다."

● "아난타야. 그러므로 여기에서 그대들은 자신을 등불로 삼고 [自燈明] 자신을 귀의처로 삼아[自歸依] 머물고, 남을 귀의처로 삼아 머물지 말라. 법을 등불로 삼고[法燈明] 법을 귀의처로 삼아[法歸依] 머물고, 다른 것을 귀의처로 삼아 머물지 말라. 그러면 어떻게 그리 하는가? 비구는 몸에서 몸을 관찰하며 머문다. 세상에 대한 욕심과 싫어하는 마음을 버리면서 근면하게. 분명하게 알아차리고 마음 챙기는 자가 되어 머문다. 느낌과 마음과 법에 대해서도 마찬가지이다."

부처님은 당시 인도 우파니샤드의 가르침과 같이 비밀리에 전수해주는 비전秘傳과 같은 것을 거부하셨다. 부처님의 가르침은 승단내나 사회적인 신분의 위아래를 막론하고 모든 사람들에게 진리로서 평등하게 펼쳐진 것이다. 그러므로 승단을 이끌고 간다거나 좌우한다거나 승단의 어떤 문제에 대해 어떤 명령을 내린다는 생각은 있을 수가 없었다. 진리에 속한 사람으로서 모든 중생들을 진리로 인도할 뿐이다.

붓다와 아난타는 낮 동안에 짜빨라 탑묘Capala Cetiya로 옮겨 머물렀다. 여기에서 붓다는 지난날에 머물렀던 여러 곳의 탑묘를 회상하시며 그 아름다움을 말씀하셨다. 그리고 누구라도 마음을 자유자재로 할 수 있는 네 가지의 길[四如意足]을 닦고 거기에 머물며 원하기만 하면 일겁은 물론 겁이 다하도록 머물 수 있으며, 붓다도 또한 이 네 가지의 길을 닦아 확립하였으므로 원하기만

하면 일겁은 물론 겁이 다하도록 머물 수 있다고 하였다. 붓다는 두 번 세 번에 걸쳐 그러한 말씀을 하시었으나, 아난타는 붓다의 그 말씀의 뜻을 이해할 수 없었다. 결국 아난타는 붓다께서 열반에 들지 말고 머물러 주실 것을 간청하지 않았다. 그는 그 순간 악마에게 마음을 빼앗기고 있었다고 한다. 이에 악마가 붓다에게 열반에 들기를 종용하자, 석달 후에 떠날 것이라고 하시고는 명줄을 놓으셨다. 그러자 큰 지진이 있었으며 천둥번개가 내리쳤다. 아난타가 놀라 부처님에게 그 원인을 묻자, 부처님은 석달 후에 열반에 드실 것이라고 말씀하셨다. 그제서야 아난타는 일겁을 더 머물러 달라고 두 번 세 번 간청했지만 벌써 늦은 시간이었다. 붓다는 웨살리에 머무는 모든 비구들을 큰 숲의 중각강당에 모이게 하였다. 강당에 모인 비구들에게 서른일곱 가지의 도 닦는

꾸시나라의 열반상

방법[三十七助道品]에 대하여 설하시었다. 그리고는 이러한 법들이 이 세상에서 최상의 지혜로 알고 설하였으니, 비구들은 받들고 행하여 길이 전해지도록 하라고 하였다. 그리고 모든 형성된 것들은 소멸하기 마련이니 부지런히 닦아서 서른일곱 가지의 도 닦는 방법들을 성취할 것을 당부하면서 3개월 후에 열반에 드신다는 것을 알리셨다.

　　붓다는 웨살리를 뒤로 하고 유행을 계속하였다. 보가Bhoga시의 아난다Ānanda 탑묘에서 앞으로 어떤 비구가 이것이 법이며 율이며 스승의 교법이라고 하면 반드시 경經과 율律에 맞는가 확인하고 그것이 맞으면 받아들이고 경과 율에 맞지 않으면 배척하라고 하시었다.

　　다시 이동하여 말라족Mallas의 도시인 빠와Pava에서 대장장이의 아들 쭌다Cunda의 망고숲에 머물렀다. 이 망고숲에서 쭌다가 부처님에게 특별히 올린 공양을 드시고 혹독한 병에 걸려서 죽음에 다다르는 극심한 고통을 겪으셨다고 한다. 그러나 세존께서는 마음을 챙기고 알아차리면서 흔들림없이 그것을 감내하시었다. 그리고는 꾸시나라Kusinara로 향하였다. 많은 수레바퀴가 지나간 흙탕물을 맑게 하시고, 알라라 칼라마의 제자인 뿍꾸사 말라뿟따Pukkusamallaputta에게 인식을 가지고 있고 깨어 있으면서도 천둥번개소리조차도 인식하지

꾸시나라의 살라 나무와 열반당

않는 삼매에 대해 설함으로써 그를 교화하였으며, 쭌다의 마지막 공양에 대해 염려하여 그의 공덕이 크다는 것을 설하시었다. 그리고 히란냐와띠^{Hirannavati} 강을 건너 꾸시나라의 말라족의 살라^{sala} 나무숲으로 갔다. 그리고 살라나무 사이에 자리를 펴고 머리를 북쪽으로 하고 발을 포개고 오른쪽으로 누워 삼매에 들어갔다. 이 때 한 쌍의 살라나무는 때 아닌 꽃들로 만개하면서 붓다의 몸 위로 꽃들이 쏟아졌다. 동시에 하늘에서도 만다라화가 쏟아졌고 노래 소리가 들려왔다. 그 때 붓다가 말했다.

"아난타야, 살라나무와 하늘의 만다라화, 하늘의 노래가 여래를 예배하고 있구나. 그러나 이러한 것으로는 참으로 여래를 존경하고 존중하고 숭상하고 예배하는 것이 아니다. 비구, 비구니, 청신자, 청신녀는 출세간법에 이르게 하는 법을 닦고, 합당하게 도를 닦고, 법에 따라 행하며 머무는 것이 참으로 여래를 존경하고 존중하고 숭상하고 예배하는 것이다."

붓다는 아난타에게 꾸시나라의 말라족들에게 알려 마지막으로 친견하도록 하였다. 그때 꾸시나라에 있던 수밧다^{Subhadda}라는 나이 많은 이교도의 의심을 풀어주어, 수밧다는 붓다의 마지막 제자가 되었다.

붓다께서는 열반에 들 시간임을 아시고 아난타를 불러 유훈을 하였다.

"아난타야, 너희들에게 '스승의 가르침은 이제 끝났다. 스승은 계시지 않는다'는 생각이 들지도 모른다. 이는 잘못된 생각이다. 내가 가고 난 후에는 내가 그대들에게 가르치고 천명한 법과 율이 그대들의 스승이 될 것이다."

그리고 승단내의 호칭에 대한 문제와 사소한 계는 폐지해도 좋다는 말씀을 하셨다. 왕자시절부터 모셨기 때문에 부처님과 법을 믿고 항상 거만했던 찬나비구를 위해 열반에 든 후에 아무도 상대하지 말라는 최고의 처벌을 당부하였다. 그리고는 모든 비구들을 불러 마지막으로 의심나는 것을 묻도록 하고 묻는 자가 없자, 붓다는 마지막으로 말씀하셨다.

　　"비구들이여, 참으로 이제 당부하느니, 형성된 것들은 소멸하기 마련인 것이 법이다. 방일하지 말고 해야 할 바를 모두 성취하라. 이것이 여래의 마지막 유훈이다."

　　그리고 부처님께서는 초선에서 차례로 선정에 들어 2선, 3선, 4선, 공무변처정, 식무변처정, 무소유처정, 비상비비상처정, 상수멸정에 이르렀고 다시 상수멸정에서 차례로 내려와 초선에 이르렀으며 초선에서 2선, 3선을 거쳐 4선에 드셨다. 4선의 선정에서 나오신 뒤 바로 다음에 세존께서는 반열반하셨다.

　　일체 만물 가운데 형성된 것이 아니어서 소멸하지 않는 것이 있는가? 영원히 존재하는 것이란 없을 것이니, 한 순간이라도 게으름 피울 수 없으리라.

제3장
결집과 교단의 분열

붓다의 말씀을 모으다

- 지금부터 원칙을 세우되 세존께서 정하지 않은 것은 우리도 정하지 말고, 세존께서 이미 정하신 것은 우리도 버리지 맙시다. 당연히 세존이 정하신 것을 따라 배워야 할 것입니다.
- period 불멸 직후
- keyword 수밧다 비구 / 마하깟사빠의 경배 / 사리분배 / 아자따삿뚜왕의 후원 / 칠엽굴 / 소소계 / 마하깟사빠의 아난타 질책 / 경율의 결집

붓다께서 열반에 드시자 아난타는 꾸시나라의 말라족에게 그 사실을 알렸다. 말라족의 청신자 청신녀들은 향과 꽃, 풍악과 5백벌의 옷감을 준비하여 붓다의 존체尊體가 있는 살라나무 숲으로 갔다. 그들은 붓다의 존체 앞에 향과 꽃을 바치고 풍악을 울리며 6일 동안 밤낮으로 공양하였다. 7일째가 되는 날 화장하기 위해 말라족의 촌장들이 붓다의 존체를 옮기려 하였으나 옮길 수가 없었다. 그 이유를 몰라 아누룻다Aniruddha에게 물어보자, 아누룻다는 그대들은 남쪽으로 가서 화장하려고 하지만 신들은 동쪽에 있는 마꾸따반다나Makutbandhana 쩨띠야에서 화장하려고 한다고 하였다. 말라족의 촌장들은 신들의 뜻에 따라 붓다의 존체를 시의 동쪽에 있는 마꾸따반다나 사당으로 옮겼다. 그리고 전륜성왕의 장례절차와 같이, 먼저 붓다의 존체를 깨끗한 천으로 감싸고 새 솜으로 감싸고 다시 천으로 존체를 감쌌다. 이렇게 하기를 5백번이나 하고는 관에 모시고 다시 기름이 든 황금곽에 안치하고는 뚜껑을 닫았다. 그들은 향나무 장작을 쌓고서 붓다의 존체가 안치된 황금곽을 그 위에 모셨다. 그리고 화장을 위해 말라족의 수장들이 장작더미에 불을 붙이려 하였으나 불이 붙지 않았다. 아누룻다는 지금 마하깟사빠가 5백명의 비구들을 거느리

고 세존의 몸을 뵙고자 오고 있기 때문에 신들이 그 뜻을 알고 불이 붙지 못하게 하고 있다고 알려 주었다.

이때 마하깟사빠는 5백명의 비구들과 함께 꾸시나라로 향하고 있었다. 마침 길에서 만다라화 꽃을 들고 오고 있는 외도에게서 붓다께서 열반에 드신지 7일이 되었다는 것을 알게 되었다. 그 소식을 들은 비구들은 슬픔에 빠져 손을 마구 흔들면서 넘어져 이리 저리 뒹굴면서 슬퍼하였다. 그 가운데 늦게 출가한 수밧다Subhadda라는 비구는 대중들에게 이렇게 말했다.

"비구들이여, 이제 그만하십시오. 슬퍼하지 마십시오. 탄식하지 마십시오. 우리는 이제 그러한 대사문으로부터 속 시원하게 해방되었습니다. 우리는 '이것은 그대들에게 적당하다. 이것은 그대들에게 적당하지 않다'라고 늘 간섭받았습니다. 그러나 이제 우리들은 무엇이든 원하는 것은 할 수 있고 무

칠엽굴 붓다께서 열반에 드신 후 마하깟사빠와 5백명의 비구들은 마가다국의 아자따삿뚜왕의 후원을 받아 죽림정사와 가까운 웨바라산의 칠엽굴에서 최초로 부처님의 말씀을 결집하였다.

엇이든 원하지 않는 것은 하지 않을 수 있게 되었습니다.”

수밧다의 이 말에 마하깟사빠는 내심 놀라워하였다. 그리고 빠른 시일 내에 부처님의 말씀을 모아 그 진정한 뜻을 전해야겠다고 생각하였다.

마하깟사빠와 5백명의 비구들이 도착하고 차례대로 화장용 장작더미를 오른쪽으로 세 번 돌아 경의를 표한 뒤 발쪽을 열고 세존의 발에 예배하였다. 마하깟사빠와 5백명의 비구들의 예배가 끝나자 세존의 화장용 장작더미는 저절로 타오르기 시작하였다. 그와 함께 세존의 존체를 둘러싼 모든 것들은 모두 다 타고 오직 사리들만 남았다. 말라족의 청신자 청신녀들은 그 사리를 수습하여 용기에 넣고 그들의 공회당으로 모셔놓고 7일간 공양을 올렸다. 붓다가 꾸시나라에서 열반하였다는 소식을 접한 마가다국의 아자따삿뚜왕, 웨살리의 릿차위족, 까삘라왓뚜의 샤까족, 알라깝빠의 불리족, 라마촌의 꼴리아족, 웨타디빠의 브라만들, 빠와의 말라족 등은 사신을 보내어서 사리의 분배를 요구하였다. 그러나 꾸시나라의 말라족은 이들의 요구들을 거절하였다. 점차 사리를 빼앗기 위해 전쟁도 불사한다는 분위기에 까지 이르렀으나, 바라문 도나Dona의 중재에 의해 공평하게 여덟 부분으로 나누는 것으로 의견이 모아졌다. 사리를 담던 용기는 도나에게 돌아갔으며, 사리를 다 분배하고 난 후에 도착한 삡팔리와나의 모리야Moriya족은 타고 남은 재를 가지고 돌아갔다. 그들은 그들의 지역으로 돌아가 각자 탑을 세우고 공양을 올리니, 세상에는 10개의 탑이 남게 되었다.

붓다의 장례를 마친 비구들은 마하깟사빠의 제의에 의해 부처님의 말씀을 모으기로 결정하였다. 부처님의 말씀을 결집하는데 참가할 수 있는 조건으로 붓다의 설법을 많이 듣고, 지혜가 있으며, 아라한이 된 사람으로 정하고 이에 합당한 비구들을 모두 불러 모았다. 이러한 조건에 맞는 대아라한으로

499명이 모였으며, 아난타는 이 가운데 포함되지 못하였다. 여러 비구들이 아난타를 추천하였으나, 마하깟사빠는 그는 아직 사랑하는 마음과 미워하는 마음, 두려워하는 마음과 어리석음이 남아 있어서 결집에 포함할 수 없다고 하였다. 그러나 그가 세존을 시봉한 사람으로서 세존을 항상 따라다녔으며 가까이에서 세존의 가르침을 받았으며 그때그때마다 의심나는 것을 물었을 것이므로 결집에 참석시켜야 한다는 의견에 따라 결국 참가시키기로 결정하였다. 그리고 결집을 위한 장소로는 마가다국의 국왕 아자따삿뚜가 후원자로 적당하다고 보고 마가다국으로 결정되었다. 마하깟사빠는 국왕과 협의하기 위해 먼저 마가다국으로 출발하고 아난타는 대중들을 모시고 마가다국으로 향하였다. 아난타는 마가다국으로 가는 도중 웨살리에서 정진에 정진을 거듭하였으며 발사지跋闍子 비구의 도움으로 완전히 번뇌에서 벗어나 해탈을 이루었다고 한다. 마하깟사빠는 마가다국의 죽림정사와 취봉산은 기존의 승려들로 인해 번잡할 것을 염려하여 죽림정사에서 멀지 않는 웨바라산의 삿따빵니구하 Sattapanniguha 즉 칠엽굴七葉窟이 적당하다고 생각하였다. 이에 국왕을 만나 침구와 먹을 양식을 공급해 줄 것을 약속 받았다.

칠엽굴에 함께 자리한 5백명의 비구들은 마하깟사빠의 제의에 의해 법의 토론에 들어갔다. 그 때 아난타가 붓다께서 소소계小小戒는 버리라고 말씀하셨다고 하자, 마하깟사빠는 붓다에게 소소계가 어떠한 것이지 여쭈었는지 물었다. 아난타가 여쭙지 못했다고 말하자, 비구들간에 소소계에 대한 의견이 분분하였다. 그 때 마하깟사빠가 말했다.

"여러 장로들이여, 이제 여러 사람들의 말이 각각 다르니 어느 것이 소소계인지 모르겠소. 지금부터 원칙을 세우되 세존께서 정하지 않은 것은 우리도 정하지 말고, 세존께서 이미 정하신 것은 우리도 버리지 맙시다. 당연히 세존이 정하신 것을 따라 배워야 할 것입니다."

이와 같은 결론을 내리고 마하깟사빠는 그 동안 아난타가 붓다를 모시면서 문제가 되었다고 생각되는 점을 하나하나 지적하며 참회할 것을 종용하였다. 마하깟사빠가 지적한 항목은 다음과 같다.

불법佛法 가운데 여인의 출가를 붓다에게 권한 것, 붓다가 세 번이나 시자를 하라고 했는데도 하지 않겠다고 거부한 것, 붓다께서 열반에 드실 뜻을 세 번이나 말했는데도 이 세상에 일겁 동안 머물기를 청하지 않은 것, 붓다의 가사를 빨고는 물기를 제거하기 위해 발로 밟고 옷을 비틀은 것, 붓다께서 목이 말라 물을 떠오라고 세 번이나 말했는데도 물이 흐리다는 이유로 머뭇거린 것, 붓다에게 소소계가 무엇인지 묻지 않은 것, 열반에 든 붓다의 존체를 경배하는 여인이 존체를 더럽히도록 그대로 둔 것 등이다.

마하깟사빠의 엄중한 질책에 대해 아난타는 참회를 하였고, 이어서 깟사빠를 비롯한 여러 성중들은 아난타가 경을 암송하도록 허락하였다. 그 당시의 모습을 『근본설일체유부비나야잡사』는 이렇게 표현하고 있다.

●
> "아난타는 성중聖衆들 앞에 마련된 자리에서 법에 의해 경례하고 덧없는 생각을 짓고 손으로 자리를 만지고는 몸을 단정히 하여 앉았다. 다음은 모든 성중들을 관찰하니, 마치 심히 깊고 고요한 바다와 같았다.……아난타는 부처님을 연모하는 마음이 일어나 곧 머리를 돌려서 열반하신 곳을 바라보고 경건하게 합장하고, 널리 두루하는 음성으로 이렇게 말하였다. '이와 같이 나는 들었다. 한 때 바가범께서 바라니사 신선이 떨어진 곳인 시록림施鹿林; Mṛgadāva 가운데 계셨다. 그 때 세존께서 다섯 비구에게 말씀하셨다. 이것은 고성제苦聖諦이니 듣는 바 진

리대로 뜻을 지으면 능히 안지명각眼智明覺이 생기리라.'"

한 경의 암송이 끝나면 장로들의 인가가 있었고 이어서 함께 합송合誦하였다. 이렇게 하여 경의 결집이 끝나고 이어서 우빨리가 율을 암송하여 같은 과정을 거쳤다. 경과 율의 모든 결집이 끝나기 까지는 7개월이 걸렸다고 한다. 이렇게 하여 진리의 말씀이 이 세상에 최초로 모아지게 된 것이다.

육신은 무상하여 세상에 없어졌으나 진리의 말씀은 법제자의 입을 빌어 울려 펴지도다. 붓다를 우러르고 법을 우러러 원하는 이들은 이제 다만 이 말씀을 따라 부처를 이룰지니 …….

바이샬리 결집과 교단의 분열

- 그러나 금전을 직접 받는 것은 금지되어 있으므로 물을 넣은 항아리 속에 금전을 넣게 하는 방법으로 받으면 율에 저촉되지 않는 것이 아닌가.
- period 불멸 후 100년경
- keyword 야싸 비구 / 금전보시 / 하의갈마 / 거죄갈마 / 열 가지 율에 대한 쟁사 / 상좌부 / 대중부 / 근본분열 / 화폐경제

부처님께서 입멸한 후 교단은 점차 중인도를 중심으로 서방 및 서남방으로 전도가 진행되면서 불교 교단 역시 이 두 방면으로 발전해 갔다. 이들 지역은 부처님 재세시부터 전도가 이루어지고 있었는데, 아반띠Avanti가 고향이었던 마하깟차나Mahakaccana; 大迦旃延와 인도 서해안의 항구인 숫파라까Supparaka가 고향인 푼나Punna; 富樓那에 의해 진행되었다. 마하깟차나는 또한 아반띠 뿐만 아니라 서방의 마투라Mathura; 摩偸羅 지방에도 가르침을 열었다고 한다. 불멸 후 100여 년경에는 이들 지역을 중심으로 승가가 형성되었다. 승가가 형성되면서, 지역의 특수성에 따라 율에 대한 해석이나 적용 범위를 달리할 가능성은 충분히 예상되었다. 그리고 사회·경제·정치의 변화도 또한 교단의 변화를 야기하는 원인이 되었다. 이들에 대한 논쟁의 시발점은 야싸yasa 비구에 의해 열 가지 조항으로 거론되면서부터 시작되었다. 그 과정들을 빨리율에 의해 살펴보면 다음과 같다.

야싸 비구가 왓지국을 유행하다가 바이샬리에 와서 머무르고 있었다. 바이샬리 비구들은 포살일에 구리로 된 그릇에 물을 가득 채워 승가의 중앙에 두고서, 찾아온 재가신자들에게 승가에 필요한 물품을 마련하는데 사용할 것

이라고 말하면서 금전의 보시를 요구하였다. 이에 야싸는 사문석자에게 금은은 어울리지 않는 것이라고 하면서 금전의 보시를 말렸으나, 재가신자들은 야싸의 충고를 무시하고 승가에 금은을 보시하였다. 다음날, 바이샬리의 비구들은 그 금전을 비구들에게 분배하면서 야싸에게도 그의 몫을 분배하였으나, 야싸는 받지 않았다. 이에 바이샬리 비구들은 야싸가 재가신자들의 깨끗한 믿음을 욕되게 하였다고 하면서 재가불자들을 찾아가 잘못을 사과하고 참회할 것을 결정하는 하의갈마下意羯磨를 행하였다. 야싸는 동행할 비구를 요구하여 그 비구와 함께 바이샬리의 재가신자들에게 갔다. 야싸는 바이샬리의 재가신자들에게 "나는 법이 아닌 것은 법이 아니라고 하고 법은 법이라고 하며, 율이 아닌 것은 율이 아니라고 하고 율은 율이라고 한다."고 하면서, 여러 가지 설법과 함께 금은의 보시는 금지되어야 한다고 설하였다. 설법을 들은 재가신자

결집과 분열 부처님께서 입멸한 지 100여년경에 바이샬리에서 금전의 보시로부터 비롯된 제2결집과정에서 교단이 상좌부와 대중부로 갈라지면서, 상좌부와 대중부가 각각 분열되면서 18 내지 20부파에 이르게 되었다.

들은 야싸야말로 진정한 출가자라고 여기게 되었다. 야싸와 동행한 비구로부터 모든 이야기를 들은 바이샬리 비구들은 야싸의 행동에 분개하여 그에게 죄를 드러내는 거죄갈마擧罪羯磨를 행하려고 하였다. 그러자 야싸는 코삼비로 가서 서남방의 아반띠와 닥키나빠타Dakkhinapatha; 南路, 서방의 빠텟야patheyya에 사신을 보내어 도움을 청하였다. 자신은 아호강가Ahoganga 산에 머물고 있는 삼부따 사나바시Sambhuta Sanavasi 장로를 방문하여 바이샬리에서 행해지고 있는 열 가지 일을 상세하게 설명하여 법이 아님을 확인하였다. 그 때 빠텟야로부터 60명의 비구들이 아호강가 산으로 모여들었는데, 그들은 모두 삼림森林에 머물고 걸식하며 분소의糞掃衣를 걸쳤으며 삼의三衣만을 지닌 아라한들이었다. 아반띠와 닥키나빠타로부터도 88명의 비구들이 모여들었다. 야싸는 삼부타 사나바시의 권유에 의해 레바따Revata 장로를 만나, 또한 율에 어긋나는 행동이라고 판정하고 지원을 약속받았다. 드디어 열 가지 율에 대한 쟁사를 해결하기 위해 모든 비구들이 바이샬리의 발리까Valika원에 모였다. 양측에서 각각 4명의 비구들이 재판관斷事人으로 선출되었으며, 열 가지 항목 하나 하나에 대해 정淨·부정不淨이 가려졌다.

첫째, "소금이 없을 때 사용하려고 뿔로 된 용기에 소금을 저장해 두는 것은 율에 위반되지 않는가"라는 질문에, 밤을 넘겨서 음식물을 저장하는 것을 금지하는 계에 어긋나는 행동이라고 판정하였다. 어떤 음식물이든 약으로 사용되는 것이 아닐 경우에는 저장해서는 안된다는 것이다.

둘째, "태양이 정오를 지나 그 그늘이 손가락 두 마디 분의 길이를 지나기 전 때 아닌 때에 음식을 먹는 것은 율에 위반되지 않는가"라는 질문에, 이는 때 아닌 때에 음식을 먹는 것을 금지하는 계에 어긋나는

행동이라 판정하였다. 비구는 정오까지의 정시에 모든 식사를 끝
내야 하며 그 외의 시간에 먹는 것은 율에 위반되는 행위이다.

셋째, "식사를 끝내고 충분히 먹었다는 의사 표시를 한 자가, '이제 나는
마을에 가자'라고 하며 마을에서 잔식법殘食法을 행하지 않은 음식
을 먹는 것은 율에 위반되지 않는가"라는 질문에, 잔식법을 행하
지 않은 음식은 먹지 말아야 한다는 계에 어긋나는 행동이라고 판
정하였다. 잔식법이란 식사를 한 뒤에 '이것으로 충분합니다'라는
의사 표시가 끝나고 남은 음식임을 표시하는 것을 말하며, 이와 같
은 잔식법이 행해진 음식은 다른 사람이 먹을 수 있도록 하였다. 그
러나 이 경우에는 이미 충분히 음식을 먹은 자가 마을에 가서, 다시
잔식이 아닌 음식을 먹어도 율에 저촉되지 않는 행동으로 인정해
달라는 요구이다.

넷째, "같은 경계[界: sama] 안에 있는 비구가 각각 머물러 있는 곳에서 따로
따로 포살을 행하는 것은 율에 위반되지 않는가"라는 질문에, 같은
경계 안에 두 개의 포살당을 정해서는 안된다는 계에 어긋나는 행
동이라 판정하였다.

다섯째, "같은 경계 안의 비구들이 모두 모이지 않은 상태에서 갈마를 행
하고, 후에 참석하지 않은 비구들이 왔을 때 앞서 행한 갈마에 대해
승인을 얻으려고 하는 것은 율에 위반되지 않는가"라는 질문에, 이
는 승가의 갈마에는 반드시 경계 안의 모든 비구들이 참석해야 한
다는 계에 위반된다고 판정하였다.

여섯째, "화상和尙이나 아사리가 관습적으로 행해 온 것을 실행하는 것은
율에 위반되지 않는가"라는 질문에, 화상이나 아사리가 행하여 온
행동이 율에 어긋나지 않는 경우에는 실행하여도 되며, 율에 어긋
나는 경우에는 실행해서는 안된다고 판정하였다.

일곱째, "식사를 마치고 충분하다는 의사표시를 한 비구가, 우유의 상태는

지나 있으나 아직 응고되지 않은 상태의 우유의 경우는 잔식법을
행하지 않고 마시는 것은 율에 위반되지 않는가"라는 질문에, 이는
잔식법을 행하지 않은 것은 먹지 말아야 한다는 계를 위반하는 행
동이라고 판정하였다.

여덟째, "수라^{sura}술이 아직 수라의 상태에 이르지 않은 것, 맛쟈^{majja}술이
아직 맛쟈에 이르지 않은 것을 마시는 것은 율에 위반되지 않는가"
라는 질문에, 이는 코삼비에서 제정한 불음주계不飮酒戒에 어긋나는
행동이라고 판정하였다. 이는 미발효로 아직 술의 상태에 이르지
않은 것은 술이 아니므로 먹어도 율을 어기지 않은 것이 아니냐는
것이다.

아홉째, "테두리 없는 좌구坐具를 사용하는 것은 율에 위반되지 않는가"라
는 질문에, 이는 좌구를 만드는 규정에 어긋나는 행동이라고 판정
하였다. 율장에 의하면, 새로운 좌구를 만드는 경우에 그 테두리는
이전에 사용하던 낡은 좌구의 천을 일정한 길이로 떼어내어 서로
기워서 만들어야 한다. 이렇게 함으로써 새로 만들어지는 좌구에
대한 집착을 버리게 하였던 것이다.

열 번째, 금은으로 보시를 받는 행동을 인정해달라는 것으로, 이는 왕사성
에서 제정된 금은의 수납은 금한다는 계에 어긋나는 행동이라 판
정하였다. 부처님 당시와는 달리 시대가 변하여 화폐가 유통됨에
따라 음식물이나 물건 대신에 신자들은 금전으로 보시하는 경우가
있었을 것이며, 승가 또한 그 변화를 받아들여 금전의 보시를 바라
는 경우가 발생하였을 것으로 추측된다. 그러나 금전을 직접 받는
것은 금지되어 있으므로 물을 넣은 항아리 속에 금전을 넣게 하는
방법으로 받으면 율에 저촉되지 않는 것이 아닌가 하는 것이다.

이상에서 보는 것과 같이, 바이샬리 지역에서 행해지고 있던 열 가지

조항들은 모두 정법淨法이 아니라고 판정되었다. 스리랑카의 역사서인『디빠밤사Dipavamsa; 島史』와『마하밤사Mahavamsa; 大史』에 의하면, 판정 결과에 항복하지 못한 바이샬리의 왓지족 출신 비구들은 따로 1만명의 지지자들을 모아 법의 결집을 행하였으며, 그 결과 불교 교단은 상좌부와 대중부로 분열하게 되었다고 한다. 대중부로 지칭된 바이샬리의 비구들은 오래 전부터 승원생활을 하며 재가신자의 보시를 받기 쉬웠던 지역으로서, 화폐경제의 시대로 변화하면서 그에 따라 승가의 보시 형태도 변화하고자 한 진보적인 경향의 집단이라 할 수 있다. 이에 반해 상좌부로 지칭된 비구들은 대부분 엄격한 금욕생활로 삼림 등에서 홀로 살아가며 아직 불교가 충분히 뿌리를 내리고 있지 않던 인도의 북서지역이나 남쪽 등의 새로운 지역에서 불교를 전도하고 있던 보수주의적인 비구 집단이라 할 수 있다. 이러한 열 가지 조항에 대한 논쟁의 배경에는 승원을 중심으로 시대적인 변화를 받아들이며 안정적인 생활속으로 젖어들고 있던 비구들과 출가자로서 지녀야 할 이상적인 모습을 간직하며 살아가고자 노력하였던 비구들간에 생활양식의 차이에서 발생한 것이라 할 수 있다.

아쇼까왕의 흥불

- 코삼비의 석주에 새겨진 법칙에 의하면 왕은 코삼비에 주재하고 있는 대관에게 지시하고 있는데, 비구 또는 비구니로서 승가의 화합을 깨뜨리는 사람은 흰옷을 입혀 정사精舍가 아닌 곳에 머물게 해야 한다고 새기고 있다.
- period B.C. 268~232; 아쇼까왕의 재위
- keyword 마우리아 왕조 / 칼링가 정복 / 다르마 정책 / 법대관 / 석주 비문 / 암벽 비문 / 룸비니 석주 / 빠딸리뿟뜨라 결집 / 전도사 파견

아쇼까Asoka왕은 인도 반도를 실질적으로 통일한 마우리아제국의 3대왕이다. 마우리아왕조는 그의 할아버지에 해당하는 찬드라굽다 마우리아Chandragupta Maurya에 의해 시작되었다. 찬드라굽타 마우리아B.C 320~293년경는 알렉산드의 원정으로 혼란한 시기를 틈타 마가다의 변경지역에서 군대를 일으켜 B.C 320년경에 새로운 왕조를 세우고 당시 마가다를 지배하고 있던 난다왕조를 무너뜨렸다. 알렉산드 사망 이후 정치적 공백상태에 있던 인더스지역을 정복하고 인도의 중남부지역에 있던 데칸지역까지 점령함으로써 갠지스, 인더스, 데칸지역을 포함하는 대제국을 건설하게 되었다. 이어서 서북인도의 잔여세력을 몰아내어 북으로는 히말라야산맥, 남으로는 빈드야산맥을 넘는 지역까지, 동으로는 뱅갈만 지역까지, 서로는 아라비아해로부터 힌두쿠시산맥에 이르는 지역을 포함하는 대제국을 건설하였다. 찬드라굽타에 이어 빈두사라Bindusara, B.C 293~268년경왕 역시 영토 확장정책은 계속되었으며, 빈두사라의 다음으로 아쇼까Asoka, B.C 268~232년경왕이 즉위하였다. 아쇼까왕은 부왕인 빈두사라의 미움을 받아 반란지역이었던 탁실라로 보내졌으나, 여기서 민심을 수습하고 주변 인물들의 도움을 받아 왕위를 물려받도록 되어 있던 수시마Susima

왕자와의 투쟁에서 승리하여 왕위에 올랐다.

　　왕위에 오른 아쇼까는 선대의 영토 확장정책을 이어 즉위 8년에 인도의 동남지방에 있는 칼링가Kalinga지역을 많은 희생을 치르면서 정복함으로써 인도 반도는 사실상 통일되었으며, 반도내의 영토 확장정책은 완성되었다. 아쇼까왕의 위대성은 인도 반도를 통일하였다는 것에도 일부 있겠지만, 그가 인류 역사상 많은 왕과 황제들 가운데 가장 빛나는 별로 칭송되는 것은 칼링가 전쟁 이후에 불교의 사상을 바탕으로 펼친 그의 다르마Dharma정책에 있다. 아쇼까왕은 다르마정책을 실시하면서 그 내용을 알리기 위해 곳곳에 비문을 세웠다. 아쇼까왕의 비문은 암벽비문과 소암벽비문, 석주비문과 소석주비문 그리고 별각암벽비문과 황후비문 등이 있다. 비문에 의하면 다르마정책이 구체적으로 실행되도록 하기 위해 왕과 태수왕자를 보좌하는 행정관료들을 파견하였는데, 그 가운데 법대관法大官; Dharma-Mahamatrs을 파견하였다. 법대관은 법에 헌신하는 모든 사람들의 이익과 안락 그리고 세속적인 삶에서 부족한 것을 채워주고 도와주는 것을 목적으로 하였다.

　　아쇼까왕이 불교에 귀의한 것에 대해 일부 학자들은 칼링가 전쟁 때문이라고 한다. 암벽비문 제13장에 의하면, 칼링가지역을 정복하는 과정에서 10만명이 살해되었으며 그 몇 배에 해당하는 사람들이 사망하였으며 15만명이 포로가 되어 다른 지역으로 이주되었다고 새기고 있다. 아쇼까왕은 이러한 전쟁의 참혹한 현장을 목도하고 그에 대한 회한으로 불교에 귀의하였다고 한다. 그러나 아쇼까왕은 칼링가 정복 이전에 적극적이지는 못하지만 재가신자였으며, 칼링가 정복의 참상에 대한 회한을 계기로 불교에 전념하게 되었다고 보는 것이 바른 견해라 생각된다. 소암벽비문 제1장에 의하면, "2년 반 이상 나는 재가신자였으나 정근精勤하지 못하였다. 그러나 내가 상가samgha를 방문

원후봉밀터 아쇼까왕이 세운 스투파와 석주가 보인다. 부처님의 발우와 제자들의 발우가 함께 있는 가운데에서도 원숭이가 부처님의 발우를 찾아내어 꿀을 따서 공양을 올렸다는 곳이다. 인도 바이샬리에 있다.

한 이후 1년여의 시간이 흘렀으며 그 동안 열심히 정근하였다."고 하고 있다. 또 암벽비문 제13장에는 "즉위 8년에 칼링가를 정복했다. 칼링가가 정복된 지금, 왕은 법을 열심히 실행하고, 법을 사랑하고, 법을 가르치는데 열성적이 되었다."고 하고 있다.

아쇼까왕이 실행한 다르마정책에서 다르마는 무엇을 의미하는가? 암벽비문 제3장에는 부모에 대한 순종, 친구·지인知人·친족 및 바라문·사문에 대한 보시, 동물에 대한 불도살, 적절한 소비와 축적 등을 언급하고 있다. 암벽비문 제9장에는 노예와 하인에 대한 적절한 대우, 연장자에 대한 존경, 동물에 대한 관대함, 브라만과 사문에 대한 보시 등을 언급하고 있다. 이러한 다르마의 내용은 특별히 불교적이라고 할 수 없으며, 이는 어느 시대에나 강조된 도덕적인 가치라 할 수 있다.

● 　　그러나 불교적인 내용을 본격적으로 다루고 있는 것도 있다. 석주비문 제2장의 내용이 그것이다. "법法, Dharma은 선善이다. 이 법이란 무엇인가. 그것은 적은 번뇌[小漏], 많은 선행. 자민慈愍. 최고의 진리[眞諦]. 청정 등이다."청정은 몸과 말과 마음의 3업에 대한 청정을 의미한다고 한다. 이와 같이 아쇼까의 다르마는 불교적 실천 도덕과 일반인들이 실천할 수 있는 보편적인 도덕 개념 모두를 포용한 개념이라 할 수 있다.

아쇼까가 불교를 바탕으로 하는 다르마정책을 펼치게 된 외형적인 계기는 칼링가 정복의 참상에 대한 회한이었다. 그러나 마우리아왕조를 개창한 찬드라굽타는 모리야Moriya족으로서 평민 계층인 바이샤계층이었다. 아쇼까왕에게는 왕조 개창이래 세력을 확대하여 왕권을 제약하고 있던 브라만의 세력을 극복하고 방대한 제국내의 다양한 계층을 포용해야 할 필요성이 대두되었다. 이에 아쇼까왕은 계급적 차별을 지양하고 모든 계층을 평등하게 포용할 수 있는 새로운 사상으로서 불교를 적극적으로 받아들이고, 제국 내의 사상적 통일과 왕권강화를 도모하는 다르마정책을 실시하게 되었다고 하겠다.

이러한 내적 외적인 상황에 맞추어 아쇼까는 스스로 불교의 덕목을 실천하며 적극적으로 권장하고 보호하였다. 소암벽비문 제3장에는 승가의 안녕을 묻고 삼보에 대한 존경과 신앙을 표명하고 7종의 부처님 법문들을 비구와 비구니들이 듣고 성찰할 것을 기원하고 있다. 그리고 암벽비문 제8장에는 즉위 10년에 다르마의 순례를 시작하였다고 새기고 있다. 마투라의 설일체유부의 교단사를 기록한 『아육왕경』에 의하면, 아쇼까는 우빠굽따 장로와 함께 룸비니를 시작으로, 붓다의 탄생·성도·초전법륜·열반의 4대 성지와 10대 제자들의 탑을 방문하고, 금은을 보시한 것으로 전하고 있다. 붓다의 탄생지인 룸비니를 참배하고 돌 울타리를 세우고 석주를 세우게 하였으며, 룸비니 마을에는 조세를 면제해주고 생산의 8분의 1만 지불하게 하였다. 또한 아쇼까왕은 알라하바드 근처의 코삼비의 석주, 산치의 석주, 사르나트의 석주 등 세 석주에는 승단의 화합을 깨뜨리는 것을 경고하여 발포한 법칙이 새겨져 있다. 코삼비의 석주에 새겨진 법칙에 의하면 왕은 코삼비에 주재하고 있는 대관에게 지시하고 있는데, 비구 또는 비구니로서 승가의 화합을 깨뜨리는 사람은 흰옷을 입혀 정사精舍가 아닌 곳에 머물게 해야 한다고 새기고 있다.

이외에도 스리랑카의 역사서인 『도사島史』에 의하면, 아쇼까왕이 불교를 후원하고 승가에 많은 공양을 행하자, 수도인 빠딸리뿌뜨라의 아육원사阿育園寺에 불법佛法을 훼손할 마음으로 거짓 비구의 모양을 하고 승단에 들어온 외도가 6만명에 달하였다고 한다. 아쇼까왕은 목갈리뿟따 팃사 장로로 하여

금 1천명의 장로들을 불러 모아 법을 결집하게 하고, 다른 설을 깨뜨리고『논사論事』를 편찬하였다. 이 과정에서 분별론자分別論者들을 정통이라 하고, 다른 설을 지지하는 자들을 이단이라 하여 환속시켰다고 전한다. 또한 아쇼까는 빠딸리뿌뜨라 결집 후에 바른 법의 영속을 위해 인도 내외의 변경지역에 전도사를 파견하였는데, 아쇼까의 아들인 마힌다Mahinda 비구와 딸인 상가밋따 Samghamitta 비구니가 스리랑카에 파견되어 스리랑카 불교의 터전이 되게 한 것도 그 가운데 하나이다. 사실 스리랑카의 역사서에서 전하는 내용과 북전인 『아육왕경』등에서 전하는 내용에서 차이를 보이고 있는 점이 있다. 그렇다고 이들을 온전히 부정할 수만은 없을 것이다. 그리고 아쇼까왕은 불교와 마찬가지로 힌두교, 자이나교, 아지비카교 등의 종교에도 교단에 보시하고 방문하여 경의를 표하면서 외호하였다고 한다. 그러나 그는 특히 불교사상을 바탕으로 하여 그의 다르마정책을 펼쳤으며, 이는 영국의 역사학자 웰즈H. G. Wells의 찬사처럼 그는 인류의 역사상 수만명의 왕과 황제들 가운데 영원히 찬란하게 빛날 단 하나의 별인 것이다.

동양과 서양의 만남 1

- 마치 여러 부분이 모이므로 수레라는 말이 생기듯 다섯 가지 구성요소[五蘊]가 존재할 때 생명 있는 존재[有情]라는 이름이 생기노라.
- period B.C. 327~325; 알렉산더대왕 인도 원정 / B.C. 155~130; 메난드로스왕 재위
- keyword 밀린다왕문경 / 나선비구경 / 메난드로스왕 / 나가세나비구 / 대화술 / 수레라는 명칭 / 나가세나라는 명칭 / 현인의 토론 / 왕의 토론

불교가 동인도에서 각지로 퍼져 가면서 간다라 지역에서 서양의 헬레니즘과 만나 독특한 불교문화를 형성한 것은 잘 알려져 있다. 프랑스의 고고학자 슈랑베르쥬는 1963년 『아세아학보』에서 서양의 헬레니즘이 두 번에 걸쳐 아시아로 퍼져 갔다고 언급하고 있다. 첫 번째는 알렉산더와 그 후계자들에 의한 군사정복에 따른 것으로 B.C 4세기에서 2세기에 일어난 것이다. 특히 박트리아Bactria, 大夏의 메난드로스Menandros, B.C 163?~105?왕 시대이다. 두 번째는 쿠샤나Kuṣaṇa왕조의 제3대 카니시카Kaniṣka, A.D 128~151왕 때에 절정을 이루었던 건축과 조형예술에서 그 영향을 살펴볼 수 있다.

동양과 서양이 만나는 중심지역이었던 간다라 지역은 B.C 5세기경 아케메네스 왕조의 페르시아 속국에서부터 시작하여, 페르시아를 정복한 알렉산더 대왕에 의해 침입B.C 321~325을 받았고 알렉산더 대왕이 물러간 후에는 인도계의 마우리아 왕조가 간다라를 지배하였다. 마우리아 왕조의 제3대 왕인 아쇼까Asoka왕은 당시 일개 군소 종교에 불과했던 불교를 세계 종교로 발전할 수 있는 계기를 만들었다. 마우리아 왕조가 멸망한 후에는 알렉산더 대왕의 후계자인 셀레쿠스Slecus가 세운 그리스계의 민족인 박트리아가 간다라 지방

을 다스렸다. 이 박트리아 왕조의 희랍인 왕 메난드로스는 페샤와르Peshawar를 정복하고 사갈라Sagala; 현 Sialkot를 수도로 하여 인도 북부의 판잡Pañjab 지방까지 다스렸다. 메난드로스 왕은 희랍인 왕으로서 불교의 승려인 나가세나Nagasena 와의 대론 끝에 불교로 개종하여 불교를 적극 장려하였다. 『밀린다왕문경』으로 불리는 팔리어 불전은 바로 메난드로스 왕이 나가세나 스님과 주고받은 문답내용을 기록한 것이다. 팔리어로 씌어진 『밀린다왕문경』의 첫 부분은 그의 한역인 『나선비구경那先比丘經』과 거의 같다. 그 같은 부분이 본 경전의 원형인 것으로 보고 있다.

본 경전은 평이한 문체와 대화의 형식으로 자아, 번뇌, 윤회, 업, 교단, 비구의 자격, 출가와 재가의 생활, 열반 등 불교의 광범위한 주제를 테마별로 다루고 있다. 이는 그리스계의 왕인 메난드로스의 합리적인 질문에 대해 어떤 학파적인 성격을 고집하지 않고 불교의 보편적인 사유방법에 따라 체계적이고도 세밀한 답변을 통해 역사상 유례가 없는 동서의 성숙한 대화를 보여 주고 있다. 대화의 한 내용을 살펴보자.

메난드로스왕이 처음으로 나가세나 존자를 만나 물었다. "존자는 어떻게 하여 세상에 알려졌습니까? 당신의 이름은 무엇입니까?"이에 대해 존자는 "대왕이여, 나는 나가세나라는 이름으로 알려져 있습니다. 나의 동료 비구들은 나를 나가세나라고 부르고 있습니다. …… 그러나 그런 이름은 명칭에 지나지 않고 어떤 인격적인 개체도 인정할 수 없습니다."그때 메난드로스왕은 오백명의 희랍인들과 8만에 달하는 출가 수도자들에게 말했다. "나가세나 존자는 '이름 속에 내포된 인격적인 개체는 인정할 수 없다'고 말합니다. 지금 그 말을 믿을 수 있겠습니까? 존자여, 만약에 인격적인 개체를 인정할 수 없다면 그대에게 필요한 물건을 공양하는 자는 누구이며 그것을 받아 사용하는 자는 누구입니까? 계행을 지키고 수행에 힘쓰는 자는 누구입니까? 수도의 결과 열반에 이르는 자는 누구입니까? …… 만일 인격적인 개체가 없다면 공덕도 죄도 없으며 선행, 악행의 과보도 없을 것입니다. …… 존자는 나에게 말하길 '나의 동료 비구들은 나를 나가세나라고 부르고 있습니다'라고 말하였습니다. 그러면 나가세나

메난드로스왕의 주화 메난드로스왕은 간다라 지방에 세운 그리스계 박트리아 왕조의 국왕이다. 그는 서양인으로서 불교에 대해 나가세나존자와 대화를 나눈 최초의 국왕이다.

라고 불리는 것은 무엇입니까? 머리털이 나가세나 입니까?" "대왕이여, 그런 말이 아닙니다." 그렇지 않다면 손톱, 살갗, 살, 힘줄, 뼈, 뼛골, 콩팥, 염통 등 몸의 구성요소가 나가세나인지, 그들의 전부가 나가세나인지 묻자, 나가세나는 또한 아니라고 하였다. 이어서 물질적인 형태[色], 감수작용[受], 표상작용[想], 형성작용[行], 식별작용[識] 중 어느 하나가 나가세나인지, 이들을 합한 것[五蘊]이 나가세나인지, 아니면 오온 밖의 그 무언가가 나가세나인지를 묻자, 또한 아니라고 답하였다. 그러자 왕은 "존자여, 나는 그대에게 물을 수 있는 데까지 물어보았으나 나가세나는 찾아볼 수 없었다. 그러므로 나가세나는 빈 소리에 지나지 않는다. 우리 앞에 있는 나가세나는 어떤 사람인가? 앞에 있는 나가세나가 없다는 소리는 거짓말에 불과하지 않는가?"라고 하였다.

그때 존자는 왕에게 이렇게 반문하였다. "대왕이여, 당신은 걸어서 왔습니까, 아니면 수레를 타고 왔습니까?" "존자여, 나는 걸어오지 않았습니다.

수레를 타고 왔습니다." 대왕이여, 당신이 수레를 타고 왔다면 무엇이 수레인지 설명해 주십시오. 수레 채가 수레입니까?" "그렇지 않습니다." 그렇다면 수레 굴대[軸]나 바퀴[輪]나 차체車體나 차틀[車棒]이나 멍에나 밧줄이나 바큇살[輻]이나 채찍[鞭]이 수레인지, 이것들을 합한 전부가 수레인지, 이것들 밖에 수레가 따로 있는지 묻자, 아니라고 답하였다. 그러자 존자는 말하였다. "대왕이여, 나는 당신에게 물을 수 있는 데까지 물어보았으나 수레를 찾아볼 수 없습니다. 수레란 단지 빈소리에 지나지 않습니다. 그렇다면 당신이 타고 왔다던 수레는 대체 무엇입니까? 대왕이여, 당신은 '수레는 존재하지 않는다'고 진실 아닌 거짓말을 한 셈이 됩니다. 전 인도에서 제일 가는 왕이 무엇이 두려워서 거짓말을 했습니까?" 이렇게 물은 다음 존자는 오백명의 희랍인들과 8만명의 비구들에게 말하였다. "왕은 여기까지 수레로 왔다고 말했습니다. 그러나 어떤 것이 수레인가 설명해달라는 질문을 했을 때, 어느 것이 수레라고 단정적인 주장을 내세울 수가 없었습니다. 당신들은 대왕의 말을 믿을 수 있겠습니까?" 이 말을 들은 5백명의 희랍인들은 환호성을 올리며, 왕에게 대답하기를 재촉하였다. 이에 국왕은 다시 말하였다. "존자여, 나는 거짓말을 한 것이 아닙니다. 수레는 이들 모든 것 즉 수레채, 굴대, 바퀴, 차체, 차틀, 멍에, 바큇살, 채찍 따위를 가지고 있기 때문에 그것들에 의해서 수레라는 명칭이 생기는 것입니다."

● 그러자 나가세나는 바로 대답하였다. "그렇습니다. 대왕께서 수레에 대해 분명히 이해하셨습니다. 그와 같이 저에게도 인체의 33가지 유기물과 존재의 5가지 구성요소들에 의해서 나가세나라는 명칭이 생기는 것입니다. 대왕이여, 바지라라는

비구니가 붓다 앞에서 이러한 시구를 읊었습니다. '마치 여러 부분이 모이므로 수레라는 말이 생기듯 다섯 가지 구성요소[五蘊]가 존재할 때 생명 있는 존재[有情]라는 이름이 생기노라.'"

　이는 현명한 질문을 통해 스스로 답을 찾아내게 하는 대화술이라고 할 수 있을 것이다. 이러한 대화가 오간 후에 국왕이 토론을 계속하고자 하자, 나가세나는 국왕은 현인의 태도로 토론하고자 하는지, 왕자王者의 방식으로 토론하고자 하는 것인지 묻는다. 국왕이 그 차이를 묻자, 나가세나는 "현인의 토론에는 설명이 있고, 해설이 베풀어지고, 반박이 있고, 시정이 있고, 다시 시비의 구별이 이루어지고, 자세히 추궁하는 일이 있어도, 현인은 그 일로 성내는 일이 없습니다. 그러나 왕자王者가 토론하는 방식은 어느 한쪽의 의견을 택하신 다음에 그것과 견해를 달리하는 자가 있으면 그것이 누구이든지 '저 자에게 벌을 주라'고 명령합니다."라고 답하였다. 국왕이 현인의 방법으로 대담할 것임을 약속하자, 그 때부터 대화는 계속되었다.

　이들의 대화는 희랍의 합리적인 사고방식을 가진 세속의 사람이라면 누구라도 불교에 대해 가질 수 있는 질문들에 대한 것이다. 그리고 이에 대해서 나가세나는 번잡한 불교의 술어들을 될 수 있는 대로 피하면서 알아듣기 쉽게 설명하고 있다. 이는 최초로 가지는 동양과 서양의 사고방식의 교류이며 더 나아가 인도사상과 희랍사상의 교류라고도 할 수 있을 것이다.

동양과 서양의 만남 2

- 이란계 쿠샤나족은 뛰어난 자가 죽으면 그의 프라바시 곧 초상을 만들어 모셨는데, 그들이 불교도 가 되었을 때 그 창시자의 초상을 요구하는 것은 당연한 것이다.
- period A.D. 135~150년경 ; 카니시카왕 재위
- keyword 간다라 미술 / 쿠샤나왕조 / 카니시카왕 / 금화 / 범천권청 / 조로아스터교 / 프라바시 / 초상

간다라의 불교미술은 쿠샤나Kuṣaṇa왕조A.D 1세기 중엽~3세기 중엽의 제3대 카니시카Kaniṣka, A.D 128~151왕 때에 건축과 조형예술에서 그 절정을 이루었다. 쿠샤나왕조는 간다라 지역을 지배하던 박트리아, 사카족, 파르티아安息國를 이어서 등장한 이란계 유목민족이다. 쿠샤나왕조의 첫번째 왕은 쿠자라 카드피세스Kujala-Kadphises이며 5개의 대월지 소국을 병합하여 A.D 40년경에 쿠샤나 왕국을 수립하였다. 그 전성기는 3대 카니시카왕 때로 중앙아시아에서 서북인도, 중인도에 걸친 대제국을 이룩하고, 쿠샨족이 본래 거점으로 삼고 있었던 박트리아, 힌두쿠시 산맥 북부인 바그란, 중인도의 마투라에 왕조의 신전을 세웠다.

동양과 서양의 두 번째 만남이라 할 수 있는 간다라의 불교미술을 잘 대변해주고 있는 것은 불상의 제작이라 하겠다. 간다라 불교미술 연구의 석학인 알프레드 푸쉐A. Foucher에 의하면, 간다라 불상에서 깊은 눈, 콧날이 선 계란형의 얼굴, 물결모양의 머리카락, 옷 주름의 표현 등은 모두가 그리스풍으로 아폴론의 신상을 연상시킨다고 하였다. 그러나 승복으로 몸을 감싸고, 귓밥이 길며, 머리카락을 위로 올려 묶어 육계를 하고, 미간에 둥근 점으로 백호

를 표시하며, 애조哀調를 띤 체관諦觀의 얼굴표정 등은 그리스의 신상과는 다른 모습이라고 하였다. 부처님의 초상 즉 불상은 학계의 연구에 의하면 A.D 1세기 초의 것으로 보이는 금화나 범천권청의 장면 속에 나타나는 불상이 최초의 것으로 밝혀지고 있다. 불상이 새겨진 금화는 아프가니스탄 북부, 시바르간 Shibarghan의 티리야 테페Tillya-Tepe에서 발굴되었다. 화폐의 앞면에는 법륜에 손을 대고 굴리려고 하는 인물이 표현되어 있는데, 카로슈티Kharoshthi 문자로 '법륜을 굴리는 자'라는 명문이 새겨져 있다. 이 인물은 그리스의 영웅과 같은 모습으로 표현되어, 전륜성왕과 그리스 영웅 신의 이미지를 융합한 형태의 불상으로 볼 수 있다. 화폐의 뒷면에는 사자와 삼보의 표시가 표현되어 있으며, 역시 카로슈티 문자로 '두려움을 물리치는 사자'라는 명문이 있다. 사자는 석가족의 사자인 불타를 비유한 것이고, 삼보의 표시는 인도 고대 초기 불교미술에서 볼 수 있는 불법승의 삼보를 상징하는 도상이다. 티리야 테페 고분의 연대나 명문의 서체로 보아, 이 금화는 기원후 1세기 초의 것으로 추정하고 있다. 이외에 카니시카왕이 발행한 화폐가 있는데, 뒷면에는 석가모니의 입상이 조각되어 있거나 미륵보살의 좌상이 조각되어 있다.

다음으로 범천권청의 장면에서 최초의 불상이 표현되었다고 주장하고 있다. 이는 출토지는 알 수 없으나 녹색 편암이라는 재질과 조형 양식에서 스와트의 것으로 추정되며, 베를린 국립 인도 미술관에 보관하고 있는 범천권청을 들 수 있다. 크고 무성한 보리수 아래에 석가는 길상초를 깐 대좌 위에 결가부좌하고 선정인을 취하고 있다. 향우측에는 터번과 목걸이, 귀걸이를 착용한 제석천, 왼쪽에는 머리칼을 말아 올리고 수염을 기른 범천이 배치되는데, 모두 석가를 향해 합장하고 있다. 석가는 둥근 얼굴로 눈을 활짝 뜨고 머리카락을 정연하게 위로 올려 묶은 채, 나형의 상반신을 하고 왼쪽 어깨에서 허리 부근에 걸쳐 천의를 걸치고 있다. 이와 같은 불타의 모습은 일반적으로 후기에 나타나는 대의를 두껍게 감싸 두르고 두발이 물결모양으로 표현되며 조각이 깊은 서양풍의 얼굴 모습을 보이는 간다라 불상과 비교해서 크게 다른 모습이다. 이것과는 달리 범천권청의 양식을 그대로 하고 있으면서 불타를 일륜日輪으로 하거나, 불타를 중앙에 3개의 법륜을 얹은 법륜기둥으로 표현하고 있는 초전법륜의 모습을 부조한 것도 있다. 이러한 것 등은 불타를 상징적으로 표현한 것으로, 범천권청의 최초기의 불상이 제작되기 전에 제작되었을 가능성이 크다.

● 　　범천권청은 불타가 깨달음을 얻는 후 범천의 간청으로 고통받는 속세의 사람들에게 자비를 지향하여 구제를 결의하는. 자기완결적인 깨달음이 아니라 구제를 중심으로 한 불타의 탄생을 의미한다고 할 수 있다. 그러한 장면에서 최초의 불상이 표현되었다는 것은 단순히 깨달음을 얻은 자 혹은 열반에 도달한 자로서가 아니라. 고통받는 속세 사람들에게 구제를 가져다주는 자로서 세속인들의 열광적인 지향이 그곳에 집중된 것이다. 이것이 불타를 상징적인 표현에서 인간의 모습으로 범천권청의 장면속에 표현한 이유라 할 수 있을지도 모른다.

또 다른 한편에서는 중인도의 바르후트나 산치에 스투파를 둘러싼 난순欄楯이나 문門에 새겨진 불전도佛傳圖에 석가는 성수聖樹 · 성단聖壇 · 법륜法輪 등으로 표현된 것과 같이, 간다라에서도 먼저는 상징적인 모습으로 표현되다가 쿠샤나왕조 시대에 와서 불상이 조성된 것은 이란계의 쿠샤나족이 믿던 조로

아스터교의 영향이라고 보기도 한다. 그 내용은 다음과 같다.

고대 인도에서는 죽은 자든 산 자든 초상肖像에 대한 관념이 없었다. 이러한 상황에서 윤회사상의 개념을 믿는 불교도 사이에서 부처의 초상이 나올리가 없다. 그들에 있어서 중요한 것은 부처가 설한 진리[法], 가르침이지 만들어진 불상이 아니었다. 이러한 생각은 간다라 지방에 불교가 전해졌을 때, 처음의 간다라 지방의 불교도들에게도 영향을 주었으며, 쿠샤나왕조 이전 간다라 지방에 살던 그리스인과 간다라를 지배했던 여러 민족들에서도 불상을 만들어야 한다는 운동은 일어나지 않았다. 그러므로 지금까지 서양학자들에 의해 간다라 불상이 그리스인 조각가나 로마인 조각가 혹은 인도인과의 혼혈인에 의해서 처음으로 이루어졌다는 하는 것은 잘못된 것이라 할 수 있다. 결정적으로 그리스와 로마의 영향을 받았다면 이미 알렉산더 대왕이 이 지역에 온

간다라 불상(3세기, 페샤와르박물관 소장 · 사진 왼쪽)과 **마투라 불상**(2세기, 미투라뮤지엄 소장)

후부터 불상이 만들어졌어야 할 것이기 때문이다. 그러나 역사적 사실은 그렇지 않으며, 불상은 쿠샤나왕조 때에 왕족과 귀족들은 물론 대중들이 조로아스터교에서 불교로 개종하면서 그들의 정서적, 신앙적 토대 위에서 자연스레 만들어지게 되었다고 보는 것이다.

조로아스터교에서는 조상의 영을 프라바시Fravashis라고 불렀다. 프라바시는 아후라 마즈다Ahura Maza 신이 사는 무량광無量光의 세계에 살고 있으며, 아후라 마즈다 신을 위해 악신인 아흐리만Ahriman과 싸운다고 한다. 연말과 새해에 걸쳐 대지의 풍요를 기원하는 축제인 페르바르디강제 때 지상에 내려와 자손을 방문하고 풍요를 갖다 준다. 프라바시는 승려계급보다는 재가의 신도들이 선호하였으며 국왕이나 영웅의 프라바시는 특별한 힘이 있다고 생각하였다. 이러한 이란의 조로아스터교의 사상이 쿠샤나족에 이입되었고 국왕의 초상을 제작하여 신전에 모셨으며, 탁월한 인간의 프라바시는 초인적인 능력을 가지고 있기 때문에 국민을 보호한다고 생각하였다. 이와 같이 이란계 쿠샤나족은 뛰어난 자가 죽으면 그의 프라바시 곧 초상을 만들어 모셨는데, 그들이 불교도가 되었을 때 그 창시자의 초상을 요구하는 것은 당연한 것이다. 부처님이 석가족의 왕족이므로 쿠샤나족의 뛰어난 지도자와 동등하게 취급되어 죽은 국왕처럼 부처님의 초상을 만들어 불교사원에 안치한 것이다. 쿠샤나족 불교도는 사리 유물을 소중히 하고 부처님의 프라바시의 위대한 힘으로 자기 나라와 자손의 번영을 바랐던 것이다. 프라바시가 연말과 새해에 지상에 내려오듯이 부처님의 프라바시 역시 이 세상에 내려온다고 믿었기 때문에 부처님의 초상을 만들기 시작한 것이며, 그와 관련된 행적과 불탑 등에 조각하게 된 것은 자연스러운 일이다. 이러한 내용이 수많은 사원과 불상이 만들어지게 된 이유이다. 당시 쿠샤나족에 있어서 초상을 만드는 것은 의무이자 최대의 공양이었다. 각 지역에 따라 왕의 프라바시는 물론 부처님의 프라바시도 각각 다른 기법을 사용하고 있다. 스르프, 고다르에서는 그리스, 이란의 조각기법이 사용되었고, 간다라에서는 로마기법이 사용되었으며, 마트라에서는 인도의 토착기법이 사용되었다. 그러나 이와 같이 기법면에서는 지역에 따라 다르지만 그 사상적인 원천은 같으며, 불상의 창시는 여러 문화, 민족, 종교의 교류를 통한 쿠샤나족의 주체적인 업적이라 할 수 있겠다. 이러한 내용들이 사실이라면, 간다라에 있어 불상이 만들어진 것은 독특한 조로아스터교의 프라바시관과 현실주의적인 인생관을 가진 쿠샤나족이 불교로 개종한 후 불교를 질적으로 변화시킨 데 있다고 할 수 있을 것이다.

제4장
대승불교의 흥기

부처님의 전생담과 보살

- 석존은 다겁생의 과거세로부터 때로는 토끼로, 원숭이로, 국왕으로서, 상인으로서, 수행자로서, 그리고 보살로서 수행을 거듭해 왔다는 것이다.
- period A.D. 135~150년경 카니시카왕 재위
- keyword 카니시카왕 봉헌 사리용기 / 제4결집 / 불소행찬 / 자타카 / 바르후트 석각문 / 수메에다 / 전생보살 / 열 가지 바라밀

쿠샤나Kuṣaṇa왕조의 제3대 왕인 카니시카Kaniṣka, A.D 128~151왕 때에는 간다라의 불교 미술과 함께 불교 또한 부흥하던 때이기도 하다. 카니시카왕은 학문·문화·종교 등을 적극적으로 옹호한 인물로, 그의 주변에는 뛰어난 정치학자인 마타라Mathara, 의사로 유명한 챠라카Charaka, 불교 승려로서 설일체유부說一切有部의 장로인 협존자脇尊者, Parsva, 세우世友, Vasumitra, 부처님의 전기로 유명한 마명馬鳴, Asaghosa, 중호衆護, Samgharaksa 등과 함께 하였다.

카니시카왕은 불교에 귀의하고 많은 불탑을 건립하였다. 그 가운데에서 가장 대표적인 것은 수도 푸루샤푸라오늘날 파키스탄의 페샤와르이며, 간다라라는 지명은 옛 이름이다 동남쪽의 외곽지대오늘날 샤흐지키데리라고 불리는 곳에 건립한 카니시카대탑이다 이 카니시카대탑은 방형의 기단으로 지어졌으며, 한 변의 길이가 90m에 가깝다고 한다. 1908년에서 그 이듬해까지 유적을 발굴하는 과정에서 그 유명한 '카니시카왕 봉헌 사리용기'가 발견되었다. 이것은 동으로 만든 용기로, 뚜껑의 중앙 부분에는 불타의 좌상, 좌우에는 범천상과 제석천상이 조형되어 있다.

역사성이 다소 의심스럽다고는 하지만, 카니시카왕 시대에 캐시미르에서 불교의 제4결집이 이루어졌다고 전해온다. 카니시카왕이 각 부파의 견해들을 통일할 필요성을 제기하였고, 이에 왕의 보호를 받으면서 세우를 가장

윗 스승으로 하고 협존자, 법구
法救, Dharmatrata, 묘음妙音, Ghosa, 각
천覺天, Buddhadeva 등의 논사를 중
심으로 500명의 아라한이 모여
캐시미르의 환림사環林寺에서 결
집을 행하였다고 한다. 대아라
한들은 경율논의 주석서를 각각
10만송씩 결집하였으며, 국왕은
이들을 동판에 새기어 돌함에
넣고 큰 보탑을 건립하여 그 속
에 안치하였다. 이중에서 오늘
날에는 논장의 주석인『아비달
마대비바사론阿毘達磨大毘婆沙論』만

카니시카왕의 사리용기 동으로 만든 용기로, 뚜껑의 중
앙 부분에는 불타의 좌상, 좌우에는 범천상과 제석천상
이 조형되어 있다.

이 남아 있는데, 총 2백권으로 설일체유부의 교의教義를 드러내고 있다. 학자들
의 연구결과에 의하면『대비바사론』이 성립한 시기는 카니시카왕 시대보다
약간 뒤라고 하고 있다. 그러나 국왕의 스승이 협존자 혹은 세우인 점을 보면
카니시카왕의 보호나 영향을 받지 않았다고 할 수는 없을 것이다.

또한 당시에는 부처님의 전기가 활발하게 제작되던 시기였다. 특히 간
다라 지역에서는 석존의 전생담이 다수 제작되었다고 전해지고 있다. 마명과
중호는 그 시대를 대표하는 저술가이다. 마명은『불소행찬佛所行讚, Buddhacarita』
을 편찬하였는데, 이는 탄생·성도·법륜·열반의 과정들을 사실적이면서도
문학적으로 서술하고 있다. 중호의『승가라찰소집불행경僧伽羅刹所集佛行經』은
모두 3권으로 구성되어 있는데, 상권에 부처님의 본생本生과 보살로서의 수행

을 기록하고 있는 점이 다르다.

본생 즉 전생에 대한 이야기는 자타카^{Jataka}로 불려지며, 본생화本生話 · 본생경本生經 · 생경生經 · 본생담本生譚 · 전생담前生譚으로 번역하고 있다. 이는 불타의 일대기의 한 부분으로서가 아니라 547편으로 전생에 대한 이야기가 모두 모아진 상태로 위의 이름으로 전해지고 있다. Jataka라는 말은 중인도의 바르후트Bharhut의 석각문에 최초로 나오는데, 석가모니가 「이승에 태어나기 전 사슴이었을 때의 전생 이야기」를 뜻하는 녹본생鹿本生, Miga-Jataka이라든가 「코끼리이었을 때의 전생 이야기」를 뜻하는 상본생象本生, Naga-Jataka 등이 도상圖相과 함께 새겨져 있다. 이는 B.C 3세기의 것이므로 B.C 3세기 이전에 자타카가 이미 형성되었다는 것을 알 수 있다. 그 이후 B.C 1세기의 산치대탑과 A.D 2~3세기의 아마라바티의 고적, 마투라 및 간다라 지방의 조각 등에서 많은 자타카의 자료들을 볼 수 있다.

자타카는 우화의 성격을 띤 것과 석가모니의 전생담의 성격을 띤 것 두 가지 종류가 있다. 우리가 더욱 주의를 기울이는 것은 역시 후자의 경우이다. 석존은 다겁생의 과거세로부터 때로는 토끼로, 원숭이로, 국왕으로서, 상인으로서, 수행자로서, 그리고 보살로서 수행을 거듭해 왔다는 것이다. 그 가운데 수행자로서 연등불에게 공양을 올림으로써 수기授記를 받고 보살로서 수행을 거듭하여 부처가 된 이야기는, 이전과는 다른 새로운 불교로 나아가게 하는 계기가 되었다고 평가하고 있다. 그 내용을 잠시 살펴보자.

아주 오랜 옛적 아마라바티라는 도시에 수메에다善慧라는 바라문이 살고 있었다. 그는 명상 중에 생로병사의 괴로움을 자각하고는 출가하여 설산에 도원道院을 짓고 수행에 들어갔다. 수메에다가 신통의 힘을 얻고 선정의 즐거움을 누리면서 나날을 보내고 있을 때, 연등부처님이 이 세상에 나오셨다. 마침 수메에다가 머무는 곳 가까이에 있는 마을 주민들이 부처님에게 공양하기 위해 연등부처님을 초대하였다. 그리고 부처님을 맞이하기 위해 즐거운 마음으로 음식을 준비하고 마을을 장식하며 길을 수리하고 있었다. 이러한 광경을 목격한 수메에다는 자신도 부처님을 맞이하기 위해 길을 수리하는 한 자리를 줄 것을 청하였다. 마을 사람들은 이에 동의하여 그가 신통력이 있음을 알기 때문에, 물에서 떨어져 나간 자리를 수리해줄 것을 부탁하였다. 그러나 그는 신통력으로 수리하는 것으로는 만족할 수 없으며, 몸소 직접 봉사해야 한다고 생각하였다. 열심히 몸을 움직여 흙을 날라 그 자리를 메워갔다. 하지만 다 메우기도 전에 연등부처님이 마을로 들어와 자신이 있는 곳으로 다가왔다. 그는 빛으로 가득한 부처님의 모습을 우러러 보며 염원하였다. '부처님은 부디 진흙을 밟지 마시고, 마치 마니구슬의 판자로 된 다리를 밟는다고 생각하시고 40만의 아라한과 함께 내 등을 밟고 가소서. 그것은 나의 영원한 이익이 되고 안락이 될 것이나이다.' 그리고는 머리를 풀고 염소가죽과 땋은 머리와 나무껍질옷을 검은 진흙 위에 펴고, 마니구슬로 된 판자다리처럼 진흙 위에 누웠다. 그는 진흙 위에 누워서 다시 눈을 뜨고 열 가지 힘을 가진 연등불의 존엄함을 뵈옵고는 이렇게 생각하였다.

●   '만일 내게 희망이 있다면 내게는 거짓 모양을 빌어서 자기의 번뇌를 다 불살라 버리고 열반에 들어갈 필요는 없다. 나는 연등부처님처럼 최상의 뛰어난 깨달은 이가 되어. 많은 사람을 법의 배에 싣고 윤회의 바다에서 구제해 낸 뒤에 열반에 들어가자.' 그리하여 그는 부처가 되리라고 결심하고 누워 있었다.

연등부처님은 수메에다에게 가까이 와서는 그가 부처가 될 결심으로 누워있는 것을 아시고, 그의 소원이 이루어질 것인지 미래를 더듬어 보았다. 그리고는 수메에다에게 예언하였다. "그의 소원은 반드시 성취될 것이다. 그는 카필라바스투성에 태어날 것인데, …… 보리도량에서 바른 깨달음을 얻을 것이다." 그러자 모여 있던 군중들도 천신들도 모두 기뻐하였다. 연등부처님은 수메에다 보살을 칭찬하면서 여덟 움큼의 꽃을 드리고 오른쪽으로 도는 예를 표한 뒤에 떠나갔다. 모두가 떠난 뒤, 누워 있던 수메에다는 일어나 쌓아 놓은 꽃 위에 다리를 포개고 앉았다. 그리고 이제는 보살로서 바라밀을 명상하며 부처가 되기 위한 기본법을 온 법계에 두루 찾아 다녔다. 그는 옛 보살들이 행한 바라밀들을 찾다가 먼저 보시바라밀을 찾아내고 이를 지니고, 계속해서 호계護戒바라밀, 출리出離바라밀, 지혜바라밀, 정진바라밀, 감인堪忍바라밀, 진실바라밀, 결정決定바라밀, 자慈바라밀, 사捨바라밀 등 열 가지 바라밀을 찾아내고 이를 지녔다. 그는 이들을 거듭해서 순으로 역으로 생각해보고는 이들을 위해

연등부처님의 수기
연등부처님이 진흙을 밟지 않도록 머리를 풀어 진흙위에 놓고 누워있는 수메에다의 모습이 보인다.

생명을 바치기로 굳게 서원하였다. 그는 수겁 동안 이 바라밀을 수행하며 하나하나 완성해갔다. 그리고는 때가 이른 것을 알고 도솔천에서 죽어 카필라바스투성의 마야부인의 태 안으로 하생하시었다.

　　우리는 이 전생담에서 부처가 되기 위해 열 가지 바라밀을 용맹정진하는 보살을 발견하게 된다. 이러한 전생담은 여러 불탑에 새겨졌으며, 불탑을 순례하는 순례자들에 의해 퍼져가면서 보살의 수행덕목은 대승불교라고 하는 새로운 불교로의 출발점이 되었다고 할 것이다.

대승불교의 출현

- 수행자는 능히 화를 내지 말라는 가르침을 받아 지녔으며 위없이 높고 바른 깨달음을 얻고자 하는 마음을 발했으므로 아촉aksobhya이라 불렀다. 아촉은 성냄이 없으며 마음의 동요가 없다는 의미이다.
- period A.D. 1세기 초; 대승불교운동 점차 융성
- keyword 대승운동 / 도행반야경 / 보살 / 서원 / 불탑참배 / 아촉불국경 / 아촉보살 / 보살행

대승大乘이란 말은 범어로 마하야나Mahayana를 한역한 것으로 그 뜻 그대로 큰 수레라는 의미이다. 큰 수레는 많은 것을 실을 수 있으며 결국에는 일체 모든 것을 실어 나를 수 있다는 의미일 것이다. 대승이라는 용어가 경전중에 최초로 사용된 것은 『도행반야경道行般若經』의 「도행품」이다. 그곳에서는 대승을 마하연摩訶衍이라는 말로 소리나는 대로 번역하여 나타내고 있다. 먼저 보살이 보살이라고 불리는 이유는 위대한 서원誓願으로 화려하게 장식하기 때문이며 마하연[大乘]을 행하기 때문이라고 하였다. 그리고는 나아가서 수보리가 부처님께 "무엇을 가리켜 마하연이라고 합니까? 그것은 어디에 있고 어떻게 그 가운데 머무르고 어떻게 그로부터 나오며 누가 그것을 완성할 수 있습니까?"라고 의문을 제기하자, 부처님이 이에 대해 대답함으로써 마하연의 의미를 밝히고 있다. 『도행반야경』은 환제桓帝, 146~167 재위 · 영제靈帝, 168~189 재위 시대에 쿠샤나Kuṣaṇa국의 지루가참支婁迦讖이 대승경전을 지니고 중국으로 건너와 대승경전으로서는 최초로 번역했던 『반주삼매경般周三昧經』, 『도사경兜沙經』, 『수능엄삼매경』, 『아촉불국경阿閦佛國經』, 『보적경寶積經』 등의 경전과 함께 번역된 것이다. 이는 『도행반야경』이 서인도의 쿠샤나국에서는 이미 성립되어 유

행하고 있었다는 것을 의미한다. 마찬가지로 경전이 성립되기 위해서는 경전의 성립 이전에 대승의 운동이 진행되고 있어야 하므로 최소한 서력 기원 전후에는 대승불교가 일어났을 것이라는 추측이 가능하다. 다시 말하면 대승의 운동이 있고 나서 이 운동의 추진자들에 의해 반야경이 제작되었다고 할 수 있다.

어쨌든 대승에 대응하는 소승小乘이라는 용어는 『도행반야경』에서 찾아볼 수 없다. 그 용어가 보이는 것은 그 후대에 성립된 나집羅什이 번역한 『소품반야경』이나 축법호竺法護가 번역한 『광찬반야경』에 나타난다. 이러한 것으로 보아 대승은 보살불교가 처음부터 내건 것이었으며, 소승은 대승의 교도들이 자신 이외의 부파들을 업신여기는 뜻으로 붙여서 부른 것이었다. 일반적으로는 부파불교를 소승이라고 부르지만 반드시 모든 부파불교를 가리키는 것

산치대탑(본탑) 산치대탑은 기원전 3세기경 아쇼카왕이 최초로 세웠다고 한다.

은 아니었다. 『대지도론』에 의하면 설일체유부說一切有部나 독자부犢子部 등 몇몇의 부파를 의미한다고 한다.

　　대승불교가 성립하게 되는 기원에 대해서 일반적으로 불탑신앙이 거론되고 있다. 부처님께서 열반에 들었을 때 전륜성왕의 예禮에 의해 장례가 치려겼고, 부처님의 유골은 당시의 유력한 재가불자였던 여덟 나라의 국왕들에게 나누어져 각 지역에 불탑이 세워졌다. 그리고 부처님이 입멸하고 200년이 지난 후, 마우리아왕조의 아쇼까왕은 불탑을 해체하고 그 부처님의 사리들을 나누어서 부처님의 탄생지, 깨달으신 곳, 최초로 법을 펼치신 곳, 열반에 드신 곳을 비롯하여 인도 전역에 8만 4천의 불탑을 세웠다고 전하고 있다. 부처님이 열반에 드실 때의 유언에서와 같이 부처님의 유체는 당시에 유력한 재가신자들에게 맡겨졌으며, 불탑이 세워진 후에도 불탑의 관리 또한 유력한 재가신자들이 담당하였다. 세월이 흐르면서 대중들은 각 지역에 세워진 불탑을 참배하기 시작하였다. 불탑에 참배하는 대중이 늘어남에 따라 불탑은 비교적 경제적으로 윤택해지고, 그에 따라 불탑에 거주하며 불탑을 관리하고 안내하는 사람들도 늘어났다. 그들은 참배객들에게 부처님은 과연 어떠한 사람이며, 부처님께서 생전에 가르쳤던 가르침이 어떤 것이지

산치대탑(스투파) 산치대탑에 새겨진 불탑은 불상을 조각하지 않은 당시의 상황과 불탑신앙의 면모를 보여준다.

를 능숙하게 설명해 주었다. 사실 불탑의 주변이나 탑문 기둥, 불탑을 에워싸고 있는 담 등에는 부처님의 생애에 대한 유명한 장면들이 조각으로 표현되어 있었다. 예를 들면 부처님께서 마야부인의 오른쪽 옆구리에서 탄생하는 장면이라든가 부처님이 태자시절에 농부가 밭을 갈 때 작은 벌레가 나오자 새가 쪼아 먹고, 그 새를 또 독수리가 잡아먹는 장면을 보고 우수에 잠겨 나무아래에 앉아 좌선을 하고 있는 장면, 또는 야쇼다라를 남겨두고 몰래 카필라성을 빠져나와 출가하는 장면, 그리고 고행을 하고 악마를 물리치고서 성도하는 장면, 제자들에게 법을 설하는 장면, 마지막으로 석가모니가 80세 나이로 고요하게 열반하는 장면 등등이다. 그리고 여기에 더하여 부처님의 전생담이 새겨졌는데, 부처님이 전생에 토끼였을 때, 사슴, 코끼리, 원숭이, 국왕, 상인, 수행자 그리고 보살로서 있을 때 수행을 거듭하던 장면들이다.

● 불탑을 찾는 참배객들이나 부처님의 전생담과 그 생애를 설명하는 사람들에게 부처님은 이제 역사적인 사실로서의 위대한 성인이 아니었다. 그는 이제 중생을 있는 그대로 구제하는 '위신력威神力을 지니신 부처님'이다. 불탑을 신봉하는 신자들은 출가하여 엄격한 수행을 할 수 없는 사람들이었으므로 부처님의 자비에 매달려 구제되기를 바랐다. 따라서 점차로 이러한 소원을 들어줄 수 있을 것 같은 부처. 즉 자비와 위력을 갖춘 부처님이 설해졌다.

신자들은 전세前世에 육신을 버리면서 행하는 부처님의 선행이나, 그 결과로서 무량한 공덕을 갖춘 부처님을 생각하면서 예배를 올리곤 하였다. 이러한 가운데 부처님의 행적을 본받아 자기도 부처가 될 수 있는 수행을 닦아야 하겠다고 서원을 세우는 자가 출현했을 것이다. 특히 참배객들에게 이러한 교리를 설명하는 사람들 사이에서 그러한 서원을 일으킨 사람들이 출현했을 가능성이 크다.

불탑의 주변에 머무르면서 신자들에게 부처님의 구제를 설하던 사람들은 신자들이 불탑에 바친 공물로 생활할 수 있었기 때문에 생활을 위해 일할 필요가 없었다. 그들은 출가자와 거의 동일하게 수행에 전념할 수 있었을 것이며, 그들은 스스로 삼매속에서 석가모니부처님이 전생에 보살로서 행했던 수행을 본받아 성불의 수행을 해야겠다고 서원했을 것이다. 이러한 서원이 일어났을 때, 그들은 자기도 또한 석가보살과 같은 보살이라는 자각을 했을 것이다. 보살의 자각과 함께 그들은 보살의 수행덕목인 보시, 지계, 인욕, 선정 등등의 바라밀 수행에 용맹하게 나아간 것이다.

우리는 앞에서 대승경전으로서 가장 먼저 번역된 경전중의 하나인 『도행반야경』에 나타난 마하연 즉 대승에 대해서 살펴보았다. 이와 함께 『도행반야경』에는 아촉불에 관해 언급하고 있는데, 이것은 아촉불의 신앙이 『반야경』에 앞서 있었음을 나타낸다. 역시 지루가참이 번역한 『아촉불국경』은 그 아촉불의 신앙을 주제로 한 경전이다. 그 내용은 초기 대승경전의 전형적인 한 모습으로써, 수행자가 스스로 보살임을 자각하고 서원을 세워 육바라밀을 수행함으로써 동방의 아촉불이 된 것을 설하고 있다. 과거에 동방으로 1,000불찰을 지나서 아비라제국阿比羅提國 즉 묘희국妙喜國이 있었는데, 그 국토에 대목여래大目如來가 있었다. 그때 한 수행자가 있었는데, 대목여래 앞에서 서원을 발하여 수행하고자 하였다. 이에 대목여래는, "보살은 모든 중생 및 날아다니거나 꿈틀거리는 벌레들에 대해서 화를 내서는 안 된다."라고 설하였다. 수행자는 능히 화를 내지 말라는 가르침을 받아 지녔으며 위없이 높고 바른 깨달음을 얻고자 하는 마음을 발했으므로 아축aksobhya이라 불렸다. 아축은 곧 성냄이 없으며 마음의 동요가 없다는 의미이다. 아축보살이 처음 마음을 냈을 때, 3천대천세계의 사천왕들이 모두 찬탄하였으며 대목여래는 "그대는 미래에 아축여래가 될 것이다."라고 수기하였다. 아축보살은 그러한 서원을 깊이 지니고서 수행하였으므로 대목여래의 뒤를 이어서 아비라제국의 부처님이 되었다. 아축불의 국토에 태어나는 방법에 대해서는 옛날 아축불이 행한 바와 같이 보살행을 행하여야 하며, 6바라밀을 행하여 아축불을 만나기를 발원하여야 한다고 하였다.

우리는 위에서 보는 것과 같이, 대승불교는 스스로 보살임을 자각하고 대서원을 세워 보살의 수행덕목인 바라밀을 실천함으로써 부처를 성취하는 것임을 알 수 있다.

보살, 대승불교의 실천주체

- 대승불교의 보살사상은 수기를 받은 석가보살보다는 수기를 받지는 않았으나 장래에 반드시 성불할 수 있다고 자각한 범부보살에 있다고 할 것이다.
- period A.D. 1세기 초; 대승불교운동 점차 융성
- keyword 보리살타 / 보리를 구하는 사람 / 연등불 수기 / 석가보살 / 범부보살 / 대서원 / 6바라밀 / 선재동자 구도행각 / 불퇴전 보살

우리는 사찰에서 대중들을 위해 공양을 준비하시는 여성분을 공양주 보살이라고 하거나, 사찰의 여성신도를 보살님이라고 부른다. 이는 아마도 대중들을 위해 음식을 장만하는 것 또한 보살도의 일부분이기 때문이며, 모든 불교 신도들은 성불을 위해 보살도를 실천하는 과정에 있기 때문에 그렇게 부르는 것이라 생각된다. 대승불교에 있어 보살도의 실천은 수행의 필수 과정이다.

일반적으로 보살이라고 하면 탱화나 보살상으로 자주 접하고 있는 문수, 보현, 관세음, 지장 등의 대보살들이다. 이들은 보살사상의 핵심사상이 인격화된 모습이라 할 수 있다. 문수보살은 지혜, 보현보살은 실천행, 관세음보살은 자비, 지장보살은 대원大願을 인격화한 것이다.

보살은 보리살타bodhisattva의 줄인 말이다. 보리bodhi는 깨달음을 의미하며, 살타sattva는 본질, 용사, 유정有情 등 여러 의미가 있다. 이와 함께 보살에 대해 여러 가지로 해석되고 있으나, 불교 경전에서는 보살이 '보리를 구하는 사람'이라는 의미로 쓰이고 있다.『대지도론』권4에서는 보리란 모든 불도佛道라 이름하고, 살타는 중생 혹은 대심大心이라 이름한다고 하였으며,『대비바사론』

권176에서는 보리를 구하여 마음을 잠시라도 버리지 않는 자를 보살로 삼는다고 하였다. 그러므로 보살이란 '깨달음을 구하기 위해 노력하고 있는 자'로 이해하고 있었음을 알 수 있다.

보살이라는 관념은 대개 불전문학에 나오는 연등불의 수기授記에서 비롯된다고 보고 있다. 연등불 수기는 먼 과거세에 바라문이었던 부처님이 어느 때에 연등불을 보고서 자신도 반드시 부처가 되어야겠다는 서원을 세우자, 연등불은 그대는 미래세에 석가모니라는 부처가 될 것이라는 기별記莂 즉 예언을 주었다는 이야기이다. 수기를 받은 후 부처님은 석가보살이라고 칭해지며, 스스로 보리를 구하고자 노력하고 바라밀 수행에 힘을 쏟았던 것이다. 석가보살은 수기를 받음으로써 성불할 것이 확정되어 있었으며 스스로도 그것을 알고 있었다. 이러한 점에서 수기를 받기 전의 수행과 수기를 받은 후의 수행 그리고 아직 수기를 받지 않은 다른 수행자와는 구별할 필요가 있었을 것으로 생각된다. 이는 곧 보리 즉 깨달음을 실현하고자 노력하는 사람, 깨달음을 구하는 사람으로서의 보살의 의미가 생겨나게 된 것이라 할 수 있다. 이를 우리는 수기보살이라 부르고 있다.

대승불교의 보살사상은 수기를 받은 석가보살보다는 수기를 받지는 않았으나 장래에 반드시 성불할 수 있다고 자각한 범부보살에 있다고 할 것이다. 범부보살의 사상은 석가모니불의 전생담을 담고 있던 불전문학속에서 자각된 것이라 할 수 있다. 즉 하찮은 동물에서부터 보통 인간으로, 장로나 국왕, 그리고 바라문이나 수행자로 윤회전생하면서 숱한 이타행利他行을 베풀고, 결국 연등불의 수기를 받아 석가보살로서 부처가 되겠다고 서원을 세우고 바라밀을 수행하여 석가모니불이 된다는 전생담을 접한 범부 중생들은 스스로도 많은 수행을 통해 장래에 결국에는 부처가 될 수 있다는 것을 자각하게 된 것

관세음보살(뭄바이 웨일즈박물관 소장) 보살은 '보리살타'의 줄인 말이다. '보리'는 깨달음을 의미하며, '살타'는 본질, 용사, 유정 등 여러 의미가 있다. 따라서 보살이란 '깨달음을 구하기 위해 노력하고 있는 자'로 이해하고 있었음을 알 수 있다.

이다. 그러한 자각을 통해 보리 곧 깨달음을 얻기 위하여 서원을 세우고 노력하는 자 즉 보살이 된 것이라 하겠다.

● 　　　보살은 부처가 되기 위해 큰 결심을 하게 되는데, 『도행반야경』에서는 이것을 '큰 서원의 갑옷을 입는다'고 하였다. 위로는 최상의 깨달음을 구하고 아래로는 모든 중생들을 교화한다는 상구보리上求菩提 하화중생下化衆生이 가장 보편적인 서원이며, 이를 중심으로 각 보살은 개별적으로 서원을 세우게 된다. 그 서원에 따라 보살은 구체적으로 6바라밀의 실천행이 강조되고 있다. 6바라밀은 여섯 가지의 완성을 말한다. 여섯 가지의 완성이란 보시·지계·인욕·정진·선정·지혜의 완성이다. 보살은 이 여섯 가지 완성을 위해 노력하는 사람인 것이다.

　첫째, 보시布施란 내 것을 남에게 베풀어주는 것으로, 법이나 재화를 베풀어주고 두려움 등을 없애 주는 것이다. 둘째, 지계持戒는 계율을 지키는 것으로, 옳지 않는 일을 하지 않는 것이다. 셋째, 인욕忍辱은 인내하는 것으로, 남이 나를 모욕하거나 또는 어떠한 어려운 일이 있더라도 성내지 않고 참는 것이다. 넷째, 정진精進은 노력이라는 뜻으로, 게으르지 말고 부지런히 노력한다는 것이다. 다섯째, 선정禪定은 마음을 고요히 하여 하나로 집중하는 것이다. 여섯째, 지혜智慧는 모든 것은 본체가 비어 있음 즉 공空함을 깨닫는 것이다. 이러한 여섯 가지의 덕목을 완성의 단계로 끌어올려 일상적인 삶이 되도록 하는 것이 곧 6바라밀의 실천이며, 곧 보살의 삶이다.

　반야경류에서는 보살의 수행단계로서 네 가지 단계를 설하고 있다. 첫 번째가 신발의보살新發意菩薩이다. 중생을 제도하기 위하여 성불하겠다는 견고

한 결의로 원願을 일으키고, 그것을 위해 자기를 버리고 남을 위하는 큰 마음으로 수행하려는 자각을 새로이 일으킨 사람을 말한다. 두 번째는 구발의보살久發意菩薩이다. 오래 동안 6바라밀을 행하고 모든 부처님을 공양하고, 선한 뿌리를 심고 선지식을 서로 따르고, 스스로의 모습이 공空한 것임을 잘 배웠기 때문에, 신심이 견고하여 깊은 반야바라밀을 믿고 받아들일 수 있는 단계이다. 세 번째는 불퇴전보살이다. 일체의 법이 생함도 없고 멸함도 없는 무생법인無生法忍을 얻은 단계이다. 『대지도론』에서는 반주삼매를 얻어 모든 부처님으로부터 최상의 깨달음에 이를 것이라는 예언을 받은 보살이다. 마지막 네 번째는 일생보처보살一生補處菩薩이다. 이는 도솔천에 계시는 보살로, 죽어서 이 세상에 내려와 성불하게 되는 보살을 말한다.

그 외의 대승경전에서는 보살의 수행단계를 더욱 세분하여 자세하게 설명하고 있는데, 대개 52단계로 나누고 있다. 즉 10신信, 10주住, 10행行, 10회향回向, 10지地, 등각等覺, 묘각妙覺이 그것이다. 『화엄경』의 「입법계품」에서는 선재동자가 이러한 보살의 수행단계를 구도하는 구도행각을 설하고 있다. 선재동자는 지난 세상에 여러 부처님을 잘 공양하였고 착한 뿌리를 많이 심었으며, 믿고 이해함이 커서 여러 선지식을 두루 찾아 항상 가까이 섬기기를 좋아하였다. 한편으로 지혜를 구하여 불법의 그릇을 이루고 있었으니, 마침내 문수사리보살을 뵙게 되었을 때 선재동자는 문수보살에게 간청하였다.

"성스러운 분이시여, 보살은 어떻게 보살의 행을 배우며, 어떻게 보살의 행을 닦으며, 어떻게 보살의 행에 나아가며 … 어떻게 보살의 행을 성취할 수 있습니까?"

문수보살은 이에 대해 선재동자에게 이렇게 답하였다.

"어떤 중생이 위없는 보리심을 내는 것도 어려운 일인데, 하물며 발심하여 보살행을 찾는 것은 더욱 어려운 일이다. 선남자여, 모든 것을 아는 지혜[一切智]를 성취하려면 선지식을 찾아야 한다.”

선재동자의 보살에 대한 물음에 대해 문수보살은 선지식을 찾는 것으로 응답한 것이다. 이러한 가르침에 따라 선재는 기쁜 마음으로 남인도로 향하여 갖가지 어려움을 이겨내며 53인의 선지식을 찾아 법을 듣고 체득하게 된다. 그 53인의 선지식은 보살이 4명, 비구 4명, 비구니 1명, 재가의 여신도 4명, 바라문 2명, 이교도 1명, 선인仙人 1명, 의사 1명, 뱃사공 1명, 부인 2명, 여인 1명, 소년 4명, 소녀 4명, 주야신主夜神 11명, 국왕 2명, 장자 10명 등이다.

선재동자의 절실한 구도역정에 등장하는 선지식들은 출가하여 수도의 길을 가는 현자만이 아니라 제각기 독특한 직업을 가진 사람이 많았다. 뱃사공에서부터 큰 부자, 현자, 이교도, 국왕, 주야신 심지어는 어린 남자와 여자도 있으며, 그 중에서 여성이 20인이나 된다. 이것은 깊고 깊은 이치를 찾고 실행하는 구도의 길에서는 사회적인 신분이나 지위의 높낮음에 관계없이 자신이 직업으로 하고 있는 일에 통달한 사람이면 누구나 남을 도와서 이끌 수 있는 선지식임을 의미한다.

대승불교 보살사상의 입장에서 보면 이들 선지식은 모두 불퇴전의 경지에 오른 보살이라 할 수 있다. 선재동자가 그들 선지식을 찾아뵙고, “저는 이미 위없는 보리심을 발했으나 보살이 어떻게 보살행을 배우며, 어떻게 보살도를 닦는지 알지 못합니다. 원컨대 저에게 보살도를 말씀해 주소서. 저는 그 도를 의지해서 모든 것을 아는 지혜[一切智]에 나아가겠습니다.”고 했을 때, 그들은 그들이 하고 있는 일에서 통달한 그것을 보여주었으며, 선재동자는 그곳에서 그들이 가진 지혜와 덕을 흡수하였던 것이다. 선재동자의 빛나는 만남은 보현보살에 이르러 대단원의 막을 내리게 된다. 지혜로부터 시작하여 행위와 덕행에 닿은 것이다.

우리 불자는 각자가 지금의 자리에서 지금 행하고 그 일에서 어떻게 보살행을 행하고 보살도를 닦을 것인지를 스스로 성찰하여야 할 것이다.

재가보살과 출가보살의 계행

● 보살이 부처님으로부터 받은 십선도는 백천만겁에도 잃지 않는다고 하고 있지만, 성문의 율의계는 죽을 때까지 라고 서약하면서 받기 때문에 목숨이 다하면 버리게 된다.
● period A.D. 1세기~3세기 초반; 초기 대승불교
● keyword 십선계 / 계바라밀 / 재가보살 / 출가보살 / 십주비바사론 / 두타행 / 바라제목차 / 반주삼매 / 부처님으로부터 계받음

　　대승불교가 불탑을 중심으로 하는 재가 집단에서 발생하였다고 하는 것은 어느 정도 불교학자들의 일치된 견해이다. 그렇다면 대승의 교단은 기성의 승가와는 거리를 두고 있었을 것인데, 대승불교 주체였던 보살들의 계행은 어떠했으며, 그 계는 어디로부터 받았는지 궁금할 수밖에 없다. 대승의 초기 경전에 해당하는 『소품반야바라밀경』의 「아유월치상품阿惟越致相品」에 보면, 불퇴전의 지위에 도달한 보살의 공덕을 들고 있다. 그 가운데 계와 관련해서는 십선도十善道를 언급하고 있으며, 재가신자의 계로 알려져 있는 5계·8재계와 비구·비구니의 계인 바라제목차波羅提木叉에 대해서는 언급하고 있지 않다. 『대품반야경』의 「문승품問乘品」에 의하면, 보살의 계행의 구족은 육바라밀의 하나인 지계바라밀을 통하여 이루어진다고 하고 있다. 그러한 지계바라밀의 내용은 십선도이며, 스스로 십선도를 행하고 남에게도 십선도를 행할 것을 가르친다고 하였다. 이 십선을 무소득공無所得空의 입장에서 실천할 때, 그것은 곧 바라밀이 되는 것이다. 이러한 점들은 보살의 계가 십선도였으며, 『반야경』의 보살교단은 재가의 보살이 주축을 이루고 있었다는 것을 보여준다.

　　그러나 『화엄경』에 오게 되면 재가의 보살 이외에 출가의 보살에 대

해 서술하고 있다. 『화엄경』은 처음부터 현재의 형태로 성립된 것은 아니다. 각 장이 독립된 경전으로 유통되다가 후에 『화엄경』의 각 품으로 편입되면서 만들어졌는데, 대개 중앙아시아에서 4세기경에 집대성된 것으로 추측하고 있다. 『화엄경』「정행품淨行品」의 가장 오래된 번역은 지겸이 번역한 『보살본업경』 1권이다. 『보살본업경』은 일체 중생의 입장에서 원願을 일으키고 있는 것이 일관된 내용으로, 이는 원을 세우는 자신의 결의에 의해 일상생활을 규율해간다는 점이다. 재가보살에 관한 원으로는 11게송을 배당하고 있다. 재가보살은 가정생활을 영위하지만 종교적인 행위로서 계를 지키고 보시를 행하며 또한 법당에서 부처님의 모든 경전을 수지하기를 원한다고 하고 있다. 또한 출가보살에 관한 원은 그에 뒤이어 15게송으로 읊고 있다. 여기에서 먼저 보살이 출가해야 할 장소는 불타의 종묘[佛宗廟]라고 하고 있다. 종묘라고 할 때에 원어는 stūpa 혹은 caitya이다. 이는 일반적으로 말하고 있는 승방僧坊 혹은 승가람僧伽藍이라 할 경우의 원어는 vihāra로서 정사精舍가 되어 그 의미가 다르다. 여기서 종묘라고 한 것은 부처님의 탑을 모시고 있는 탑원塔園을 말한 것으로, stūpa에 가깝다고 생각된다. 보살이 탑묘에 나아가 출가를 단행한다는 것은 곧 탑원에 들어가 보살도를 닦는다는 의미이다. 그러나 수행방법이 구체적으로 드러나는 것은 계이기 때문에 출가보살이 이때 어떠한 계를 받았는지는 중요한 문제이다. 「정행품」에서는 계의 내용이 나오지 않고 있으나 『화엄경』 전체에서 보면 그 계가 십선계임을 알 수 있다. 『화엄경』「이세간품離世間品」의 오랜 번역인 축법호의 『도세품경』 권1에서는 보살은 성문 연각의 뜻을 버린다고 하였으며, 진역晉譯 『화엄경』 권37에서는 10종계의 하나로 성문 연각의 경지를 떠나는 계를 설하고 있다. 반면에 「십무진장품十無盡藏品」에서는 보살의 계장戒藏으로 10종을 들고 있는데, 이들을 차례대로 설명하면서 청정계淸淨戒를 곤 십선계로 설명하고 있다. 즉 "무엇을 청정계라 하는가. 이 보살은 살생·도둑질·삿된 음행·거짓말·거칠고 악한 말·이간질하는 말·무의미하고 무이익한 꾸미는 말·탐욕·성냄·삿된 견해를 떠나 열 가지 선善을 갖추어 지니는 것이다."라고 하고 있다. 결국 『화엄경』에서 나타나고 있는 계는 구체적으로는 십선계인 것을 알 수 있다. 이를 더욱 명료하게 보여주고 있는 것이 「십지품」의 이구지離垢地에서 설하고 있는 십선도이다. 이구지에서의 십선에 대한 설명은 또한 삼취정계三聚淨戒의 형태를 취하고 있다. 즉 십선도 그 자체를 설명하여 섭율의계攝律儀戒로 하고 있으며, 다음으로 십선도의 선善으로서의 성격을 분석하여 인천승人天乘으로서의 십선도, 성문승으로서의 십선도, 독각승으로서의 십선도, 보살지를 이루는 십선도의 각각의 차이를 설명하여 섭선법계攝善法戒로 하고 있다. 또한 십선에 어긋나면 중생은 악도에 떨어지며 십선을 따르면 중생은 구제된다고 하고 있는 것에서, 십선을 통하여 중생을 섭수하기 때문에 이 부분을 이익중생계利益衆生戒라 부르고 있다. 이상에서 보면 『화엄경』의 각 품들이 성립할 즈음에, 대승교단의 재가보살 가운데에서 불타의 종묘 즉 탑묘에 나아가 출가를 단행하는 출가보살이 출현하였다는 것을 알 수 있다. 그리고 재가보살이나 출가보살이 모두 십선계로써 계행을 구족한다고 하는 것은 재가보살에게는 불사음不邪婬이지만 출가함에 따라 당연히 불음不婬이라고 하는 것이 내재된 것이라 생각된다. 이러한 것은 『십지경』의 해설서인 『십주비바사론』에서 보여주는 사음邪婬에 대한 해설에서 더욱 더 잘 알 수 있다. 즉 여성이 어려운 상황에 처해 있는 것을 보고 탐욕의 마음이 생하여 신업身業을 일으키는 것은 사음이며, 자기의 부인일 지라도 계를 받아 금욕하고 있거나 임신을 하고 있는 경우나 어린아이가 있는 경우에 성교를 하며 혹은 법답지 않게 행한다면 사음이라고 하고 있다. 이는 대승불교 초기에 재가보살이 중심이 되어 있을 때에는 『반야경』과 『십지경』에서 보여주는 것과 같이 십선도가 계의 중심이었다. 그러나 보살교단에서 출가를 단행하는 자가 나오면서 십선도 또한 엄격하게 적용되기 시작하였음을 나타내는 것이라 하겠다.

　『십주비바사론』「조염불삼매품助念佛三昧品」에서는 아미타불을 관상하는 반주삼매를 획득하는 방법을 기술하면서, 재가와 출가보살의 계율생활을 정리하여 설하고 있다. 그 가운데 재가보살의 계로서 언급되고 있는 것은 삼보에 귀의하는 것, 5계를 받는 것, 십선도를 실행하는 것, 8재계를 수지하는 것 등이다. 반면에 출가보살이 닦아야할 계로는 바라제목차계를 따르며 두타행을 실천해야 한다고 설하고 있다. 보살이 지켜야 할 일상적인 규칙이 재가보살은 20조항인데 반해 출가보살은 60조항으로 압도적으로 많아지고 있으며, 바라제목차를 따른다거나 두타행을 실천하는 등은 대승교단내의 중심이 출

불탑 숭배(산치 제1탑 북문 탑문 기둥의 부조 · 사진 왼쪽)와 **녹야원 설법**(산치대탑 부조)

가보살로 이행하고 있는 것으로 보여진다. 출가보살이 실천해야 할 두타행은「해두타품解頭陀品」에서 상세하게 설하고 있는데,『중일아함』등에서 설해지고 있는 12두타지의 계통이다. 12두타는 불교 초기 사문들이 수행하던 모습으로, 대승불교가 일어날 당시에 대부분의 성문승가가 정사에 머물고 있는 것과는 매우 대조적인 모습임을 알 수 있다. 이러한 점에서 보면 초기 대승불교가 점차 승단을 이루어 가면서 재가보살이나 출가보살 모두가 얼마나 수행에 철저했는가를 짐작할 수 있다. 출가보살이 행해야 할 계 가운데 바라제목차계를 따른다는 항목이 있는데, 이것으로 기존의 부파의 구족계를 받았다고 해석할 수는 없다. 이는 대승교단내에 출가를 단행하는 자가 증가함에 따라 성문의 계를 채용하고 있는 것이라 생각된다. 비록 성문의 계가 채용되고 있다고는 하나, 이는 대승의 정신속에 수용된 것이다.「약행품略行品」에서 성문 및 벽지불의 경지에 떨어지는 것은 보살의 죽음이며 일체를 잃는 것이라 하여 경계하고 있는 것에서도 잘 알 수 있다.

● 　　　　초기 대승교단의 재가보살과 출가보살이 이미 승가를 이루고 있는 성문이나 벽지불을 멀리한다면, 십선계 등의 계는 어떻게 받았는가 하는 것이 문제가 된다. 이에 대해「호계품護戒品」에서는 보살이 반주삼매에 들어가 초지인 환희지歡喜地에 이르면 부처님을 뵙게 되는데. 점차 깊이 들어가 이구지離垢地에 이르고 더욱 깊이 들어감에 따라 백 분·천 분의 부처님을 뵐 수 있다. 그때 보살은 의복과 음식과 침구와 의약을 공양하며 십선계를 모든 부처님으로부터 받는다고 설하고 있다. 계를 부처님으로부터 받는다고 하는 사상은 성문승에게는 없다. 성문승에서는 계를 승가로부터 받기 때문이다.

초기 대승불교의 재가보살이나 출가보살이 반주삼매 즉 관불삼매觀佛三昧를 통하여 계를 받는다는 사상은 성문승이 승가로부터 받는 계와는 질적으로 다르다. 보살이 부처님으로부터 받은 십선도는 백천만겁에도 잃지 않는다고 하고 있지만, 성문의 율의계는 죽을 때까지 라고 서약하면서 받기 때문에 목숨이 다하면 버리게 된다. 그리고 도중에 환속하게 되면 또한 계체戒體를 잃게 된다. 이상에서 보면 『십주비바사론』에서 보여지는 재가보살과 출가보살의 중심되는 계는 역시 십선계라 할 수 있다. 이를 바탕으로 출가보살의 경우에는 12두타행을 행하며 바라제목차계를 따랐다고 하겠다. 그러나 초기 대승경전이 성립하고 300여 년이 지나 『유가사지론』에 오게 되면 보살이 지켜야할 율의계는 성문의 계와 동일한 모습으로 나타난다.

초기 대승불교 교단이 성립하면서부터 교단에서 종교생활을 행하던 불자들을 분류해 보면, 크게 대승불교 신자, 재가보살, 출가보살 이렇게 세 부류로 나눌 수 있다. 대승불교 신자는 재가신자로서 5계 및 8재계를 수지하면서 일반적으로 불탑을 순례하고 부처님을 찬양하며 보시를 행하고 보살의 법을 듣는 무리이다. 재가보살은 수행을 통해 반주삼매를 획득하면서 부처님으로부터 십선도를 받고 보시와 법을 설하던 무리이며, 출가보살은 출가를 단행하여 부처님으로부터 십선도를 받고 아련야처와 탑원에 머물며 수행과 법을 설하며 교화에 주력하던 무리라 할 수 있을 것이다.

아미타불 신앙과 반주삼매

- 부처님의 위신력으로 삼매에 드는 자는 세 가지의 능력을 가지게 되는데, 부처님의 위신력과 부처님의 삼매력과 부처님의 본원공덕력을 가지게 된다. 이 세 가지의 능력 때문에 부처님을 친견할 수 있게 되는 것이다.
- period A.D. 1세기~3세기 초반; 초기대승경전 성립
- keyword 반주삼매경 / 아미타불신앙 / 법장보살 / 반주삼매 / 현재 전에 부처님 친견 / 부처님의 위신력 / 산림수행자

지난번에 대승불교의 출현과 관련하여 지루가참에 의해 최초로 한역된 대승경전들을 소개하였다. 그와 함께 그 가운데『도행반야경』과『아축불국경』을 소개하면서 동방의 아축불 신앙을 소개하였다. 이번에는 이들 경전과 함께 한역된 경전으로『반주삼매경』을 소개하고자 한다. 이 또한 쿠샤나 Kuṣāṇa국의 지루가참이 한역한 것이므로 서기 100년경에는 쿠샤나국에 이미 존재해 있었다고 보아야 할 것이다.『반주삼매경』은 서방의 아미타불과 그의 정토에 대해 기술하고 있다. 그러므로 아미타불 신앙도 반주삼매경이 성립하기 이전부터 있었다는 것을 의미한다. 앞에서 이미 초기의 경전의 하나로 언급했던『도행반야경』에서는 물론 다른『반야경』에서도 아미타불은 나오지 않는다. 이것으로 보아 아미타불 신앙은『반야경』혹은 아축불 신앙과는 다른 계통의 보살교단에 의해서 이루어진 신앙임을 알 수 있다.

사실 아미타불 신앙을 설하고 있는 가장 오래된 경전은『대아미타경』이다.『대아미타경』은 지겸支謙에 의해 222~253년경에 한역되었으므로 번역 연도로는『반주삼매경』보다 후대이다.『대아미타경』에는『반야경』과 유사한 교리도 없으며 대승이라는 용어도 나오지 않는다. 반면에『반주삼매경』에는

공삼매空三昧 등 반야경의 교리가 나오며 이와 함께 아미타불의 친견에 대해 설하고 있다. 이러한 점으로 볼 때 아미타불의 신앙은 반주삼매와는 별도로 성립된 것이라 할 수 있다. 그러므로『반주삼매경』은 별도로 성립된 아미타불 신앙과 반주삼매가 만나 이루어진 경전이라 하겠다.

아미타불 신앙의 기원에 대해서는 여러 가지로 논의되고 있다. 그러나 법장法藏보살이 48대원을 세우고, 그 서원의 성취에 의해 서방에 극락세계라는 정토를 세웠다고 하는 경전이 원래의『아미타경』으로 보고 있다. 동방의 아축불을 설하는 아축불 신앙은 동쪽을 중시하는 인도사상의 흐름에 따른 것이라면, 서방의 아미타불을 설하는 아미타불 신앙은 외래의 사상과 결합한 것임을 암시하고 있다. 이러한 서방의 정토건설은 새로운 정토의 건설이라는 점에서 그 이후 정토신앙이 아미타불 신앙으로 흘러갔다고 하기도 한다.

이제 다시『반주삼매경』으로 돌아가 보자.『반주삼매경』은 반주삼매에 대해 설해 놓은 경이다. 반주는 범어 pratyutpanna를 소리나는 대로 적은 것으로, '대하여 가까이 서다'라는 뜻이다. 풀이해서 한역한 것을 보면 현재불실재전립삼매現在佛悉在前立三昧라고 하여 현재에 부처님이 모두 앞에 나투는 삼매라는 의미이다. 다시 말하면 지금 현재에 부처님이 눈 앞에 나타나는 모습을 볼 수 있는 삼매이다. 경전에서 발타화賢護 보살이 부처님에게 묻는다. "마음을 한번 돌이켜 부처님을 염하면 모든 부처님이 사람들 앞에 서 있겠습니까? 일체가 성취되어 다시 원함이 없고, 태어날 곳이 없는 것이 성취되겠습니까? 시방세계의 헤아릴 수 없는 불국정토를 다 볼 수 있겠습니까? 모든 부처님이 설하신 경을 들을 수 있겠습니까? 한 분 한 분의 부처님과 비구승을 모두 볼 수 있겠습니까? 이 때에 선인·나한·벽지불의 눈으로 볼 수 없는 것입니까? 이 사바세계에서 목숨을 마치고 저 불국토에서 모든 부처님을 보는 것이 아니라,

바로 이 사바세계에 앉아서 모두 부처님들을 볼 수 있으며, 모두 부처님들께서 설하시는 경을 듣고 실천할 수 있겠습니까? 예를 들면 지금 부처님의 면전에서 부처님 보살을 보는 것처럼, 항상 부처님을 떠나지 않고, 항상 경전을 듣는 것이 되겠습니까?”

이에 대해 부처님이 말씀하시고 있다.

“일체의 모든 사람들이 평등한 마음으로 언제든지 부처님을 친견코자 한다면 바로 부처님을 뵐 수 있다. 원하는 바 크고 깊은 행을 다하여 항상 부처님의 지혜를 염念하고, 모든 경전에서 가르친 계를 지녀, 모든 불심을 구족하기를 금강金剛과 같이 하면 모든 세간 사람들의 마음에 염하는 바를 알아 실로 부처님이 앞에 나타나느니라. 이는 지금 현재에 부처님이 모두 앞에 나투는 삼매現在佛悉在前立三昧를 행하는 삼매이니라. 대저 이 삼매를 행하는 사람이 있다면 그대가 물은 것을 모두 얻을 것이다.”

그렇다면 이 삼매는 어찌해야 얻게 되는가? 이 삼매를 얻기 위해서는 오로지 한 마음으로 시방세계의 부처님을 향하여 염하고 마음이 어지럽지 않도록 하여야 한다. 곧 출가사문이나 재가자나 서방 아미타부처님의 정토에 대한 이야기를 듣고는 마땅히 그 곳의 부처님을 염하고 계戒를 어기지 말아야 한다고 하였다. 그리고는 일심一心으로 염하기를 하루 밤낮이나 혹은 칠일 밤낮으로 하면 칠일이 지난 후에 삼매 중에 아미타부처님을 친견하게 되는데, 깨어 있을 적에 보지 못하면 꿈속에서라도 친견하게 된다고 하였다. 이것은 이 사바세계에서 목숨을 마치고 저 부처님의 국토에 태어나 아미타부처님을 친견하는 것이 아니라, 곧 이 사바세계에 앉아서 부처님을 친견하며 경전을 설하시는 것을 듣고 모두 수지하여 체득하며 모두 잘 구족하여 이것을 사람들을 위해서 설하게 되는 것이다. 이러한 삼매는 수행자의 수행력이기도 하지만,

선정과 심신의 경안(나란다사)

근원적으로는 부처님의 위신력으로 인하여 삼매 중에 어느 곳의 부처님이든 보기를 원하면 곧 보게 되는 것이다. 이 삼매는 불력佛力으로 이루어졌기 때문이다. 부처님의 위신력으로 삼매에 드는 자는 세 가지의 능력을 가지게 되는데, 부처님의 위신력과 부처님의 삼매력과 부처님의 본원공덕력을 가지게 된다. 이 세 가지의 능력 때문에 부처님을 친견할 수 있게 되는 것이다. 비유하면 깨끗한 그릇에 좋은 삼기름麻油을 담거나, 좋은 그릇에 깨끗한 물을 담거나, 방금 닦은 거울이나, 티 없는 수정에 자신의 모습을 보고자 하여 자신을 비추면 모든 것이 저절로 나타나는 것과 같다. 그 모습은 안으로부터 나온 것도 아니며, 밖으로부터 들어간 것도 아니다. 삼기름이나 수정이나 물이나 거울이 깨끗하기 때문에 스스로 그 모습을 볼 수 있을 뿐이다. 이와 같이 몸이 청정하면 비추어지는 것도 청정하여 부처님을 친견하고자 하면 곧 친견할 수 있으며, 부처님을 친견하였을 때 바로 여쭈면 묻는 즉시 대답도 하신다. 그러나 결정적으로 이는 다 마음에서 비롯된 것이며 다른 것이 아니라고 분명하게 말씀하시고 계신다.

● "욕계·색계·무색계의 삼계는 뜻으로 만들어졌을 뿐이다. 내가 생각하는 대로 본다. 마음이 부처를 만들고 마음이 스스로 보므로 마음이 부처이고 마음이 여래이며 마음이 나의 몸이니라. 마음이 부처를 보지만, 마음은 스스로 그 마음을 알지 못하며 스스로 마음을 보지 못한다. 마음에 망상[想]이 있는 것을 어리석음이라 하고, 마음에 망상이 없는 것이 열반이라 한다.[我所念卽見 心作佛 心自見 心是佛 心是怛薩阿竭 心是我身 心見佛 心不自知心 心不自見心 心有想爲疑 心無想是泥洹] 이 법은 즐거워할 것도 없다. 모두 망념이 만들어 내는 것이다. 만일 망념이 없어지면 생각하는 자가 있더라도 또한 없는 것을 분명히 알게 된다. 이와 같이 발타화여! 삼매중에 있는 보살이 보는 것도 이와 같으니라."

이상의 『반주삼매경』의 내용은 대승불교 출현과 관련하여 매우 의미있는 것을 보여주고 있다. 즉 삼매를 통해 부처님을 직접 만나고 법을 경청한다는 점이다. 이 삼매는 한적한 산림에서 수행을 행하던 무리들에게서 나왔을 가능성이 많다. 부처님 재세시에도 두타행을 행하며 교단과 떨어져 산림 중에 수행을 행하던 산림수행자가 있었다. 『근본설일체유부비나야잡사』39권에는 부처님이 열반에 드시자 이를 알리기 위해 원만圓滿 비구가 산림속에 머물며 수행하던 우주牛主 비구를 찾아가는 장면이 나온다. 그 때 우주 비구는 부처님이 열반하셨다는 소식을 접하고 스스로 선정에 들어 열반하게 된다. 교단이 분열되면서 산림으로 은거하는 산림수행자들은 더욱 늘어났을 것이다. 그리고 부처님이 입멸하신 후 불탑신앙이 펴져갈 때 또한 불탑을 지키며 부처님의 일생과 전생을 순례객들에게 설하던 자들 또한 스스로 보살임을 자각하고 수행을 위해 산림으로 들어갔을 것이라는 것은 짐작이 되고도 남는다. 이들 산림수행자들 가운데 분명 반주삼매에 들어 부처님을 바로 눈 앞에서 보며 법을 청해 들었을 것이다. 이들은 공삼매속에서 대승의 새로운 교리들을 체득하였을 것이다. 아마도 『반주삼매경』은 이들에 의해 성립되었음에 틀림이 없다. 『반주삼매경』이 대승의 초기경전이라는 점이 더욱 그러한 것을 반증한다고 생각된다. 부처님을 뵙고자 하는 수행자라면 계를 지키며 일념으로 부처님을 염하여 반주삼매에 들기를 서원한다.

살타파륜보살 반야바라밀을 구하다

- 온갖 인연이 모이면 생겨나고 인연이 소멸하면 없어지는 것이다. 선남자여, 모든 여래의 가고 오는 모양은 반드시 이와 같이 관찰할 것이며 모든 대상의 모양도 반드시 이와 같이 관찰할 일이다.
- period A.D. 100~125 무렵: 소품반야경 성립
- keyword 반야경 / 공사상 / 안드라 지방 / 살타파륜보살의 구도행각 / 담무갈 보살 / 소품반야경 / 반야바라밀

초기의 대승불교 운동에는 여러 가지의 흐름이 있었다. 보살의 대서원과 실천수행으로 부처를 이루고 서방에 정토를 이루었다는 것을 바탕으로 하는 아미타불 신앙이 있는가 하면, 동방의 아축불을 신앙하는 집단도 있었다. 문수와 미륵신앙도 이러한 흐름 가운데 하나이다. 또한 공관空觀 삼매를 통한 반야바라밀을 중시하는 반야경류가 작성되었으며, 불탑숭배와 석가모니부처님을 구제불救濟佛로서의 부처님으로 발전시킨 『법화경』을 신봉하는 사람들의 집단도 있었다. 이러한 대승불교 집단들은 시대의 흐름에 따라 서로 상호간에 영향을 주고받는 경우가 적지 않았다. 특히 이 가운데에서도 반야경류의 공사상空思想은 대승불교 운동 전체를 통해 기본적인 사상이 되었다.

『소품반야경』 중에 가장 오랜 번역인 『도행반야경』에 의하면, 반야의 법문은 먼저 남인도에 유포되어 서인도로, 서인도에서 북인도로 유포되었다고 설하고 있다. 반야사상은 일반적으로 남인도의 안드라지방에서 발생한 것으로 주장되고 있다. 남인도 안드라 지방의 크리슈나강지금의 Kistana강 하류지역은 일찍이 대중부계통의 불교가 뿌리를 내리고 있었던 지역으로, 대중부 가운데 반야의 공사상이 싹텄다고 주장하기도 한다. 또한 반야사상의 다음 유포

지인 서인도는 서해안의 뭄바이지역에서 카티아워르반도에 이르는 해안지역을 말한다. 당시 이 지역은 뭄바이를 중심으로 로마와 무역이 번창하던 곳이었다. 또한 이 지역은 크리슈나강 하류지역과 경제적인 유대가 강하였으므로, 크리슈나강 하류지역에서 발생한 반야사상이 전해졌을 것이라는 것은 짐작하고도 남는다. 그리고 이 지역으로부터 내륙의 웃자이니와 북쪽의 마투라를 통하여 북서인도에 이르는 커다란 통상로가 뻗어 있었으므로, 반야의 법문이 이곳을 통해 서북인도에 전해졌을 것이다. 이같이 남인도에 싹튼 반야사상은 서인도를 거쳐 서북인도로 전해지면서, 거쳐가는 지역에 반야사상을 중심으로 하는 대승불교 사상이 성립되어 갔다고 할 수 있다. 초기에『도행반야경』이외에 소품반야의 영향을 받아 성립한『대보적경』의「가섭품」과『수능엄삼매경』·『반주삼매경』등 상당수의 대승경전들이 그러한 것이라 하겠다.

반야경류에서는 살타파륜보살이 반야바라밀을 구하기 위해 담무갈보살을 찾아 떠나는 구도행각을 설하고 있는데, 이는 우리들에게 많은 가르침을 보여주고 있다. 여기서는『소품반야경』을 중심으로 살펴보도록 한다.

살타파륜보살이 반야바라밀을 구하고자 하여 인적이 없는 숲속에서 용맹정진하고 있었다. 이때 공중에서 소리가 들려왔다. '선남자여, 그대는 이 동쪽으로 가면 반드시 반야바라밀을 듣게 되고 이를 얻을 것이다. 그곳으로 갈 때에는 피곤하다고 생각하지 말고 졸립다고 생각하지 말고 먹을 것을 생각하지 말고 밤낮을 생각하지 말고 추위와 더위를 생각하지 말라.

●   선남자여. 그대는 반드시 모든 대상의 진실한 모양을 관찰해야 한다. 모든 대상의 진실한 모양은 어떠한가? 부처님께서는 어떤 대상에도 티끌이 없다고 말씀하셨다. 왜냐하면 모든

대상의 성품은 공하며 모든 대상에는 나라고 할 만한 것도 없고 중생이라는 견해도 없으며 어떤 대상도 허깨비와 같고 꿈과 같고 메아리와 같고 그림자와 같고 불꽃과 같기 때문이다.'

살타파륜보살은 공중으로부터 이와 같은 가르침을 받고 바로 동쪽으로 향해 나아갔다. 동쪽으로 간지 얼마되지 않아서 마음속으로 '나는 동쪽으로 멀리 가라는 소리를 듣고 왜 아무 것도 묻지 않았는가? 누구로부터 반야바라밀을 들을 수 있단 말인가?'라고 생각하고는, 가던 길을 멈추고 소리내어 통곡하기 시작하였다. 그렇게 괴로워하며 통곡하고 있을 때 바로 앞에 부처님의 모습이 나타나셨다.

"훌륭하다. 선남자여, 그대는 부지런히 정진하고 가르침을 존중하고 기꺼워하는 마음으로 이제부터 동쪽으로 가되 오백 유순을 가면 중향衆香이라

아잔타석굴의 불탑

는 성이 있을 것이다. 그 성은 모든 것이 잘 갖추어져 있으며 그 안에 담무갈보살의 궁전이 있다. 그 궁전에는 크게 장엄된 법좌가 마련되어 있는데, 그대는 그곳에서 담무갈보살이 설하시는 반야바라밀을 들을 것이다. 담무갈보살은 세세생생 그대의 선지식이니, 그대에게 무상보리無上菩提를 보여주고 가르쳐주며 이익을 주고 기쁨을 줄 것이니라.”

살타파륜보살의 마음은 기쁘기 그지없었다. 보살은 ‘나는 언제나 담무갈보살님이 나를 위해 반야바라밀을 말해주는 것을 들을 수 있을까? 반야바라밀을 듣는 대로 나는 모든 것이 있다는 견해를 끊으리라’는 생각뿐이었다. 그때 보살은 바로 그 자리에서 어떤 대상도 확고한 모양이 없다고 알고 모든 삼매의 문으로 들어갔다. 보살은 곧 이 모든 삼매속에서 온 사방의 부처님들이 모든 보살들을 위해 반야바라밀을 설하시는 모습을 보았다. 보살은 부처님들에게 누가 자신의 선지식인지 묻자, 부처님들은 담무갈보살이라고 말하고 반드시 은혜를 갚아야 한다고 하였다. 그리고는 모든 부처님들은 갑자기 사라져 버렸다. 보살은 문득 삼매에 깨어나서 마음속으로 ‘저 부처님들은 어디에서 와서 어디로 가신 것일까? 담무갈보살님에게 물어보리라’고 생각하였다. 그때 보살은 자신에게는 담무갈보살에게 공양할 것이 아무것도 없다는 것을 깨달았다. 보살은 자신의 몸이라도 팔아 공양물을 준비해야겠다고 결심하고 큰 성의 시장으로 들어갔다. 그리고는 큰 소리로 ‘누군가 인간이 필요한 사람이 없는가?’라고 소리쳤다. 그때 악마는 살타파륜보살이 무상보리를 얻어 중생들에게 이익되게 하면 모든 중생들이 그에게로 갈 것을 염려하여, 곧 중생들에게는 보살의 몸과 소리가 보이지도 들리지도 않도록 하였다. 그러나 어떤 장자의 딸 한 사람만은 뜻대로 숨길 수가 없었다.

이때 석제환인이 보살이 진정으로 법을 사랑하는 까닭에 육신을 버리고자 하는지 시험해보고자 하여 바라문으로 변신하여 보살에게 다가갔다. 그리고 자신이 필요한 것은 하늘에 큰 제사를 드리기 위한 심장과 혈액과 골수인데, 이를 주면 필요한 돈을 주겠다고 하였다. 살타파륜보살은 곧 칼로 오른쪽 팔을 찔러 피를 내고 오른쪽 허벅지를 갈라 뼈를 부러뜨리고 골수를 내려고 하였다. 그때 장자의 딸이 누각에서 이러한 모습을 보고 급히 누각에서 내려와 그 연유를 물었다. 보살은 이들을 팔아 반야바라밀과 담무갈보살님에게 공양하기 위한 것이라고 하였다. 그 공양으로 담무갈보살은 반야바라밀의 방편의 힘을 말씀해 주실 것이고, 그 가운데에서 배워 무상보리를 얻고 부처의 덕성을 얻게 된다고 하였다. 장자의 딸은 드문 일이고 미묘한 일이라고 하며 자신이 필요한 공양물들을 드리겠다고 하였다. 석제환인은 본래의 모습으로 돌아와 살타파륜보살의 몸을 원래대로 해주었다. 살타파륜보살과 장자의 딸은 장자의 집으로 가서 장자로부터 담무갈보살에게 공양할 공양물을 얻었다. 그리고는 중향성으로 길을 떠나려고 하자, 장자의 딸과 오백 명의 시녀들도 함께 따라 나섰다. 마침내 중향성에 도달하여 담무갈보살을 뵙고 온갖 종류의 꽃과 향과 장신구와 금은보화를 담무갈보살에게 올렸다. 그리고 한편으로 물러 앉아 지나온 과정들을 낱낱이 설명하고는, 모든 부처님들은 어디로부터 와서 어디로 가셨는지 그 의심나는 점을 물었다. 담무갈보살이 살타파륜보살에게 대답하였다.

"선남자여, 모든 부처님은 오는 곳도 없고 가는 곳도 없다. 왜냐하면 모든 것의 진실된 모양은 흔들림이 없으니 모든 것의 진실된 모양이란 곧 이 여래이기 때문이다. 선남자여, 만약에 어떤 사람이 여래의 모습과 음성에 집착하는 마음을 낸다면 이러한 사람은 마치 아지랑이 속에서 물이 있다고 생각하는 것과 같다. 왜냐하면 모든 부처님과 여래는 눈에 보이는 육신이 아니라

눈에 보이지 않는 진리의 몸으로 계시기 때문이다. 선남자여, 모든 법의 진실된 모양은 가지도 않고 오지도 않으니 모든 부처님과 여래도 이와 마찬가지이다. 선남자여, 모든 여래의 몸은 고정된 대상이 아닌 까닭에 정해진 곳에서 오지 않으며 또한 인연이 없으면 생겨나지 않는다. 본래의 훌륭한 수행이 인연이 되어 그 과보로 생긴 것이다. 온갖 인연이 모이면 생겨나고 인연이 소멸하면 없어지는 것이다. 선남자여, 모든 여래의 가고 오는 모양은 반드시 이와 같이 관찰할 것이며 모든 대상의 모양도 반드시 이와 같이 관찰할 일이다. 만약 그대가 모든 여래 및 모든 대상이 오지도 않고 가지도 않고 생겨나지도 않고 소멸하지도 않는다고 관찰한다면 반드시 무상보리에 이를 것이며 반야바라밀의 방편을 낱낱이 얻을 것이다."

오래 전에 부처이신 석가모니불

- 부처님 세존께서는 중생으로 하여금 부처님의 지견知見을 열어 청정케 하려고 세상에 출현하며, 중생들에게 부처님의 지견을 보이려는 까닭에 세상에 출현하며, 중생으로 하여금 부처님의 지견을 깨닫게 하려는 까닭에 세상에 출현하며, 중생으로 하여금 부처님의 지견의 도道에 들게 하려는 까닭에 세상에 출현하시느니라.
- period B.C. 1세기(A.D. 40년경)~A.D. 150(A.D. 220): 법화경 성립
- keyword 법화경 / 석가모니부처님 / 방편품 / 삼승방편 / 일불승 / 일체종지 / 수레의 비유 / 흰소가 끄는 수레 / 여래수량품

석가모니부처님께서 입멸하신 후 그의 진리에 대한 말씀을 모으기는 했지만, 불교도들에게서 부처님에 대한 그리움은 시간이 흐르면 흐를수록 더욱 더해 갔을 것이라 생각된다. 그러한 가운데 나타난 처음의 현상이 부처님의 생애를 되새기며 그의 전기를 서술하는 것이었다. 이와 함께 부처님의 전생에 대한 관심으로부터 나온 것이 자타카 즉 전생담이다. 이는 부처로 오기전, 전생에서 몸을 버리면서 까지 수행에 몰두한 모습들이 설해지고 있다. 또한 부처님의 사리를 모신 불탑을 순례하며 부처님을 기리고 나아가 불탑을 신앙하는 단계에까지 이르렀다. 더 나아가 부처님의 모습을 친견하고자 하는 간절한 마음은 결국 부처님의 모습을 바로 눈 앞에서 보고 법담을 나누는 삼매에까지 이르게 되었다. 이러한 삼매현상에 대한 고찰이 이루어지면서 교리적으로 확립되어가는 과정이 곧 새로운 불교로서 대승불교가 일어나고 있는 모습이라 생각된다.

석가모니부처님에 대한 간절함과 그에 대한 고찰이 더 한층 심화된 모습으로 보여주는 것이 『법화경』의 내용이다. 석가모니부처님은 이 사바세계에 무슨 이유로 온 것인가? 이 사바세계에서 그가 하신 여러 말씀과 행동 그것

은 어떤 의미를 가지는 것인가? 석가모니부처님 그는 누구인가? 당시의 불교도들은 이러한 문제에 대해 끊임없이 성찰했을 것이라 생각된다. 이러한 성찰의 결과로서 성립한 것이『법화경』이라 할 수 있다.

『법화경』의 원형은 서기 기원 전후 무렵 서북인도에서 성립되었다고 한다.『법화경』자체에 그 성립연대를 설하고 있지는 않다. 그러나 경전에 등장하는 주요한 인물, 도시에 사는 자산가나 상인들, 그리고 사회적 배경의 내용을 바탕으로 그 연대의 상한선을 추정한 것이다. 처음부터 오늘날과 같은 모습으로 성립된 것은 아니며 몇 단계를 거쳐 오늘날의 모습으로 이루어진 것이다. 학자들간에 약간의 차이는 있으나『법화경』의 성립연대의 상한선은 서기 기원전 1세기 내지 기원 후 40년, 하한선은 서기 기원후 150년 내지 220년으

성도지 보드가야 대탑 벽면에 봉안된 석가모니불

로 보고 있다. 대승불교의 교단은 일반적으로 부처님의 사리탑을 중심으로 불교를 신앙하는 재가보살집단과 이를 지지하는 출가보살들이 모여 성립되고 발전하였다고 보고 있으며,『법화경』도 이들에 의해 지어졌다고 보고 있다. 그러면, 그 중심되는 내용을 살펴보기로 하자.

　『법화경』에서 전하고자 하는 중심 내용은「방편품」과「여래수량품」에 설해져 있다.「방편품」에서 부처님은 삼매에서 일어나 사리불에게 여러 부처님의 지혜는 매우 깊고 한량이 없어서 성문이나 벽지불은 알 수가 없다고 말씀하신다. 그리고 모든 참된 모습의 법들은 회유하고 이해하기 어려워 오직 부처님만이 모두 다 궁구하여 알고 계신다고 거듭 말하고 있다. 그러자 대중 가운데 여러 성문과 번뇌가 다한 아라한인 교진여 등 1,200인과 성문과 벽지불의 마음을 낸 비구, 비구니, 우바새, 우바이들이 모두, '어떠한 법이어서 성문이나 벽지불은 알 수 없다고 하는가. 그리고 부처님이 설하신 해탈에 대해 우리도 그 법을 얻어 열반에 이르렀는데, 지금 말씀하시는 것은 무엇인가'라고 생각하였다. 이 때 사리불이 부처님께서 하신 말씀의 뜻을 물었다. 그러자 부처님은 이 법을 말한다면 모든 세상의 하늘이나 인간들이 놀라고 의심할 것이며, 미묘하고 어려워 자만에 가득찬 사람들은 반드시 공경하여 믿지 않을 것이라고 하였다. 사리불은 거듭 거듭 공경하여 받들겠다고 다짐하고서야 말씀을 하시기를 허락하였다. 그 때 모임 가운데, 교만하여 얻지 못한 것을 얻은 체하고 증득하지 못한 것을 증득한 체하던 비구, 비구니, 우바새, 우바이 5,000명의 사람들이 자리에서 일어나 물러갔다. 부처님은 "여기 남은 대중들은 가지나 잎은 하나도 없고 순전한 열매만 남아 있다. 그와 같이 교만한 사람들은 물러가는 것이 오히려 마땅하다."고 하시면서 법을 설하였다.

"모든 부처님 부처님들은 오직 하나의 큰 인연[一大事因緣]으로서 이 세상에 출현하시느니라. 어찌하여 부처님 부처님들은 오직 하나의 큰 인연으로 이 세상에 출현한다고 하는가? 부처님 세존께서는 중생으로 하여금 부처님의 지견知見을 열어 청정케 하려고 세상에 출현하며, 중생들에게 부처님의 지견을 보이려는 까닭에 세상에 출현하며, 중생으로 하여금 부처님의 지견을 깨닫게 하려는 까닭에 세상에 출현하며, 중생으로 하여금 부처님의 지견의 도道에 들게 하려는 까닭에 세상에 출현하시느니라. 사리불아. 여래는 다만 일불승一佛乘만을 위해 중생들에게 말하는 것이지, 이승二乘이나 삼승三乘은 없느니라. 사리불아. 과거의 여러 부처님들이 한량없고 수없는 방편과 가지가지 인연이나 비유의 이야기로 중생들을 위하여 법을 연설하였으니, 이 법이 모두 일불승을 위한 것이니라. 그러므로 모든 중생들이 부처님을 따라 법을 듣고 필경에는 모두 일체종지一切種智를 얻었느니라. 사리불아. 비구, 비구니들이 스스로 생각하기를 이미 아라한을 얻어서 맨 나중의 몸이며 필경의 열반이라 하면서 아뇩다라삼먁삼보리에 뜻을 두어 구하지 않는다면, 이런 사람들은 모두 교만한 사람인줄 알아야 하느니라. 부처님께서 하시는 말씀은 허망함이 없나니, 다른 승은 없고 오직 일불승만 있느니라."

이는 곧 최종 목적지가 부처가 되는 것이지 아라한이 되는 것이 아니라는 선언이다. 그리고 이전에 설하신 모든 교설은 부처로 가기 위한 여러 방편 가운데 하나일 뿐이라는 말씀이다. 그러나 기존의 교리에 몰입되어 있던 비구, 비구니, 우바새, 우바이들에게 이러한 새로운 교리가 귀에 들어올 리가 없다. 그러므로 모임에서 물러나는 것으로 묘사되고 있으며 이는 기성 교단을 의미한다고 할 수 있다. 부처님께서는 이러한 내용을 쉽게 이해시키기 위해 그 유명한 수레의 비유를 들어 설명하였다. 즉 부유한 장자의 집에 불이 났는데, 불이 난 줄을 모르고 집안에서 놀고 있는 아들들을 불러내기 위해 그들이 좋아하는 양이 끄는 수레, 사슴이 끄는 수레, 소가 끄는 수레가 집밖에 있으니 나와서 가져가라고 하자, 아들들이 그들을 얻으려고 불난 집에서 모두 나왔다. 그러자 장자는 그 보다 몇 배나 훌륭하고 보배가 가득 실리고 시종이 딸린 흰 소가 끄는 수레를 주었다는 비유이다. 앞의 세 수레는 방편으로 주어진 수레라면 뒤의 흰 소가 끄는 수레는 일불승을 가리키는 것이다. 부처 즉 불佛을 중심으로 하는 새로운 불교의 탄생인 것이다. 이와 함께 불佛 즉 석가모니불에 대한 해석이 곧 「여래수량품」에서 이루어지고 있다.

일체 세간에 하늘과 인간 그리고 아수라들은 모두 석가모니부처님이 석가족의 태생으로 카필라바스투성을 나와 보드가야에서 아뇩다라삼먁삼보리를 얻었다고 알고 있지만, 그렇지 않다는 것이다. 석가모니부처님은 한량없고 가없는 백천만억 나유타 겁 이전에 벌써 이미 부처를 이루었다는 것이다. 그로부터 항상 이 사바세계에 있으면서 설법하여 교화하였고, 또 다른 백천만억 나유타 이승지 국토에서도 중생을 인도하여 이익케 하였다고 설하고 있다. 그 동안 연등불 등으로서 설하였고 또 그의 열반을 설하였지만, 이와 같은 것은 모두 방편으로써 그리한 것이라 하였다. 곧 여래는 멸하지 않으나 멸한다고 말하고 멸하는 모습을 보인 것이라고 하였다. 만일 여래께서 멸하지 않는다고 하면 수행자는 여래가 멸하지 않음을 보고 교만한 마음을 내어 수행을 게을리 하기 때문이라고 설하고 있다. 우리는 여기에서 석가모니부처님은 아주 오래 전에 이미 부처가 되신 분이며, 다만 중생들을 연민하여 부처의 지견을 갖추어 부처가 되게하기 위해 이 세상에 나투신 것임을 알 수 있다. 이는 곧 법신불을 언급하고 있지는 않지만 법신불의 사상과 중생을 구제하는 분으로서의 부처님을 말하고 있다고 하겠다.

그러나 부처님의 성불의 법문은 진리로서 있는 것이며 부처가 되는 것은 본인의 서원과 실행에 달린 것이다.

염불, 정토의 세계로

● 부처님의 명호를 지성으로 끊이지 않고 열 번만 온전히 부른다면, 팔십억 겁 동안 생사를 헤매는 무거운 죄업이 없어지고 목숨이 마칠 때에는 극락세계의 보배연못 속에 태어나게 된다.
● period A.D. 1세기~3세기 초반: 초기 대승경전 성립
● keyword 나무불 / 염불 / 왕생극락 / 아미타불 / 무량수경 / 법장비구 48대서원 / 관무량수경 / 위제희부인 / 열 여섯 관법

정토淨土 곧 청정국토는 부처님의 세계를 가리킨다. 이에 반해 예토穢土는 흐리고 악한 세계 즉 탐진치로 가득찬 중생세계를 가리킨다. 우리는 어리석음으로부터 생겨나는 이러한 탐욕과 성냄으로 인해 끊임없는 속박과 괴로움, 부조화와 갈등속에서 헤메이지만, 또한 그곳으로부터 벗어나기를 바라고 원한다. 하지만 인과의 참된 이치는 항상 저 멀리 뒷전에 미루어 놓고 시작도 없는 때로부터 익혀온 습관적인 업으로 인해 눈 앞의 일들을 되돌리지 못하고 있다. 인과의 이치를 바로 보아 매순간 바르게 행동할 때만이 청정한 세계 곧 부처님의 세계로 들어가게 될 것이다. 그러나 오랜 세월 동안 부정적인 습관에 물들어 있는 중생으로서는 참으로 어려운 일이라 할 수 있다. 여기에서 단지 부처님을 생각함으로써 밝고 맑은 부처님의 세계로 들어가게 하는 방법이 모색되었는지도 모른다.

석가모니부처님 당시에 염불 즉 부처님을 부르거나 부처님을 생각한다는 것은 일반적으로 부처님 법을 듣거나 혹은 부처님을 친견하고 나서 귀의하려고 하는 의식에서 비롯된 것으로, '나무불南無佛'을 세 번 부르는 것이었다. 이때에는 단순히 부처님께 귀의하려고 하는 마음에서 나온 감흥어 라고 할 수

있다. 대승불교에 이르게 되면 부처님을 직접 보고자 하는 소망이 더욱 거세지면서, 반주삼매를 통해 직접 부처님을 친견하고 부처님으로부터 직접 법문을 듣는 종교적인 체험을 실현시킨다.

용수보살의 『십주비바사론』의 「이행품易行品」에서는 보살행을 닦는 자가 물러나지 않는 불퇴전不退轉의 경지에 듦을 논하고 있다. 용수는 대승의 보살도를 육로로 걸어가는 것과 해로로 배를 타고 가는 것에 비유해서 난행도難行道와 이행도易行道로 구별하였다. 난행도는 오랜 세월에 걸쳐 뼈를 깎는 힘든 수행을 함으로써 불퇴전위에 이르는 방법이다. 반면에 이행도는 해로로 배를 타고 즐겁게 항해하는 것과 마찬가지로 믿음을 바탕으로 여러 부처님의 명호를 염하여 그 공덕으로 현생에서 불퇴전의 경지에 도달하는 것을 말한다. 용수가 여러 부처님의 명호를 염한다고 한 것은 아미타불 한 부처님에게만 국한한 것이 아니며, 과거·현재·미래의 여러 부처님과 보살의 명호를 외우는 것이다. 염불을 하다보면 염하는 것으로 말미암아 삼매력三昧力이 증장하여, 반주삼매에 쉽게 이를 수 있다. 반주삼매가 이루어지게 되면 그 삼매력에 의해 모든 부처님을 친견할 수 있다. 모든 장애를 극복하고 현생에서 견불삼매見佛三昧에 들고 불퇴전위에 오를 수 있는 빠르고 쉬운 시발점을 염불로 잡고 있다. 또한 용수의 염불사상은 정토왕생의 목적보다는 현생에서의 이익이 중심이다. 현생에서 반주삼매, 불퇴전위를 얻는 것뿐만 아니라, 병의 제거·치유 등의 현실적인 이익을 얻는 것에 초점을 맞추고 있다.

그러나 그 이후 오래지 않아 현세의 이익보다도 내세에 중점이 두어진 왕생극락을 설하는 정토경전이 나오게 된다. 극락세계의 교주이신 아미타불을 신앙하고 모든 선근공덕을 닦으면 내세에는 극락세계에 태어난다는 것이다. 그 대표적인 경전이 『무량수경』, 『관무량수경』, 『아미타경』이다. 이들은 대승불교의 주요한 사상인 보살의 서원과 성취, 관법을 통하여 부처님의 세계를 바로 눈 앞에서 관함, 대중들의 극한상황에서의 구제 등을 설하고 있다.

정토사상의 기원은『무량수경』에서 보여주는 것과 같이, 법장法藏비구가 48가지 대서원을 세운 것에서 비롯한다 할 것이다. 과거 세자재왕불 재세시에 국왕이 출가하여 법장이라 하였는데, 법장비구의 간절한 청으로 세자재왕부처님께서 불국토를 나타내 보여주었다. 법장비구는 이 때 부처님 앞에서 범천과 마왕과 용신 등 팔부대중들과 그 밖의 모든 대중들이 지켜보는 가운데 48가지의 대서원을 세우고 불국정토를 건설하고자 굳게 결심하였다. 그 후 오랜 영겁의 세월을 두고 헤아릴 수 없는 수행공덕을 쌓은 결과 모든 서원을 성취하고 아미타불 혹은 무량수불이 되시어 서방에 불국토를 건립하였다. 그의 서원들은 모두 그가 부처가 될 적에 그가 속한 그 나라에 지옥, 아귀, 축생의 삼악도가 있다면 차라리 부처가 되지 않겠다고 하는 것을 비롯하여, 다른 세계의 보살들이 자신의 이름만 듣고도 바로 불법에서 불퇴전의 자리에 오르지 못한다면 부처가 되지 않겠다는 것까지 48가지이다. 그러므로 그 서원이 이루어진 그 국토는 적어도 삼악도는 없으며 보살들은 모두 불퇴전의 지위에 속하는 극락세계인 것이다. 수행자는 그의 서원대로 오직 그의 명호인 아미타불을 부르는 것에 있는 것이다.

『관무량수경』은 관법을 통해 서방 정토세계를 바로 눈 앞에 관하는 방법을 설하고 있다. 여기에서는 부처님 재세시에 있었던 빔비사라왕이 감옥에서 비참하게 굶어죽는 사건에서 비롯하고 있다. 부처님 재세시에 마가다국의 태자였던 아자따삿뚜는 데와닷따의 꾀임에 빠져 부왕인 빔비사라왕을 영취산 아래 일곱 겹의 담으로 둘러싸인 감옥에 유폐하고, 어떠한 사람도 가까이 하지 못하게 하였다. 왕비인 위제희vaidehī부인은 국왕을 위해 꿀에 밀가루와 우유를 반죽하여 몸에 바르고 영락 구슬속에 포도즙을 담고 남몰래 왕에게 드리곤 하여 왕의 목숨을 겨우 부지하게 하였다. 감옥 속에서 가까스로 목숨을 부지하고 있던 국왕은 부처님이 계시는 영취산을 향하여 제자를 보내어 팔재계를 주시기를 간절히 기원하였다. 부처님은 이 기원을 접하고 목련존자로 하여금 팔재계를 주도록 하고 부루나존자로 하여금 왕을 위해 설법하도록 하였다. 국왕은 꿀반죽과 설법으로 인해 몸과 마음이 점차 안정을 찾아가고 있었다. 반면에 국왕이 굶어죽기만을 기다리던 아자따삿뚜는 감옥의 문지기를 통하여 왕비와 부처님의 제자로부터 꿀반죽과 법문이 주어진다는 것을 알고 어머니인 왕비를 살해코자 하였다. 그 때 월광대신과 국왕의 의사였던 지와까대신의 만류로 왕비를 깊은 골방에 가두는 것으로 하였다. 왕비는 슬픔에 젖어 영취산의 부처님에게 목련존자와 아난존자를 보내주시기를 간절히 기원하였다. 이에 부처님은 두 제자와 함께 몸소 왕비에게 나투시니, 왕비는 부처님의 세계를 보여주시고 그 세계에 왕생하기 위한 마음가짐과 수행방법을 말씀해 주실 것을 간청하였다. 이에 부처님은 서방의 정토세계를 보여주시고 이러한 정토세계를 보기 위한 방법으로 열여섯 가지 관법을 말씀하셨다. 이는 해와 물과 땅 그리고 보배나무와 보배누각, 연화대 위의 아미타부처님 그리고 관세음보살과 대세지보살 등 서방정토의 극락세계를 관하는 것이었다. 이러한 관을 통하여 부처님과 그 세계를 볼 수 있다고 하였다.

● 하지만 삼악도에 떨어져 괴로움이 극심하여 이러한 관을 행할 수 없는 사람이라도 선지식의 가르침으로 부처님의 명호를 지성으로 끊이지 않고 열 번만 온전히 부른다면, 팔십억 겁 동안 생사를 헤매는 무거운 죄업이 없어지고 목숨이 마칠 때

에는 극락세계의 보배연못 속에 태어나게 된다고 하였다. 『아미타경』에서는 하루나 이틀 혹은 사흘 나흘 닷새 엿새 혹은 이레 동안 한결같은 마음으로 아미타불 명호를 외우거나 부르는 마음이 흐트러지지 않으면. 그 사람의 수명이 다할 때 아미타불께서 여러 성인 대중들과 함께 그 사람 앞에 나투시며. 그는 바로 아미타불의 극락세계에 왕생하게 된다고 하였다.

염불의 종교적 의미는 부처님을 마음속으로 생각함으로써 수행자의 마음속에 탐욕·분노·어리석음의 번뇌가 일어나지 않게 되고, 그 마음이 평안하여 부처님의 법이 이해되면서 열반에 이를 수 있게 하는 것이라 할 수 있다. 또한 여래의 본질적인 모습인 열 가지 힘[十力]·네 가지 두려움 없음[四無所畏] 및 계율, 삼매, 지혜, 해탈, 해탈지견의 5분법신五分法身의 공덕을 염하는 것이 염불의 의미이기 때문에, 그러한 염불의 수행에 의하여 최후에는 자연히 열반에 이르게 되는 것이라 볼 수 있다.

빔비사라왕의 감옥터와 그 뒤로 영취산 줄기가 보인다. 마가다국의 태자 아자따삿뚜는 데와닷따의 꾀임에 빠져 국왕인 빔비사라왕을 유페시키고 스스로 왕이 된다. 왕비 위제희는 꿀과 밀가루와 우유를 반죽하여 몸에 바르고 영락 구슬속에 포도주를 담아 감옥으로 면회가서 빔비사라왕의 목숨을 겨우 유지시킨다.

여래장과 서원

- 그러나 자신에게 부처의 성품이 있다는 것을 믿는다는 것은 얼마나 어려운 일인가. 이는 곧 자신에게 부처의 성품이 있다고 믿는다는 것은 타인에게도 부처의 성품이 있음을 믿는 것과 같기 때문이다.
- period A.D. 200~400년경 ; 중기 대승경전 성립
- keyword 참된 불자 / 믿음 / 여래장 / 승만경 / 자성청정장 / 불공여래장 / 상불경보살 / 승만부인의 열 가지 서원

우리는 주변에서 종교인이라고 하지만 종교인의 모습이 아닌 경우를 종종 보곤 한다. 그와 마찬가지로 겉모습으로는 불자佛子이지만 결코 참된 불자의 모습이라 할 수 없는 경우를 간혹 보기도 한다. 그의 말과 행동 그리고 마음씀씀이가 부처님의 말씀과 다르다면 이는 참된 불자라 할 수 없을 것이다. 그렇다면 참된 불자의 모습은 어떤 모습인가?

『승만경』에 의하면 참된 불자의 경우를 세 가지로 나누어 설명하고 있다. 첫 번째의 경우는 대승법의 심오한 지혜를 성취하는 것이고, 두 번째는 스스로 대승법의 심오한 지혜를 잘 믿어서 기꺼이 따르는 것이고, 세 번째는 대승법의 심오한 지혜를 잘 모르므로 모든 공덕을 부처님에게 돌리면서 부처님을 우러르고 믿으며 의지하는 것이다. 첫 번째의 경우는 10지보살의 경우에나 가능한 이야기이다. 대부분의 불자들은 두 번째와 세 번째의 경우에 해당할 것이라 생각된다. 두 번째와 세 번째의 경우는 모두 믿음이 그 밑바탕에 깔려 있다. 대승법의 심오한 지혜를 믿거나 부처님의 공덕력을 믿는 것이다.

사실 믿는다는 것도 쉬운 일인 것 같지만 그리 쉬운 일만은 아니다. 중생들은 오랜 옛적부터 익혀온 탐냄과 성냄과 어리석음으로 인해 끊임없는 혼

란과 의심속에서 방황하다가 세월을 보내기가 일쑤이다. 그러다 보니 대승 경전에서는 믿음을 강조하고 있는 경우가 많다. 『화엄경』에서는 믿음은 도道 의 근원이고 공덕의 어머니이며, 믿음을 가질 때 일체 모든 선법을 길러준다 고 하였다. 또한 수행과정으로 믿음과 이해와 실천 그리고 증득[信解行證]의 과 정을 설하고 있으며, 이러한 과정을 통할 때에 열반은 성취할 수 있다고 하였 다. 『법화경』의 「신해품」에서는 사리불은 자신이 참다운 불자임을 자각하는 순간, 절대적인 믿음을 통해 올바른 지견이 열렸고 부처님으로부터 성불의 수 기를 받게 된다. 『승만경』에서는 일체 중생에게 여래장이 있으나 여래장의 이 치는 중생의 분별력으로는 알 수 없는 경지이므로 반드시 먼저 믿어야 한다는 점을 강조하고 있다.

마투라 출토 불입상(사진 왼쪽)과 **마투라 출토 불좌상**

『승만경』에서 말하고 있는 여래장은 법계장法界藏이며 법신장法身藏이며 출세간상상장出世間上上藏이며 자성청정장自性淸淨藏이다. 법계장이란 모든 법의 근원이라는 뜻으로, 일체의 사실과 현상의 근원이라는 의미이다. 그러므로 경에서 "세존께서는 여래장이 있기 때문에 생사가 있다고 설하신다."고 하였다. 하지만 여래장은 세간을 넘어서고 세간과 출세간을 뛰어넘은 지혜를 갖춘 출세간상상장이며, 여래의 덕을 모두 갖춘 법신장이다. 또한 본래 스스로의 성품이 청정하여 자성청정장이라 하였다. 이와 같이 여래장은 갠지스강의 모래알보다도 더 많은 불가사의한 부처님의 법을 갖추고 있기 때문에 불공여래장不空如來藏이라고 하며, 본래 그 자성이 청정하여 일체의 번뇌장을 떠나 있고 벗어나 있으므로 또한 공여래장空如來藏이라 한다. 결국 여래장은 우리의 마음자리를 말하며, 그 안에 범부의 속성인 번뇌장과 성인의 속성인 과덕법신果德法身이 함께 머물고 있다고 할 수 있다.

그러므로 여래장경에서는 "일체 중생에게는 여래장이 있으며, 중생이 아무리 윤회를 되풀이하고 번뇌에 오염되더라도 여래장은 오염되지 않고 소실되지 않는다."고 하였다. 『승만경』에서는 이와 같이 그 자성이 청정한 여래장이 번뇌에 오염되는 이치는 알기 어려우므로 오직 믿을 뿐이라고 하고 있다. 그 내용을 보자.

●   "그렇다. 자성의 청정한 마음이 물드는 이치는 참으로 알기가 어렵다. 자성청정심은 진실로 알기 어렵다. 또한 자성청정심이 번뇌에 물든다는 이치도 알기 어렵다. 이와 같이 두 가지 법은 그대와 이미 대승법을 성취한 보살마하살만이 알아들을 수 있다. 나머지 모든 성문들은 오직 부처님의 말씀을 믿어야

만 할 뿐이다."

이처럼 범부 중생에 불과한 우리로서는 가장 먼저 대승의 법을 믿는다는 것에서부터 시작해야 한다. 대승의 법 가운데에서도 자신에게 여래장이, 부처의 성품이, 자성청정심이 본래부터 있다는 것을 믿는 것이라고 하겠다. 그러나 자신에게 부처의 성품이 있다는 것을 믿는다는 것은 얼마나 어려운 일인가. 이는 곧 자신에게 부처의 성품이 있다고 믿는다는 것은 타인에게도 부처의 성품이 있음을 믿는 것과 같기 때문이다. 『법화경』에서 상불경보살常不輕菩薩은 만나는 모든 사람에게 "나는 당신을 업신여기지 않으니 당신은 반드시 성불할 것입니다."고 말하며, 모든 사람들에게 예배행을 실천했다고 한다. 그는 사람들이 비웃고 때려도 아랑곳하지 않고 모든 사람들을 부처님과 같이 공경하였다고 한다. 이는 곧 모든 사람들에게 부처의 성품이 있음을 믿음이며, 이해이며, 실천이라고 할 것이다.

이와 같이 승만부인도 그의 부모인 코살라국의 프라세나짓트왕과 말리카왕비로부터 부처님의 한량없는 공덕을 찬탄하는 편지를 받아 보고서 바로 부처님에 대한 믿음을 일으켰다. 그리고 그러한 믿음 가운데 부처님 뵙기를 간절히 염원하였다. 그 염원에 응하시어 부처님께서 나투시니, 승만부인은 부처님께 예배와 찬탄을 올린다. 이 과정에서 승만부인은 법에 대해 올바르게 이해하는 지견이 열리게 되었던 것이다. 이어서 바로 실천행으로써 열 가지 서원을 세우게 된다. 그 열 가지 서원은 다음과 같다.

세존이시여, 저는 오늘부터 깨달음에 이르기까지 받아 지닌 계율을 어기려는 마음을 일으키지 않겠습니다.

세존이시여, 저는 오늘부터 깨달음에 이르기까지 모든 웃어른들께 교만한 마음을 일으키지 않겠습니다.

세존이시여, 저는 오늘부터 깨달음에 이르기까지 모든 중생들에 대하여 성내는 마음을 일으키지 않겠습니다.

세존이시여, 저는 오늘부터 깨달음에 이르기까지 다른 사람의 용모나 또는 여러 귀중품들을 보고 질투하는 마음을 일으키지 않겠습니다.

세존이시여, 저는 오늘부터 깨달음에 이르기까지 정신적이건[內的] 물질적이건[外的] 아까워하는 마음을 일으키지 않겠습니다.

세존이시여, 저는 오늘부터 깨달음에 이르기까지 자신만을 위하여 재물을 모으거나 받지 않겠습니다. 무릇 받은 모든 것은 가난하고 고통받는 중생들을 성숙시키는데 사용하겠습니다.

세존이시여, 저는 오늘부터 깨달음에 이르기까지 자신만을 위해 4섭법[四攝法]을 행하지 않고, 모든 중생들을 위하는 까닭에 애착하지 않는 마음과 싫어하거나 만족하지 않는 마음과 걸림없는 마음으로 중생들을 거두어들이겠습니다.

세존이시여, 저는 오늘부터 깨달음에 이르기까지 만일 어려서 부모를 여읜 아이, 늙어서 자식이 없는 노인, 감옥에 갇힌 사람, 병든 사람 등 갖가지 고통과 재난으로 괴로움을 받고 있는 중생들을 보면 끝내 잠시라도 내버려두지 않을 것입니다. 반드시 그들의 마음을 편안케 하기 위하여 바른 방법으로 이익케 하여 그 많은 고통으로부터 벗어나게 한 뒤에야 떠나겠습니다.

세존이시여, 저는 오늘부터 깨달음에 이르기까지 짐승을 잡거나 기르는 등 온갖 나쁜 생활의 방편을 일삼는 사람들과 여러 계[戒]를 범하는 사람들을 보면 끝내 내버려두지 않겠습니다. 제가

힘을 얻을 때 어느 곳에서나 그러한 중생들을 보면 기어코
그 잘못을 항복받아야 할 사람에게는 꺾어서 항복받으며 이
끌어 들일 수 있는 사람이면 잘 거두어 주겠습니다.

세존이시여, 저는 오늘부터 깨달음에 이르기까지 올바른 가르침[正法]을
받아들여 끝내 잊어버리지 않겠습니다. 왜냐하면 가르침을
잊어버리는 것은 곧 대승을 잊어버리는 것입니다. 또한 대
승을 잊는 것은 곧 바라밀을 잊는 것입니다. 그리고 바라밀
을 잊는 것은 대승을 원하지 않는 것이 되기 때문입니다. 이
와 같이 저는 이렇게 열 가지 큰 서원을 세웁니다.

올바른 믿음과 올바른 이해에 이어서 실천행으로써 서원을 세우는 것
은 참된 불자라면 당연히 해야 할 일일 것이다. 그러한 의미에서 대승의 불자
로서 서원을 세우지 않는다면 진정한 불자라 할 수 없다.

용수보살과 중관학파의 성립

- 일체의 모든 존재는 고유한 성품을 지니고서 스스로 존재하는 것이 아니며, 다만 다른 것들과의 관계속에서 존재한다.
- period A.D. 150~250년경; 용수보살 생몰연대
- keyword 나가르주나 / 남인도 안드라 왕국 / 중론송 / 삼론종 / 용궁 / 연기론 / 공空 / 가명假名 / 중도中道

용수보살은 대승불교의 모든 학파에서 제2의 붓다라고 불려지며 여덟 종파의 시조로 존경되고 있다. 그는 초기 대승불교『반야경』의 중심사상이라 할 수 있는 공空의 이치를 논리적으로 드러내어 이후 대승불교의 사상적인 토대를 마련하였기 때문이다. 용수龍樹는 나가르주나Nāgārjuna를 한역한 것으로 용맹勇猛, 용승龍勝으로 한역되기도 한다. 구마라집鳩摩羅什, Kumārajiva의 「용수보살전」에 의하면, 그의 어머니가 아르주나arjuna 나무 아래에서 그를 낳았으므로 아르주나라고 하고 용龍으로 인해 그의 도가 완성되었으므로 나가龍; nāga라 하여, 나가르주나가 되었다고 한다. 그러나 티베트의 불교사학자인 부톤Bu-ston Rinpoche, 1290~1364이 지은『불교사』에는 이와는 조금 다르다. 용수의 부모는 그가 어려서 죽게 될 운명을 타고났다는 점성술사의 말을 듣고, 브라만 사제와 수행승 각각 100명에게 공양을 베풀어 목숨을 겨우 겨우 연장한다. 결국에는 용수가 수행승이 된다면 목숨을 더 연장할 수 있다는 말을 듣고, 아미타 다라니를 늘 외운 결과 그는 죽을 운명에서 비로소 벗어난다. 그 후 용수는 날란다 사寺의 거장이었던 라홀라바드라Rāhulabhadra, 200~300 밑에서 수행하다가 용궁으로 들어가 그 용들에게 부처님 말씀을 설해주어 그들을 조복시키고, 거기서

『반야경』을 가지고 나온다. 부톤의 『불교사』에 의하면, 그는 부처님의 말씀을 설해서 용들을 정복했기 때문에 나가르주나로 불린다는 것이다. 나가란 용을 의미하고, 아르주나는 인도의 옛 영웅의 이름에서 따온 것이다.

그의 주요 저술로서는 『중론송中論頌』, 『대지도론大智度論』, 『회쟁론廻諍論』, 『십이문론十二門論』, 『십주비바사론十住毘婆沙論』 등이 있다. 이 가운데 『중론송』은 이후에 많은 학자 및 승려들에 의해 풀이되고 연구되면서 인도에서 중관학파中觀學派가 성립되기에 이르렀다. 나아가 이들의 학설은 중원의 대륙으로 전해져 『중론송』, 『십이문론』과 용수보살의 제자인 제바提婆, Ārya-deva가 저술한 『백론』을 포함한 세 가지 논서를 바탕으로 중국에서 삼론종이 성립하였으며, 천태·화엄·선·정토·밀교 등의 교학 수립과 전개에 적지 않은 영향을 주었다.

구마라집의 「용수보살전」에 의하면, 그는 매우 파란만장한 삶을 산 인물이다. 그는 남인도의 바라문 종족 출신으로 어려서부터 총명하여 4베다를 모두 읊고 그 뜻을 이해했다고 한다. 약관의 나이에 벌써 여러 나라에 이름이 알려져 독보적이었으며 천문, 지리, 도참圖讖 및 여러 도술을 종합하여 알았다. 천하의 이치를 다 파악하고 이제 할 일은 욕망을 펴서 하고 싶은 일을 끝까지 하는 것이 최상의 즐거움이라 생각하였다. 이에 뜻에 맞는 걸출한 친구 세 명과 함께 은신술을 배워 뜻대로 왕궁을 넘나들면서 왕궁의 미인들을 능욕하였다. 백여일이 지나자 궁녀 가운데 임신한 여인들이 생겨나자, 국왕은 모든 문에 미세한 흙을 뿌려 발자취를 보고 장수로 하여금 칼을 휘둘러 허공을 베게 하였다. 친구 세 사람은 그 자리에서 죽임을 당하고 용수는 왕의 곁에 머물러 화를 면하였다. 그 때 용수는 욕망이 괴로움의 근본이며 화의 근본임을 깨닫고 탈출하여 바로 불탑에 나아가 출가하였다고 한다. 90일 동안 삼장三藏을 다

외우고 설산의 탑 안에 나이든 비구에게서 대승경전을 받아 통달하였다. 다시 다른 경전을 얻지 못하고 외도 논사와 사문의 의심나는 점을 모두 꺾어 항복시켰다. 외도의 제자가 스승은 비록 일체지인一切智人이나 부처님의 제자라는 말을 듣고, 교만한 마음을 일으켜 불법佛法과 조금 달리하여 새로운 교단을 세웠다. 이에 대용大龍보살이 가련하게 생각하여 그를 용궁으로 들여보내 칠보장을 열고 칠보함을 열어 방등의 무량하고 오묘한 법을 그에게 주었다. 용수보살은 그것을 모두 이해하고 통하지는 못하였으나, 염부제에 있는 것의 열 배에 해당하는 경전을 모두 통하였다. 용수보살은 용궁을 나와 남인도로 들어가 불법을 크게 홍포하고 외도를 꺾어 항복시켰으며 많은 저술을 행하였다. 그때 주술에 능한 어떤 바라문이 주술로 궁궐 앞에 큰 연못을 만들고 천개의 연꽃위에 앉아 용수보살과 겨루기를 청하였다. 용수보살은 곧 주술을 사용하여 여섯 이빨의 흰 코끼리로 변

불입상(라흐르박물관 소장)

하여 코로 연꽃좌석을 감아 비틀어 뽑아 높이 들어 땅에 던져버림으로써 그 바라문을 굴복시키고 귀명케 하였다. 또한 남인도 다른 나라의 국왕이 삿된 도를 믿고 사문과 부처님 제자들을 따르지 않는 것을 보고, 그를 제도하기 위해 짐짓 그 나라 왕가의 장수에 응모하였다. 용수보살은 자신은 모든 것을 아는 자[一切智者]임을 밝히면서, 허공 가운데를 맑게 개이게 하여 하늘과 아수라의 양쪽 진영이 대치하고 있는 장면을 국왕과 신하, 바라문과 백성의 무리들에게 보임으로써 그들을 굴복시키고 불법에 귀의하게 하였다. 그 당시에 한 소승법사가 있어 항상 분하고 비뚤어진 마음을 품고 있었는데, 용수보살이 장차 열반에 들고자 하면서 묻기를 "그대는 내가 이 세상에 오래 머무는 것을 좋아하느냐?"고 묻자, "진실로 원하지 않는다."고 답하였다. 이에 물러나 한가한 밤에 방에 들어가 오래 지나도록 나오지 않으므로 문을 부수고 들어가 보니 열반에 들어 있었다. 그가 열반에 든지 백년이 지났지만, 지금까지도 남인도의 여러 나라는 그를 위해 사당을 세우고 공경하여 받들기를 부처님 같이 하였다고 한다.

용수보살의 전기는 다소의 사실과 상상 그리고 신비화가 혼합된 것으로, 이는 용수의 전기라기 보다도 그의 사후 100년경의 사람들에게 비친 이미지를 전한 것이라 할 수 있다. 그러나 오늘날 일반의 학설에서도 용수는 남인도 데칸Deccan고원 비다르바Vidarbha에서 바라문 종족으로 태어났으며, 성인이 된 후에 남인도 안드라 왕국에서 활약한 것으로 이야기 되고 있다. 이러한 점은 그가 『반야경』사상의 철학적 대성자이며, 이 『반야경』이 남인도에서 성립되고 점차로 북인도로 유포되었다는 사실과도 일치한다. 그는 남인도 사타바하나Sātavāhana왕조의 왕이었던 가우타미푸트라 슈리 샤타카르니Gautamīputra Śrīśātakaruṇi가 그의 친구이자 후원자였다고 하며, 그에 따라 그의 생몰연대는 약 150~250년으로 추정하고 있다. 인도철학사의 관점에서 볼 때 그가 살았던 시기는 정통철학의 여러 학파들이 이미 형성되었거나 형성되어가고 있었고, 불교 전통 안에서는 한편으로 설일체유부說一切有部, Sarvāstivāda를 중심으로 한 소승 부파불교의 여러 학파들이 강고한 교학체계를 구축하고 있었으며, 다른 한편으로는 새로 일어난 대승불교 운동이 세력을 떨치며 초기 대승경전들을 성립시키고 있던 때였다. 부처님이 보이신 가르침의 핵심은 연기緣起: pratītya-samutpāda이다. 용수보살의 대표적인 저술인『중론송』의 내용은 바로 이 연기의 가르침을 공śūnyatā이라는 개념으로 다시 드러낸 것이며, 이 바탕 위에서 연기의 가르침과 어긋나는 나머지 이론들을 비판한 것이다. 당시의 소승 부파불교의 교학체계는 이미 부처님의 가르침을 왜곡시켜놓고 있었다. 어떠한 형이상학적인 원리나 존재를 상정하지 않으며 경험적인 사실들에 기초하여 현상의 생성 변화 소멸을 설명하는 것이 부처님의 연기론이다. 그러나 부파불교 학파들의 이론들은 난삽한 형이상학적인 언어들로 연기의 가르침을 왜곡시켜 놓고 있었다. 부파불교를 대표하는 설일체유부의 철학은 다원론적 실재론의 입장에 서 있다. 그들은 물질적 심리적 현상들을 세밀하게 분석한 뒤 그 배후에 있는 실체들을 가정하고서 이 실체들은 과거 현재 미래를 통하여 변화하지 않는다고 생각하였다. 그렇기 때문에 용수는『중론송』에서 이들을 주된 비판의 대상으로 삼고 있다.

● 일체의 모든 존재는 고유한 성품을 지니고서 스스로 존재하는 것이 아니며, 다만 다른 것들과의 관계속에서 존재한다. 이를 용수는 공하다śūnya라고 말하였다. 모든 존재는 원인과 여러 가지 조건들 즉 인연화합에 의해 임시적으로 존재하는 것

이므로 이를 단정적으로 규정하여 이름할 수가 없다. 모든 존재는 임시적인 존재이므로 이에 대한 이름 또한 임시적으로 이름하여 부를 수밖에 없어서 이를 가명假名, prajñapti이라고 한다. 이와 같이 모든 존재는 제 스스로 성품을 가지지 않고 원인과 여러 가지 조건들에 의해 존재하기 때문에 실제적으로 존재한다고 즉 실유實有라고 단정할 수 없으며, 그렇다고 해서 아무것도 존재하지 않는 허무虛無라고 단정할 수도 없는 것이다. 그러므로 모든 존재는 변화하는 가운데 존재하는 모습 그대로를 참된 모습으로 인정하는 것이며, 이러한 의미에서 실유와 허무의 중도中道라고 설하는 것이다.

중도는 어떤 산술적인 중간이나 절충을 의미하는 것이 아니며 근본적인 시각의 변화를 의미한다고 할 것이다.

무착보살, 대승의 유식불교를 열다

- 색色 등으로 나타나는 마음의 영상이 자성에 머무는 것도, 또한 마음과 다르지 않는 오직 식뿐이다.
- period A.D. 310~390년경; 무착보살 생몰연대
- keyword 유가행파 / 유가사지론 / 미륵보살 / 섭대승론 / 삼성설 / 아뢰야식 / 대승공관 / 분별유가품 / 지관 / 유식

인도의 대승불교는 크게 중관中觀과 유식唯識의 양파로 나누어진다고 할 수 있다. 중관학파가 용수龍樹; A.D 150~250년경의 『중론송Madhyamaka-kārikā』을 논사들이 주석하는 과정에서 학파가 형성된 것이라면, 유식학파는 무착無着; Asaṇga, A.D 310~390년경에 이은 세친世親; Vasubandhu, A.D 320~400년경의 『유식삼십송Triṃśikāvijñaptimātratāsiddhi』을 논사들이 주석하는 과정에서 학파가 성립되었다고 할 수 있다. 중관은 반야 공사상을 선양함으로써 이후 대승불교의 기본 흐름이 되었으며, 유식 또한 공사상을 바탕으로 부파불교의 법에 대한 분류를 재편성하고 마음을 심층적으로 분석하여 성불에 이르는 과정을 잘 설명해주고 있다.

역사적으로 보면, 유식학파의 성립이전에 유가행파가 먼저 있었다고 보아야 할 것이다. 유식학파는 유가행의 실천에 의한 체증을 바탕으로 유식의 이론이 체계화되었기 때문이다. 유가행파는 고대 인도의 요가에서부터 시작하여 붓다가 요가를 새롭게 실행한 선정이 그의 제자들에 의해 계속되어 오던 것이 표면화된 것이라고 할 수 있다. 불교내에서 요가 내지 선정을 계속해오던 사람을 요가짜라Yogācāra; 瑜伽師라고 불렸으며 그들은 불교내부에 특정한

무리를 이룬 것으로 보인다. 이 특정단체와 밀접하게 연결되어 있는 논전으로
『유가사지론』이 있다. 유가사지란 Yoga 실천의 모든 단계를 말하는 것으로,
동시에 그 실천자가 도달한 모든 단계라는 의미도 있으며 17단계로 설명되고
있다. 『유가사지론』은 전래에 의하면 무착이 도솔천에 올라가서 미륵보살로
부터 전수받았다고 하기도 하고, 미륵이 매일 밤 아요디야Ayodhya의 무착이 머
무는 곳에 내려와서 무착을 위하여 이것을 강술하고, 후에 무착이 대중 앞에
서 강의했던 것이라고도 한다. 아무튼 『유가사지론』을 전래한 것은 유가사들
이며 유가행파였다는 것은 사실로 인정된다. 그리고 『해심밀경』에서는 지止
와 관觀의 쌍운雙運에 의하여 지관의 대상이 되는 영상은 유식에 지나지 않는다
고 하였다.

●   유가행파의 유식이론은 무착의 『섭대승론』에 의하여 비로
     소 체계화되었다. 무착은 마음을 심층의식으로서의 알라야식
     Ālaya-vijñāna, 자아의식으로서의 염오의染汚意; Kliṣṭa-manas, 표층의
     식으로서 6식 등 모두 3층 8식으로 된 중층적인 구조로 파악
     하였다. 그리고 또한 마음에는 세 가지의 성품이 있다고 설명
     하고 있다. 즉 다른 것에 의존하여 일어나는 성품依他起性, 두
     루 생각하여 집착하는 성품遍計所執性, 원만하고 진실하여 변하
     지 않는 성품圓成實性 등이 그것이다. 이 세 가지 성품 가운데
     중생의 마음은 의타기성과 변계소집성의 성품을 지니고 있으
     며, 부처를 비롯한 성인의 마음은 의타기성과 원성실성의 성
     품을 지니고 있다는 것이다.

    이는 마음이 의타기성을 중심으로 중생은 변계소집을, 부처는 원성실

한 상태에 있다는 의미이다. 무착은 이러한 삼성설과 알라야식설을 유기적으로 통합하여 유식의 성품으로 들어가는 실천에 이론적으로 뒷받침하고 있다.

유식사상이 체계적으로 조직된 것은 바수반두 즉 세친의 삼형제 가운데 무착보살과 세친보살에 의해서 이다. 세친의 형제는 북인도 간다라Gandhara국의 수도인 뿌루사뿌라Purusapura에서 바라문출신의 국사國師인 교시가憍尸迦; Kauśika와 비린지比隣持; Viriñci 사이에서 태어났다. 셋째 아들 세친은 설일체유부說一切有部에 출가하여 아라한의 경지에 이르렀으며, 별명을 비린지발바比隣持跋婆; Viriñcivatsa라고 하였다. 첫째 아들 무착보살은 화지부化地部에 출가하였다가 대승으로 전환하였으며, 둘째 아들 세친보살은 설일체유부에 출가하여『아비달마구사론』30권 등을 저술하며 명성을 날리다가 형 무착보살의 권고로 대승으로 전환하였다.

무착은 일찍부터 공空의 의의를 깊이 사유하였으나 완전한 이해에 들어가지 못하여 자살하려고 까지 하였다. 이에 동쪽의 비데하Videha; 현재 인도의 비하르주 북부에서 수행하고 있던 핀도라Piṇḍora라는 아라한이 이 광경을 지켜보다가 급히 달려와 그를 위해 소승적인 공의 의의를 가르쳤다고 한

미륵보살(비쉬누푸르 출토, 11세기, 퍼트나박물관 소장)

다. 그러나 무착은 아직 공의 깊은 이치에 이르지 못한 것을 알고 도솔천의 미륵보살에게 간절히 가르침을 구하였다. 그 결과 도솔천의 미륵보살을 뵙고 대승공관의 가르침을 받아 깨달음을 얻었다. 그 이후에도 자주 도솔천을 오르내리며 미륵보살에게 대승경전의 가르침을 받고 사람들에게 설명하였으나 사람들은 믿으려 하지 않았다. 이에 무착은 미륵보살에게 직접 지상으로 내려와 법을 설하시어 모두 이해하고 믿음을 얻을 수 있게 되기를 간절히 발원하였다. 미륵보살은 무착의 발원을 받아들여 매일 밤마다 지상으로 내려와 법을 설하였다고 한다. 무착을 비롯한 모든 대중이 매일 밤 법을 경청하였으나, 무착은 미륵보살에게 가까이 갈 수 있었지만 다른 대중들은 그 빛과 음성만 보고 들을 수 있었다고 한다. 그리고 낮에는 무착이 다시 사람들을 위해 미륵보살이 설한 내용을 하나하나 해석해 주었다. 또한 실지로 미륵보살의 가르침대로 일광삼매一光三昧를 닦아 선정의 삼매를 획득하고 일체의 법상法相을 터득하였다. 그리고는『유가사지론瑜伽師地論』을 편찬하였는데, 본지분本地分, 섭결택분攝決擇分, 섭석분攝釋分, 섭이문분攝異門分, 섭사분攝事分의 5장으로 구성하였다. 이 가운데 미륵보살이 설한 내용은「본지분」이며 나머지 4장은 그「본지분」에 대한 무착의 해석이라 할 수 있다. 이는 요가수행의 17단계를 차례대로 설명하면서 각 단계마다 일어나는 모든 법의 모습들을 낱낱이 설명하고 있다. 앞에서도 언급한 것과 같이, 인도 고대로부터 행해오던 요가수행이 석가모니 부처님에 의해 불교적으로 재검토되고 다시 부처님의 가르침에 따라 불제자들이 행해오던 요가수행의 실천적 실증적 내용을 총망라하여 분석하고 종합한 내용이라 하겠다. 무착은 미륵보살의 설법을 모으고 그것에 설명을 덧붙여 『유가사지론』이라 하여 편찬하는 한편, 그를 다시 간략하게 편찬하여『현양성교론顯敭聖教論』20권을 저술하였다. 그리고『유가사지론』의 중요 사상을 좀 더 조직적이고 체계계화 하여『섭대승론攝大乘論』3권을 저술함으로써 대승유식의 이론적인 토대를 구축하였던 것이다.

유식唯識이라는 용어가 성립하는 데는『화엄경』의 '삼계三界는 유심唯心이다'라는 견해가 크게 작용하였다고 한다. 그러나 유식이라는 사상이 나오게 되는 근본적인 원동력은 붓다 이전부터 행해져 왔고 붓다 이후에도 행해져 왔던 요가실천에 의해 얻어진 체험에 바탕을 둔 것이라 할 것이다. 경전에서 유식이라는 용어가 사용되고 있는 곳은『해심밀경』의「분별유가품」이다. 거기에서 요가 즉 지관止觀의 관觀을 행하는 유가행자의 마음에 나타난 영상이 마음 그 자체인가 아니면 마음과 다른 것인가 하는 물음에 대하여 '다르지 않다. 왜냐하면 그러한 영상은 오직 식識이기 때문이다'라고 설하고 있다. 이처럼 요가의 체험을 표현하는 곳에서 비로소 유식이라는 말이 나타나고 있는 점에서도 알 수 있다.

『해심밀경』에서는 또한 '색色 등으로 나타나는 마음의 영상이 자성에 머무는 것도, 또한 마음과 다르지 않는 오직 식뿐이다'라고 설하고 있다. '색 등으로 나타나는 마음의 영상'이란 색깔이나 형태를 지닌 구체적인 표상을 말하며, '자성에 머무는 영상'이란 요가의 실천에 있어서 의도적으로 만들어낸 영상을 가리키는 것이 아니라 일반의 감각이나 지각에 나타난 관념을 말한다. 따라서 그것들은 마음과 다르지 않으며 오직 식에 지나지 않는다는 말 속에는, 외계의 사물이라 여기는 것 또한 마음을 떠나서 존재하지 않는다고 하는 견해가 암시되어 있다고 하겠다.

세친보살, 유식불교의 체계를 완성하다

- 알라야식과 염오의 즉 말라식과 6식이 각각 구르고 분화하여 마음의 작용이 나타나며, 이 과정에서 '나'와 '법'이 일어난다.
- period A.D. 320~400년경; 세친보살 생몰연대
- keyword 아비달마구사론 / 대승으로의 전향 / 유식삼십송 / 식전변 / 안혜 / 전변 / 호법 / 식소변 / 상분과 견분 / 10대논사 / 유식학파

대승의 유식불교가 무착Asanga에 의해 이론적인 토대를 구축하였다면, 그 토대를 바탕으로 체계를 완성한 이는 그의 동생인 세친Vasubandhu에 의해서이다. 세친은 애초에 소승의 한 부파였던 설일체유부說一切有部에 출가하여 활동하다가 형 무착의 도움으로 대승으로 전향한 인물이다. 그는 설일체유부의 교의敎義를 집대성한 『대비바사론』을 비롯하여 유부의 여러 논서를 배워 통달하였다. 그 뒤 고향으로 돌아와 대중들에게 『대비바사론』의 교의를 강의하였다. 하루의 교설이 끝나면 그 내용을 게송으로 지어 코끼리 머리위에 붙여서 어디서나 볼 수 있게 내걸고 큰 북을 두드리면서 널리 일반인들에게 다음과 같이 알렸다.

"누군가 이 게송의 교의를 논파할 이가 있는가? 논파할 이가 있으면 나와 보시오."

이와 같이 하여 『대비바사론』에 대한 교설을 마치자 게송이 600여 송에 이르렀다. 세친은 이 게송을 캐시미르의 논사들에게 보냈다. 캐시미르의 논사들은 이 게송의 단어 하나 하나에 심오한 뜻이 담겨 있어 모든 것을 충분히 이해한다는 것이 불가능하였다. 결국 이 게송들은 다시 세친에게 보내졌으

며, 산문형식의 문장으로 게송의 의의를 해설해 줄 것을 요구하였다. 세친은 이 게송들을 낱낱이 해설하였는데, 이것이 바로 『아비달마구사론阿毘達磨俱舍論』이다. 설일체유부의 교의를 중심으로 하고, 이치에 맞지 않다고 생각되는 것은 경량부經量部의 교의로 논파하고 설명을 덧붙였다.

세친은 설일체유부를 비롯하여 18부파의 모든 교의를 통달하고 있었으므로, 대승불교는 믿지도 않았으며 "대승은 부처님의 말씀이 아니다."고 까지 하였다. 형 무착은 세친이 논을 지어 대승불교를 비방하고 파괴하고 있는 것을 매우 심려하였다. 그리하여 어떻게 하든 동생 세친을 대승으로 이끌려고 작심하고, 사람을 동생에게 보내어 "나는 지금 병이 중하니 급히 오도록 하라."는 전갈을 보냈다. 형에게 온 세친은 형에게 발병원인을 묻자, 형은 "이 병은 너 때문에 생긴 것이다."고 하였다. 형의 이 말에 놀란 세친은 "무슨 말이냐?"고 되묻자, 형은 "너는 대승을 믿지 않고 언제나 그것을 비난하며 공격을 일삼고 있다. 이런 죄업으로 반드시 악도惡道에 떨어질 것이니 괴롭지 않겠는가? 아마도 나의 명命이 다하지 못할 것 같다."고 하였다. 세친은 이를 듣고 놀라고 걱정이 되어 즉시 형에게 대승을 설해줄 것을 청하였다. 형 무착은 동생을 위하여 대승불교의 중요한 교의를 설하였는데, 얼마 설하지 않아서 대승의 이치를 깨닫게 되었다. 이에 지난날 그 내용도 모르고 대승을 비방하고 공격한 잘못을 참회하고자 그의 혀를 자르고자 하였다. 형은 혀를 자른다 하여 잘못이 참회되는 것이 아니니, 그 혀로 도리어 대승을 교묘하게 해설함으로써 참회하도록 하였다. 그 이후 세친은 대승의 여러 경전을 풀이하였으며, 『중변분별론中邊分別論』, 『섭대승론석攝大乘論釋』 등 대승의 논서에 대하여 주석한 주석서와 『대승성업론大乘成業論』, 『유식이십론唯識二十論』, 『유식삼십송唯識三十頌』 등의 논서를 저술하였다.

•   무착은 『섭대승론』에서 마음을 심층의식으로서의 알라야식 Ālaya-vijñāna, 자아의식으로서의 염오의染汚意; Kliṣṭa-manas, 표층의 식으로서 6식 등 모두 3층 8식으로 된 중층적인 구조로 파악하였지만, 세친은 『유식삼십송』에서 이 3층 구조를 3종의 식이 굴러서 변화한 것識轉變; Vijñāna-pariṇāma으로 규정하였다. 즉 알라야식과 염오의 즉 말라식과 6식이 각각 구르고 분화하여 마음의 작용이 나타나며, 이 과정에서 '나'와 '법'이 일어난다고 하였다.

안혜논사는 전변 즉 굴러서 변화하는 것에 대해서 다음과 같이 풀이하고 있다. 즉 "굴러서 변화함轉變이란 무엇인가? 달라지는 것이다. 곧 원인因의 찰나가 사라지는 것과 동시에 원인의 찰나와는 다른 모습으로 결과가 생기는 것이다."라고 하였다. 또한 "거기에서 나我 라고 분별하는 습관화 된 기운習氣이 자라나고 물질色이라고 분별하는 습관화 된 기운이 자라나기 때문에, 나我 등으로 드러내고顯現 물질色 등으로 드러내는 분별이 알라야식으로부터 생겨난다. 그 나我 등으로 드러냄과 물질 등으로 드러냄으로, 바깥에 나我와 법法이 없는데도 그 분별 바깥에 있는 것처럼 취하고 집착해서, 나我 등으로 짐짓 말해지는 것假說과 물질 등으로 짐짓 말해지는 것이 시작도 없는 때로부터 굴러서 일어난다. 마치 눈병을 앓는 이에게 그물 모양의 환영이 보이는 것과 같다."고 하였다. 이는 곧 식이 찰나로 변하여 달라지는 것을 '굴러서 변화한다'라고 하며, 굴러서 변화하는 과정에서 분별하는 습관적인 기운이 자라나면서 '나'라는 것과 '법'이라는 것이 일어나는 것임을 알 수 있다. 이는 '나'라는 것과 '법'이라는 것이 실제로 있는 것이 아니며 식이 굴러서 변화하는 과정에서 분별하여 집착한 것에 불과하다는 것이다.

　　호법논사는 "식이 변화한 것[識所變]에서 변화[變]라는 것은 식 자체[識體]가 굴러서 변화하여 보여지는 부분[相分]과 보는 부분[見分]으로 나타나는 것을 말한다. 보여지는 부분과 보는 부분은 모두가 스스로 확증하는 부분[自證分]에 의지해서 일어나기 때문에 이 두 부분에 의거해서 나[我]와 법[法]을 시설한다. 이 나[我]와 법은 보는 부분과 보여지는 부분을 떠나서는 의지할 곳이 없기 때문이다."고 하였다. 호법은 굴러서 변화함에 대해 식자체가 보는 부분[見分]과 보여지는 부분[相分]로 나누어지는 것으로, 곧 8식 및 그것의 작용이 변해서 보여지는 부분과 보는 부분으로 나타나는 것을 말한다. 중생은 식자체에서 나타낸 이 보여지는 부분과 보는 부분에서 곧 '나'와 '법'을 헤아려 집착하는 것이다. 결국 '나'라는 것과 '법'이라는 것도 식이 굴러 변화된 것에 임시로 이름붙인 것에 불과하다. 그러나 어리석은 중생은 이것이 실제로 존재하는 것으로 착각하고 이를 집착함으로써 괴로움의 원인이 되는 것이다.

이상에서 보는 것과 같이, 유식사상은 미륵Maitreya보살과 무착보살에 의해 점차 발전해오던 것이 세친보살에 의해서 그 이론적 체계가 완성을 보게 된다. 내용적으로 보면, 오직 식뿐이라는 유식唯識과 한 걸음 더 나아가 인식의 대상은 없으며 오직 식뿐이라는 유식무경唯識無境, 알라야식을 비롯한 여덟 가지 식八識과 식전변설識轉變說, 존재를 연기된 것과 분별하여 집착된 것과 원만하고 참된 것의 세 가지 형태로 규정했다고 볼 수 있는 삼성설三性說: 遍計所執性, 依他起性, 圓成實性, 수행을 통하여 식의 성품唯識性을 성취함으로써 망령된 식妄識이 전환하여 네 가지 지혜四智를 얻는다는 사상 등의 전체적인 체계가 완성을 이루게 된다. 이는 특히 세친의 『유식삼십송』에서 압축적으로 설명되고 있다. 이에 대해 친승親勝, 화변火辨, 덕혜德慧, 안혜安慧, 난타難陀, 정월淨月, 호법護法, 승우勝友, 최승자最勝子, 지월智月 등 10대 논사들이 풀어서 설명함으로써 유식학은 중관학과 더불어 대승불교의 근본뿌리를 형성하게 되었다.

세친에 의해 유가행파는 식 이론識論의 면모를 드러내면서 유가행으로서의 학파라기보다는 유식론적 측면에서의 유식학파의 모습을 분명하게 나타내었다. 『유식삼십송』을 주석하는 과정에서 유식학파는 크게 두 갈래로 갈라지는 모습을 보였는데, 유상유식학파有相唯識學派와 무상유식학파無相唯識學派가 그것이다. 유상유식학파는 진나 ⇒ 호법 ⇒ 계현을 거쳐 중국으로 전해져 현장玄奘, 규기窺基, 혜소惠沼, 지주智周 등으로 이어지는 법상종으로 발전하였으며, 무상유식학파는 덕혜, 안혜 등이 있다. 중국의 대표적인 종파의 하나인 법상종이 성립하는 데는 현장玄奘의 역할이 크다. 현장은 인도로 건너가 나란다사 등 인도를 두루 돌아보며 계현, 난타, 조복광調伏光 등으로부터 대승불교를 배우고 대승의 유식문헌을 다량 수집하여 본국으로 돌아와 번역하였다.

수행으로서 지관

● 『유가사지론』에 의하면 지와 관이 나란히 나아간다는 것은 한 찰나에 지와 관을 함께 얻을 수 있기 때문이라고 하였으며, 이때에는 최초로 도道를 본다고 하는 견도의 위치[見道位]이다.
● keyword 사마타 / 비파사나 / 심일경성 / 9종심주 / 알아야 할 대상 / 심신의 경안 / 지관쌍운 / 견도

부처님이 위대하신 것은 설파하신 말씀이 진리 그 자체일 뿐만 아니라 진실 그대로 실천하신 것이 귀감이 되기 때문일 것이다. 말하자면 종교에 있어서는 훌륭한 교의教義도 중요하지만 그것을 실천하는 수행도 중요하다는 것이다. 만약에 이 두 가지의 덕목 가운데에 어느 한 쪽으로만 치우친다면 그 사람은 오히려 번민과 맹종만을 기르게 될 것이다. 불교에서도 어느 한 쪽에 치우치는 폐단을 막기 위하여 주의를 환기시키고 있다. 곧 "만약에 아는 것[解]만 있고 그에 따른 실천이 없으면 머리만 무겁고, 실천[行]만 있고 아는 것이 없으면 맹신盲信에 빠지기 쉽다."고 한 것이 그것이다. 건전한 신행을 위해서는 아는 것과 실천[解行]이 합일하여야 함을 강조한 것으로, 이는 마치 마차의 양쪽 바퀴와 같은 것이다.

일찍부터 선각자들은 이러한 점을 염두에 두어 여러 가지 이론적인 방법과 실천덕목 등을 역설하였는데, 대체로 네 가지로 요약할 수 있다. 첫째는 화두 등을 참구하여 본래 지니고 있는 불성을 바로 보아 부처를 이루는 것으로 선禪을 통하여 수행하는 것이고, 둘째는 아미타불 등을 오로지 부름으로써 극락정토인 서방세계에 왕생하고자 하는 것이며, 셋째는 부처님께서 교설하

신 경율 등에 의거하여 그 이념을 일상생활에서 몸소 실천하는 해행합일^{解行合}을 말하는 것이고, 넷째는 진언, 다라니 등을 독송하여 대일여래의 위신력으로 업장이 소멸되면, 이 몸이 바로 불덕^{佛德}을 지녀서 즉시 성불할 수 있다는 수행문이 그것이다. 이들의 수행법이 그 방법과 공덕^{功德}은 차이가 있을지 모르나, 근본적으로는 지관^{止觀}을 통해 성불을 성취하고자 하는 것은 동일하다.

수행법으로서 지관 즉 사마타^{samatha}와 비파사나^{vipassanā}라는 용어는 모두 불교경전 이외에는 사용되지 않았으며, 초기불교내에서도 좀 늦게 성립되었다고 한다. 지^止 즉 사마타는 '평정^{平靜}'의 의미로『숫타니파타』의 새로운 게송이나 팔리문의 담마파다, 테라가타 가운데에 나온다. 사마타는 원래 '고요해지는 것'만을 의미해서 비파사나와는 관계없이 독립적으로 사용되어, 마음

선정에 드신 부처님
(서북인도 스와트계곡)

을 고요히 하는 것cetosamatha 이 권장되었다. 이에 비해 비파사나라고 하는 말은 『숫타니파타』 가운데에서도 나오지 않으며, 초기불교내에서도 꽤 늦게 성립된 것으로 보인다. 처음에는 '진리, 세상의 진실한 모습을 본다'라고 하는 의미로 동사형 비파사티vipassati로 사용되었다. 이처럼 사마타와 비파사나가 처음에는 별도로 설해졌다. 그러나 마음을 고요히 하는 것사마타이 결과적으로 진리를 밝히는 것비파사나이 되기 때문에 이윽고 둘을 나란히 부르게 되었다. 이러한 지관은 부파불교와 대승불교시대를 거치면서 수행도修行道의 기본으로서 중요시 하게 되었다.

대승불교의 유가행파의 수행은 인식의 대상을 통해서 이루어진다는 것은 주지의 사실이다. 이것은 인식의 대상을 관찰하고 사유하여 결택하거나 세밀하게 관찰하는 비파사나는 물론 사마타의 수습에 있어서도 예외가 아니다. 비파사나와 사마타의 대상을 살펴보기 전에 먼저 사마타와 비파사나의 구체적인 모습을 먼저 살펴보기로 하자.

●   『유가사지론』은 대승불교 수행의 단계에 따른 법의 모습을 자세히 설하고 있다. 『유가사지론』 제30권에 의하면. 지와 관은 모두 다 마음이 하나의 경계인 성품[心一境性] 즉 마음이 하나의 경계에 머물러 있는 상태를 말한다. 그러나 이러한 지와 관이 단순하게 마음이 한 경계에 머물러 있는 상태를 말하는 것은 아니다. 마음이 한 경계에 머물고 있는 상태를 유지하며 깊어지면서 마음이 질적으로 변화해 가는 것이다. 이에 대해서 지와 관은 각각의 모습을 가지고 있다.

지止 즉 사마타는 아홉 단계[九種心住]를 거쳐 가면서 마음이 하나의 경계에 머물고 있는 상태가 깊어진다. 즉 먼저는 마음을 묶어 안에 머물게 한다[內住]. 둘째는 거칠게 움직이는 마음을 다스려 미세하게 하여 두루 평등하게 머물게 한다[等住]. 셋째는 밖으로 산란하는 마음을 다시 거두어들여 안의 경계에 안치시킨다[安住]. 넷째는 수시로 마음을 止 즉 사마타의 대상에 머물게 해서 멀리 밖으로 머물게 하지 않기 때문에 근주[近住]라 한다. 다섯째 갖가지 모습 즉 색성향미촉[色聲香味觸]의 다섯 경계와 탐욕과 성냄과 어리석음 등은 마음을 산란시킨다고 알고 그 모든 모습에 대해 그 마음을 다스려 산란시키지 않기 때문에 조순[調順]이라 한다. 여섯째 갖가지의 모습들에 대한 번뇌를 그쳐서 쉬게 하여 산란하지 않기 때문에 적정[寂靜]이라 한다. 일곱째는 잠시라도 이러한 번뇌가 나타날지라도 받아들이지 않고 즉시 없애버리므로 최고의 지극한 적정이라 한다. 여덟째는 오로지 한 대상에 힘을 보태고[加行] 힘을 씀[功用]이 쉬지 않아서 삼매가 계속되고 있음으로 오로지 한 길에 들어감[專住一趣]이라 한다. 아홉째 자주 닦고 많이 닦은 인연으로 말미암아 힘을 보태고 힘을 씀이 없어도 마음의 삼매가 산란함이 없이 저절로 계속되기 때문에 등지[等地]라고 한다.

관[觀] 즉 비파사나는 네 가지의 슬기로운 행을 통해서 마음이 하나의 경계에 머물고 있는 상태가 깊어진다. 첫째는 마음이 안의 사마타에 머무르면서 알아야 할 법에 대해 첫째는 능히 바르게 생각하여 선택하는 것[能正思擇]이고, 둘째는 지극하게 생각하여 선택하는 것[最極思擇]이고, 셋째는 두루 침착하게 생각하는 것[周遍尋思]이고, 넷째는 두루 세밀하게 생각하는 것[周遍伺察]이다.

그렇다면 이러한 비파사나와 사마타의 수행에 있어 그 대상은 어떠한 것들이 있는가. 『해심밀경』에서는 수행의 대상으로서 반드시 알아야 할 대상으로 네 가지 항목을 설하고 있다. 분별이 있는 영상[有分別影像所緣境], 분별이 없는 영상[無分別影像所緣境], 사물의 궁극적인 성품[事邊際所緣境], 할 일을 이룩하여 마침[所作成辦所緣境]이 그것이다. 분별이 있는 영상이란 어떤 사람이 바른 법을 들었거나 배웠거나 분별하였으므로, 알아야 할 대상과 비슷한 영상에 대해 비파사나행의 관찰로써 그 알아야 할 대상에 대해 공덕과 과실을 자세히 살펴 정하는 것이다. 그 알아야 할 대상이란 바로 깨끗하지 못한 법[不淨], 자비로운 법[慈愍], 연기법, 5온, 12처, 18계, 고집멸도[苦集滅道]의 네 가지 성스러운 진리 등이다.

두번째 분별이 없는 영상은 분별이 있는 영상을 받아들여 취하고 나서 그 분별이 있는 영상에 대한 관찰이나 간택을 행하지 않고, 그 영상에 대해 사마타행으로서 그 마음을 적정하게 한다. 곧 앞에서 말한 사마타의 아홉 단계로 마음을 안주시킨다. 이러한 적정을 통해 몸과 마음의 가뿐함[輕安]을 이룩하게 된다.

셋째 사물의 궁극적인 성품[事邊際性]은 곧 모든 법의 궁극적인 모습으로 5온, 12처, 18계, 네 가지 성스러운 진리와 인식대상의 진실성, 진여성[眞如性], 이치[道理] 등을 가리킨다.

넷째 할 일을 이룩하여 마친 대상의 경계는 초선에서 행해지는 경계에서부터 비상비비상처정에 이르기까지 선정을 이룰 때, 마음의 전환을 통해 알아야 할 대상에 대해 분별이 없는 분명하고도 명확한 현량[現量]의 지혜가 생겨나게 된다.

이 가운데 첫 번째는 비파사나의 대상이며, 두 번째는 사마타의 대상이며, 세 번째와 네 번째는 비파사나와 사마타의 대상이다. 이 네 가지의 대상은 결국 수행자들이 지관을 수행해 감에 따라 달리 나타나는 인식대상의 경계를 의미한다. 위의 내용에서 살펴보면, 분별이 있는 영상과 분별이 없는 영상은 지와 관이 교대로 오고 감을 알 수 있다. 이와 같이 지와 관이 교대로 오고 감을 통하여 분별이 있는 영상은 끊임없이 뛰어난 이해로 나아가며, 뛰어난 이해의 끝에 이르러 분별이 있는 영상은 최후의 분별이 없는 영상이 되고 지와 관은 나란히 나아가는 상태에 이르게 된다. 이때가 지의 아홉 번째 단계인 등지等地의 단계이다. 『유가사지론』에 의하면 지와 관이 나란히 나아간다는 것은 한 찰나에 지와 관을 함께 얻을 수 있기 때문이라고 하였으며, 이때에는 최초로 도道를 본다고 하는 견도의 위치[見道位]이다. 사물의 궁극적인 성품과 할 일을 이룩하여 마친 대상은 지와 관이 함께 작용하고 있음을 알 수 있다.

이상에서 우리는 지와 관이 부처님의 진리의 말씀을 명확하게 체증하기 위한 중요한 수행 방편임을 알 수 있다. 우리는 부처님의 말씀을 단순히 듣고 아는 것에 머물지 않고 지관을 실천함으로써 진리의 말씀을 체증할 때 지혜의 광명은 오롯이 나타날 것이다.

진리인식과 불교논리학

- 진나는, 그의 스승인 세친 이전에는 바른 인식수단으로 현량現量, 비량比量, 성교량聖教量의 세 가지였던 것을 수정하여 현량과 비량의 두 가지만을 바른 인식수단으로 인정하였다.
- period A.D. 450~520: 진나 생몰연대 / A.D. 600~660: 법칭 생몰연대
- keyword 지각적 인식 / 증오적 인식 / 인명학 / 진나 / 법칭 / 현량 / 자상 / 비량 / 공상

불교에서 인식론은 크게 두 가지로 분류할 수 있는데, 지각적知覺的 인식과 증오적證悟的 인식이 그것이다. 지각적 인식은 부처님께서 연기적인 관점에서 설하고 있는 그 인식이다. 『잡아함경』 13권 36경에 의하면, 감각기관과 인식대상과 알음알이의 세 가지가 화합하여야 비로소 감촉 즉 감각적 인식작용이 성립된다고 하고 있다. 그러므로 이 감각기관과 인식대상과 알음알이 가운데 어느 한가지만이라도 결하게 되면 인식작용은 성립되지 않는다고 보는 것이다.

● 　　그러나 불교에서 말하는 진정한 의미의 인식은 깨달음의 인식 즉 증오적 인식을 말한다. 이것은 인식이라 부르지 않으며, 지智·혜慧·명明 혹은 지혜prajña라 한다. 증오적 인식은 실천에 의해 증득된 것 즉 마음으로 체증한 실증적 인식이다. 증오적 인식의 인식대상은 무엇인가? 그것은 우주 인생의 이면에 흐르고 있는 진리로, 이것을 석존은 법Dharma이라 하였다.

먼저 법이란 자기 한 마음의 한 단면인 망심이 곧 그것이며, 동시에 그

망심의 본질이 본래는 청정한 성품을 지니고 있다는 것이다. 이 양면성을 가진 한 마음 법이 곧 석가의 깨달음의 대상이었던 것이다. 두 번째 법이라는 것은 양면성을 지닌 한 마음에 대한 깨달음으로부터 중생을 교화하기 위하여 드러낸 교법으로서의 법을 가리키는 것으로, 그것은 연기의 이치, 3법인의 이치, 4제의 이치 등의 법이 그것이다. 이와 같은 법은 여래가 출세하거나 출세하지 않거나 법성으로서 법계에 항상 머물러 변하지 않는 것이다. 여래는 다만 이 진리를 먼저 깨쳐서 모든 중생을 위해 분별하고 널리 설할 뿐이다. 이와 같은 의미의 인식이란 지각적으로 되는 것이 결코 아니다. 곧 예지叡智로써 인식하는 것, 중오적 인식의 의의로서 이것은 오직 성자만이 가능한 것이다.

초기경론에서 보여주는 논리학에 대한 불교도의 입장은 외도의 학문으로서, 세속의 학문으로서, 논쟁이나 궤변의 한 부분으로서 비판의 대상이었다. 그러던 것이 대승의 유가논서인『유가사지론』에 와서는 논리학을 인명因明이라는 이름으로 불교내에 편입시키며 그 이유를 밝히고 있다. 인명은 보살이 마땅히 배워야 할 학문으로서, 외도의 논리학을 악언설惡言說로서 물리치고 외

코살라국 사위성의
기원정사

도의 이론을 굴복시켜 불교의 진실한 성교聖敎에 맑은 믿음을 생하게 하기 위한 것이라 하였다. 당시 인도는 각 학파의 철학사상이 정립되어 학파간에 논쟁이 점차 무르익어 감에 따라 자기 학파의 교리를 옹호하기 위한 논리학의 필요성이 절실해져가고 있었다. 불교도 또한 예외가 아니었다. 논리학을 불교내에 편입시키기는 하였지만, 아직은 외도의 논리학을 차용한 것이 대부분이었다. 본격적으로 불교논리학으로서 성립하게된 것은 진나Dignāga; 450~520년경에 이르러서야 이루어지게 되었으며, 법칭Dharmakīrti, 600~660년은 이를 더욱 발전시켰다.

　　진나는, 그의 스승인 세친 이전에는 바른 인식수단으로 현량現量, 비량比量, 성교량聖敎量의 세 가지였던 것을 수정하여 현량과 비량의 두 가지만을 바른 인식수단으로 인정하였고, 그 근거를 인식대상에서 구하였다. 그에 의하면 인식대상에는 찰나생멸하는 실재로서의 자상自相과 주관적 개념작용[분별]에 의해 구성된 실재가 아닌 공상共相의 두 가지밖에 없다고 하였다. 그리고 자상에 대해서는 현량, 공상에 대해서는 비량만이 바른 인식수단이라고 하였다. 법칭은 진나의 인식논리학을 이어받아 외도와의 논쟁을 통해 부족한 부분들을 보충하였다.

　　이 가운데 현량은 '분별을 배제하며 착각이 아닌 것'이라고 정의하고 있다. '분별을 배제한다'는 것은 구성과 무관한 것으로 반성이라는 본성을 갖지 않는다는 것이다. 즉 언어표현과 결합이 가능한 마음에 나타나는 어떠한 것도 배제한다는 것으로 젖먹는 아이가 짓는 구상작용까지도 배제하는 것이다. 그러므로 현량은 당연히 언어표현이 되지 않는 것이다. 이 분별이 없는 즉 언어표현이 되지 않는다는 것에 의해서 비량과 구별하고 있다. '착각이 아니다'는 것은 유효한 작용능력을 가진 실재를 말한다. 유효한 작용능력을 가진

실재란 형태, 속성, 색깔로 이루어진 것으로, 실제적으로 손가락을 불[火]에 가까이 가져갔을 때 손가락을 태우는 그 불을 말한다. 또한 착각이 아닌 것이란 틀린 인식에 의한 지각 예를 들어 달리는 배에 탄 사람이 강 언덕에 있는 나무를 보고 움직인다고 하는 경우에도 현량이 아닐까하는 의심을 배제하며, 유효한 작용이 있는 것이 바른 인식이라는 점을 나타낸다. 이러한 착각이 아닌 성품은 진나의 현량에 대한 정의에는 포함되지 않았으나, 법칭에 의해 첨가된 것이다. 착각의 원인은 감각기관, 인식대상, 외부의 조건, 자기 내부의 조건 등이 있다. 감각기관에 의한 착각은 눈이나 코 등의 질병 등이며 인식대상에 의한 착각이란 빠른 회전 등이다. 외부의 조건에 의한 착각이란 배 위의 여행 등이며, 자신의 내부의 조건에 의한 착각이란 병이 들었을 때의 교란, 급소를 강렬하게 타격받은 것 등이다. 또한 현량은 감관에 의존한 것, 앞에 나타나는 것이다. '감관에 의하는 것'과 '앞에 나타나는 것'이란 범어의 어원적 해석에 의한 정의이다. 이는 곧 대상에 직접적으로 작용하는 인식임을 가리킨다.

이러한 특성을 가진 현량의 인식대상을 자상이라 한다. 자상이란 그 자신이라는, 즉 다른 것과 공통되지 않는 것이 바로 자상이다. 자상의 특성은 가깝고 먼 것에 따라서 명료, 불명료한 인식의 차이가 있다. 원근에 의해 인식의 나타남이 달라지는 대상은 효과적 작용력을 가진 것이다. 그러므로 효과적 작용능력을 특징으로 하는 자상은 최고의 진실이라는 목적을 성취할 수 있다. 그러나 효과적 작용능력이 없는 분별의 대상으로부터는 목적의 성취를 얻을 수 없다. 이상의 조건에 맞는 현량의 종류로 감관지感官知, 의지각意知覺, 자증지自證知, 요긴의 지각 등 네 종류를 들고 있다.

비량의 인식대상은 공상이다. 공상은 구성적 지식으로 확정되어진 보편상으로, 원근에 따라 지식의 형상을 변경시키지 않는다. 보편적 특성이란 공통된 성질이라는 뜻으로 개념적으로 구성된 것은 어느 곳에서나 공통된 것이다. 비량은 증표證票 혹은 인因이 보여짐으로써 결정된 대상에 도달한다. 비량은 종宗, 능증能證, 因, 소증所證의 세 요소로 이루어진다. 예를 들어 어떤 산 위로 올라오는 연기를 보고 직접 관찰되지 않는 불을 추리할 때, 불을 추리하게 해주는 연기가 증표, 혹은 능증이고, 추리되는 대상인 불이 소증이며, 그 둘을 소유한 산이 비량의 주제인 종이다.

비량의 관건은 증표 혹은 인이며, 인이 바른 것인가 아니면 그릇된 것인가에 따라 비량지가 바른지 그른지가 결정된다. 인이 바른 것이고, 따라서 비량이 정당한 것이 되기 위해서는 세 가지의 특성이 갖추어져야 한다. 인의 세 가지 특성은 첫째로 인은 종에 확정적으로 존재해야만 한다. 연기가 바로 저 산에 불이 있다는 것을 추리케 하는 능증이 되기 위해서는 바로 그 산에 솟아오르는 연기여야만 한다는 것이다. 둘째와 세째 조건은 증인이 바른 것이 되기 위해서는 소증과 불변적 수반관계를 가져야 한다. 긍정적 수반관계를 규정한 것이 두 번째로, 인은 '동품同品에만 확정적으로 존재해야 한다'는 조건이며, 부정적 수반관계를 규정한 것이 세 번째로, 인은 '이품異品에는 확정적으로 존재해서는 안된다'는 조건이다. 곧 '연기가 있는 곳에는 반드시 불이 있다'는 것을 나타내기 위해 동품인 '아궁이'로서 실례를 보이는 것이고, '불이 없는 곳엔 연기도 없다'는 것을 나타내기 위해 이품인 '호수'로서 실례를 보이는 것이다.

이상의 세 조건을 갖춘 바른 인은 소증과의 관계 양상에 따라 결과인, 자성인, 비인식인의 세 가지로 구분된다. 소증이 능증의 원인이고 능증은 결과일 때, 결과의 존재로부터 원인의 존재가 증명될 수 있으며, 이 때 그 능증을 결과인이라고 한다. 예를 들어 저 산에 불이 있음을 증명하고자 할 때, 연기는 불이라는 원인의 결과이다. 그 연기가 지금 여기 있기 때문에 불이 존재함을 추리할 수 있으며, 여기서 연기를 결과인이라고 한다. 자성인은 인이 소중 자체의 본성이므로 본질적으로 인과 소중이 동일한 것일 때, 인의 존재는 그와 동일 기체에 속한 소중의 존재를 증명해줄 수 있다. 예를 들어 '이것은 나무이다'를 증명하고자 할 때, '보리수'는 뿌리, 줄기, 잎사귀 등 나무로서의 특징을 가진 점에서 소중과 본성이 동일하며, 따라서 소중은 '나무'의 존재를 증명해 줄 수 있는 인이 된다. 불교논리학은 실체론적 학파와 달리 비존재의 실재를 인정하지 않으며, 또한 존재하지 않는 것은 결코 인식할 수 없다고 믿는다. 다만 일종의 경험적, 현상적 행위로서의 비존재, 다시 말해서 '여기에 물단지가 없다'는 판단이나 언어로 표현된 주장, 혹은 그에 근거한 행위로서의 비존재와 관련하여, 비인식인으로부터 추리될 수 있도록 인정할 뿐이다. '물단지가 없다'는 비존재의 행위가 소중일 때, 그 증인은 '만약 그것이 이 장소에 있기만 하다면 인식될 수 있는 모든 조건을 갖추었지만, 지각되지 않는다'는 것이며, 이것을 비인식인이라고 한다. 이상의 내용에서 보면, 비인식인이 증명해주는 비존재는 어디까지나 인간의 경험의 한계내에 있는 존재로서 인식 가능한 것이며, 수미산이나 귀신이나 형이상학적 존재와 같은 것은 시간적 공간적으로 접근할 수 있는 존재가 아님을 시사하고 있다.

이와 같이 현량은 직접 우리 앞에 나타난 시간과 공간에 한정된 대상을 보여주며, 비량은 증표와 연결된 한정적 대상을 보여준다. 그러므로 이 둘은 확정된 대상을 보여주는 것이다. 따라서 양자는 바른 인식수단이다. 바른 인식의 수단인 현량과 비량으로 인식된 인식은 지각적 인식이라 할 수 있으며, 이러한 바른 인식을 통해 불교의 궁극적인 목표라고 할 수 있는 깨달음의 인식 즉 증오적 인식으로 나아가는 것이다.

나란다사와 대승불교

- 승원은 막대한 부를 소유하며 이를 사용하지 않아 부패된 곡물이 쌓여 있는 창고가 있으며, 노비가 많다. 또 창고에는 금전 재화가 사용되지 않고 쌓여 있다.
- period A.D. 634~643; 현장 나란다사 체재
- keyword 계일왕 / 현장 / 계현 / 청변과 호법의 공유논쟁 / 법칭과 쿠마릴라의 사상논쟁 / 의정 / 교단의 세속화 비판 / 위끄라마실라 승원에 예속

나란다사는 대승불교 교학의 융성과 쇠퇴를 같이 한 동인도 최대의 불교대학이었다. 나란다Nālandā는 인도의 동부 비하르Bihar주의 주도州都인 파트나Patna의 남동쪽으로 90km, 라즈기르Rajgir, 王舍城의 북동쪽으로 11km 지점에 위치하며, 바르가온Bargaon이라는 마을과 인접해 있다. 이곳은 부처님의 제자였던 사리불과 목건련의 출생지이며 열반지이기도 하다. 따라나타Tāranātha의 『인도불교사』에 의하면, B.C 250년경 아쇼카왕은 이곳을 찾아 사리불의 부도浮屠에 경의를 표한 후 그곳에 사원을 건립하였다고 한다. 그러나 A.D 405년에서 411년에 걸쳐 인도를 여행하던 중 이곳을 방문한 중국의 승려 법현法顯의 기록에 의하면, 사리불의 부도탑이 세워져 있다는 기록은 있으나 사원 혹은 승원의 유적이 있다는 언급은 없다.

법현 이후에 인도를 방문한 중국 승려 현장의 기록에 의하면, 샤크라디트야Sakrāditya, 帝日 왕이 이곳에 최초로 사원을 지었다고 전한다. 사크라디타야는 굽타 왕조대의 쿠마라굽타Kumaragupta, 415-456 재위 왕을 가리키며, 그를 이은 붓다굽타Buddhagupta, 覺護 역시 사원을 세웠다. 또 그의 아들 다타가타굽타Tathāgata-gupta, 如來護가 사원을 세웠으며, 또 그의 아들 바라디트야Bālāditya, 幼日가

사원을 세웠다. 그 다음 왕은 왕위를 버리고 출가하였으며, 그의 아들 바즈라 Vajra, 金剛가 왕위에 올라 또 북쪽에 사원을 세웠다. 그 뒤 중인도의 왕이 그 옆에 사원을 세우고, 또 벽돌로 그 둘레를 쌓고 합쳐서 하나의 절로 만들었으며, 문을 따로 내서 정원을 만들고 내부를 8원八院으로 만들었다. 사원을 세운 국왕들 가운데 바라디트야왕은 유식불교의 교리체계를 완성한 세친世親보살을 스승으로 삼았다.

637년 현장이 이곳을 방문했을 때에는 하르샤 왕조의 왕 하르샤바르다나Harṣavardhana, 戒日, 606~647년 재위가 이곳에 청동으로 된 정사를 건립하고 있었다고 한다. 실질적으로 현장이 방문할 당시가 나란다사의 전성기였다고 말해진다. 당시 국왕은 이 절을 깊이 아껴서 100여 마을을 장원으로 하여 날마다 쌀과 우유 그리고 버터를 공양토록 하였다. 이로 말미암아 만여 명이 넘는 학인들은 궁색함이 없이 사사四事; 衣食寢藥을 자족自足하고 학업을 성취할 수 있었다. 당시에 현장은 바라디트야왕이 세운 사원으로 안내되어 매일 식량과 기호품을 지급받았다. 세속적인 일을 처리하는 불교의 재가신도淨施 한 사람과 브라흐만 한 사람이 그에게 배치되고, 코끼리를 타고 외출하는 것도 허락하는 후한 대접을 받았다고 기록하고 있다.

●   당시에 이곳에는 승려와 객승을 합쳐 항상 만 명 이상이나 있었으며, 모두 대승의 교리와 더불어 소승 18부의 교리도 배우고 있었다. 그리고 일반 학문의 서적이나 브라흐만교의 베다 성전이 학습되었으며, 문법학·논리학·의학 등에 이르기까지 연구하고 있었다. 경론 20부를 해득하는 자가 천여 명, 30부를 해득하는 자는 500여 명, 50부를 해득하는 자는 법사

를 포함해서 10명이 있었다. 당시 나란다사의 승원장은 계현 Sīlabhadra, 戒賢법사로 일체의 경론에 통달하였다.

계현은 무착, 세친, 진나, 호법으로 이어지는 유상유식학을 이어 받은 유식학의 대가로서, 사람들은 그에 대한 존경으로 그의 이름을 대신하여 정법장正法藏이라 불렀다.

나란다사에는 또한 당시에 크게 유행하던 중관학과 유식학의 논쟁이라 할 수 있는 청변논사와 호법논사와의 논쟁이 전해지고 있다. 두 논사는 동시대인으로서, 따라나타의 『인도불교사』에 의하면 청변은 남인도를 중심으로 모든 사찰의 우두머리가 되어 그 제자가 1000여명에 이른다고 하였으며, 청변 당시의 대승불교는 용수의 종풍과 무착의 종풍으로 나뉘어져 있다고 기술하고 있다. 현장의 『대당서역기』10권에 의하면 청변이 호법과 대론하기 위해 나란다사를 찾아가 심부름꾼을 통해 대론하기를 청하였으나, 호법은 "사람의 세상은 환영과 같고 신명身命은 뜬 구름과 같이 무상합니다. 날마다 수행하고 있어서 담의談議할 짬이 없소."라고 하였다고 한다. 나란다사의 학승이며 동시에 호법의 문하생이었던 친광親光은 『불지경론』7권에 두 논사의 논쟁에 대해 다음과 같이 서술하고 있다.

"천년 전에는 불법이 한 맛이었는데 천년이 지난 후에 공空과 유有가 대립하여 논쟁하였다. 부처님이 입멸하신지 천년 뒤에 남인도 건지국建至國, Kāñcipura에서 두 보살이 같은 시기에 이 세상에 태어났다. 한 사람은 청변이고 또 다른 사람은 호법이다. 유정들에게 불법을 깨우치기 위해 공종空宗과 유종有宗을 세워 모두 부처님의 뜻을 이루었다. 청변보살은 공에 집착하여 유를 버렸으니 유에 집착하는 것을 제거하려 하였다. 호법보살은 유를 세우려 공을 버

나란다사 전경 나란다사는 굽타왕조의 쿠마라굽타왕에 의해 최초로 세워졌으며 그 이후 점차로 증설되었다. 이후 불교대학으로서 대승불교 교학의 산실이었으며, 아시아 각국에서 불교를 공부하기 위해 승려들이 모여들었다.

렸으니 공에 얽매이는 것을 제거하고자 하였다."

실질적으로 두 논사가 직접 만나 대론하지는 않았으나, 그러한 대론의 내용들은 호법은 『대승광백론석大乘廣百論釋』에, 청변은 『대승장진론大乘掌珍論』에서 그 뜻을 드러내고 있다. 이러한 대론의 과정에서 대승의 교리는 더욱 치밀해지고 교학은 발전을 거듭할 수 있었을 것이다.

대론은 불교내에서만 일어난 것이 아니며, 불교외의 다른 학파와도 빈번하게 나란다사를 중심으로 일어났다. 당시에 불교와 학파들간의 논쟁은 각 학파의 사활을 건 중대한 일이었다. 이는 각 학파가 주장하는 내용이 진리인가 비진리인가 하는 문제이기 때문이기도 하였다. 그러한 결과 논쟁을 위한 논리학 혹은 논쟁학이 활발히 연구되었다. 불교에서 불교논리학因明學으로 명성을 떨친 이는 진나이다. 진나는 세친의 제자로 마음을 세 부분으로 구분하여 유식사상의 심화에 공헌한 인물이다. 그는 불교논리학을 체계화하여 『인명정리문론』을 저술하였으며, 이를 바탕으로 당시에 득세하던 인도 여러 학파의 인식론과 논리학을 논쟁을 통해 논파하였다. 진나의 제자인 법칭 또한 당시 미망사학파의 철학자 쿠마릴라Kumārila와의 사상논쟁에서 승리하여, 불교 인명학이 미망사학파를 포함하여 당시에 유행하고 있던 철학사상을 능가하고 있음을 여실히 증명해주기도 하였다.

나란다사는 인도는 물론 중국, 멀리 신라에서도 법을 구하여 수학하기 위해 오는 곳이었다. 현장 이후 A.D 673년에 이곳에 수학했던 의정은 『대당서역구법고승전』에서 중국의 현조玄照, 도림道琳, 무행無行 스님 등이 이곳에서 수학하였으며, 신라의 아리야발마阿離耶跋摩, 혜업慧業 스님 등이 나란다사에서 오랫동안 강의를 듣고 불서를 읽었으며, 불서를 베껴 적었다고 기술하고 있다.

7세기 후반에 의정이 이곳에 방문했을 때에는 인도내의 불교는 물론 나란다사도 서서히 기울고 있었다. 현장은 나란다사에 승려와 객승이 1만 여 명이 넘는다고 하였는데, 의정은 3,500명 정도라고 기록하고 있다. 또한 현장 이 방문했을 당시에는 "재능이 높고 학식과 덕행이 높아 명성이 외국에까지 알려져 있는 사람이 수백명 이상이며 …… 계행이 청결하고 수칙작법守則作法 도 순수하다. 승원에는 엄한 규제가 있으며, 사람들이 이를 철저히 지키므로 인도의 여러 나라들은 모범으로 여겨 숭앙한다."고 기록하고 있다. 반면에 의 정은 훌륭한 전통이 계속되고 있음을 인정하면서도, 다른 한편으로 토지의 기 부로 부유함을 누리며 당시의 교단이 세속화되어 가는 모습을 통렬히 비판하 고 있다. "승원은 막대한 부를 소유하며 이를 사용하지 않아 부패된 곡물이 쌓 여 있는 창고가 있으며, 노비가 많다. 또 창고에는 금전 재화가 사용되지 않고 쌓여 있다. 사회의 사람들은 빈곤으로 고통받고 있는 상황에서 이러한 일은 승원이 취할 일이 아니다."

팔라Pāla 왕조대에 이르러 대승불교를 육성하고자 나란다외의 지방에 많은 사원들을 건립하였는데, 결과적으로 나란다에 집약되어 있던 불교의 총 체적 응집력이 다른 지방으로 확산되는 결과를 가져왔다 또한 나란다사는 다 르마팔라Dharmapāla 왕에 의해 바갈뿌르Bhagalpur 지역에 건립된 위끄라마실라 Vikramaśīlā 승원에 예속되어 그 독자성을 상실하게 되었다.

이상에서 대승불교 교학의 중심이었으며 진리의 산실이었던 나란다사 와 대승불교가 쇠퇴하여 간 것에 대해, 우리는 제도적인 여건에서 찾기보다는 그들의 교학이 점차 일반 대중과 함께 하지 않은 승려 자신들만의 교학이 되 어갔으며 그러한 교학과 함께 실천적이지 않았다는 것에서 찾아야 할 것이다. 또한 재물과 재화로 인해 스스로가 세속화하여 안주하고 대중의 고통을 외면 했던 것에서 찾아야 할 것이다.

제5장
비밀불교의 성립과 전개

주술과 붓다

● 수행자를 보호하고 교단을 보호하는 이러한 주문은 방호주防護呪: paritta라고 하여 허용하면서 브라만의 만트라와는 달리 하였다.
● keyword 만트라 / 아타르바 / 식재 / 증익 / 안기라스 / 조복 / 파일제 / 방호주 / 주문내용 변경

인도에서 주술呪術은 하랍파나 모헨조다로의 유적에서 보인 인더스 문명에서 그 오래된 모습을 나타내고 있다. 각 도시의 성채에는 제단의 건물이 있고, 평지에는 사원으로 보이는 2층집 혹은 3층집의 건물이 있으며, 대형의 목욕시설은 종교적인 정화를 위한 것으로 짐작하고 있다. 짐승·새·수목·여신·생식기 등을 숭배한 것으로 보이며, 발견된 인장印章과 새겨진 그림에는 코끼리, 호랑이 등의 동물들과 동물들에 둘러싸여 있는 신이 공양물을 받고 있는 모습이 보인다. 또한 거기에 새겨진 가면들과 뿔 달린 머리 장식물 등에서 제사장의 제도가 존재하였음을 시사한다. 그리고 요가yoga의 자세를 취하고 있는 신상의 모습은 종교적인 실천법으로써 이미 요가를 수행하고 있었음을 짐작하게 한다. 또한 유물에서 보이는 많은 여인의 모습들은 모신母神 숭배의 한 모습으로서 후대에 널리 신앙된 깔리Kālī 여신의 원형으로 추정하기도 한다. 이러한 점 등에서 볼 때 당시 인더스 문명을 담당하였던 사람들은 그들의 생활속에 직접 연결된 주술이 매우 활발하였음을 충분히 짐작할 수 있다.

인더스강 유역의 선주민들을 정복하고 인도 최초로 남긴 문헌이 아리아인들의 〈리그베다〉이다. 〈리그베다〉는 신에 대한 영감어린 찬가의 모음집

이다. 아리아인들은 처음에는 신들을 부르고 덕을 찬탄하는 찬가가 주가 되었으나, 점차 그들이 원하고 바라는 것을 기원하는 방향으로 흘러갔다. 사람들은 제단祭壇을 쌓고 여기에 불을 지피고는 살아있는 동물이나 곡물 등을 바쳤다. 이러한 행위는 점차 형식적인 성격을 띠게 되면서 희생제의犧牲祭儀, yajña라고 하는 제사의식으로 발전하였다.

제사의식의 형식이 완비되어감에 따라 신에 대한 찬가를 일정한 선율에 따라 노래하는 이들 노래의 모음집 즉 〈사마베다〉가 성립하였으며, 제사의식에 관한 실제적인 규정들 즉 제사祭詞들의 모음집인 〈야주르베다〉가 성립하였다. 이러한 종교의례에는 주법呪法과 연결되어 있었던 것은 말할 나위도 없다. 〈리그베다〉의 신들에게 바치는 만트라mantra에는 거의 30종에 달하는 주법의 찬가가 있다고 한다. 이것들은 병의 치료·원적怨敵의 추방·위해危害의 제거 혹은 비를 청하거나 그침, 전쟁에서 이기게 해달라는 등의 주문이다.

아리아인들이 인더스강 유역에서 동으로 이동하여 야무나Yamunā강과 갠지스강에 둘러싸인 비옥한 평원에 진출하여 정착하면서 토착민과의 결합이 깊어졌다. 이러한 과정에서 아리야문화와 비아리야문화의 교류가 촉진되었고, 이때에 제작된 것이 〈아타르바베다Atharva-veda〉이다. 이는 기원전 8세기경에 성립하게 되는데, 당시에 길흉화복을 좌우하는 주술에 관한 찬가, 문구의 모음집이다. 이는 선주민과의 갈등이 진정되면서 선주민의 종교를 받아들임으로써 조화를 도모한 것이라 할 수 있다. 가장 오래된 문헌에서는 〈아타르바베다〉에 〈아타르바·안기라사스Atharvāṅgirasas〉라는 이름을 붙이고 있다. 즉 그것은 아타르반Atharvan과 안기라스Aṅgiras의 두 개의 주문으로 이루어졌다는 것이다. 아타르반은 행운을 가져오는 주문으로 식재息災, 증익增益이라 불리기도 하며, 안기라스는 적대자의 제거를 목적으로 하는 주문으로 조복調伏이라 불리기도 한다.

〈아타르바베다〉를 관장하는 제관은 브라만이라 불렸다. 브라만은 정확히 말해 브라흐마나Brāhmaṇa라고 하며, 이는 브라흐만Brahman을 구사하는 사람을 의미한다. 브라흐만은 음성·언어 가운데 감추어져 있는 주술의 힘[呪力]으로서, 구체적으로는 베다의 찬가에 표현되어 있는 것으로 생각되었다. 더 나아가 찬가 가운데 표현되고 있는 지식도 브라흐만으로 간주되었다. 시간이 흐르면서, 브라만 제관들은 〈아타르바베다〉를 중심으로 주술의 힘 즉 '브라흐만'을 구사하고 제사의식을 주술화함으로써 제사의식 전반을 통솔하는 중심적인 지위에 오르게 되었다. 제사의식의 형태도 앞의 세 베다를 중심으로 신들 앞에 엎드려 숭배하며 기도하는 제사의식이 점차 〈아타르바베다〉를 중심으로 주술의 힘인 브라흐만을 구사하는 주술적인 제사의식으로 변화해 갔다. 당시의 사회에서 제사의식은 사회생활 전반의 성공과 실패를 좌우하는 것으로 여겨졌다. 브라만들은 제사의식을 독점하였으며 그들에 대한 사회적, 종교적 지위는 절대적인 것이었다.

기원전 6세기에 이르러 동물의 희생제의와 함께 행해지는 형식적인 제사의식에 대해 비판이 여러 방면으로 일게 되었다. 전통적인 브라만 사회 내부에서 일부 유행遊行하는 지식계층의 브라만들은 희생제의를 통한 제식만능주의를 반성하고, 현상세계의 근원적인 진리라든가 자신의 근원적인 본질을 찾기 위한 고행이라든가 명상으로 전환을 시도하고 있었다. 이와는 달리 브라만 사회의 밖에 몸을 두고 공공연하게 브라만의 주의주장에 반대하며, 브라흐마니즘의 제사종교를 신랄히 비판하는 무리들이 증가하였다. 이들은 사문沙門; Śramaṇa이라 부르며 '노력하는 사람'이라는 뜻으로, 당시의 자유로운 사상가와 종교가들을 총칭하였다. 붓다는 이들 사문의 한 사람으로서, 기본적으로 주술을 비롯하여 브라만의 종교의례를 부인하고 있다. 그것은 자신과 세계에 대해 연기적인 관점에서 성찰을 행하며 해탈을 추구한다는 불교의 가르침에서 볼 때 당연한 결과이기도 하다. 이에 대해 경전의 내용을 살펴보자.

『중아함경』제7권 31「분별성제경分別聖諦經」에 4성제 가운데 고멸도성제를 설하면서 8정도의 하나인 바른 생활[正命]을 설하고 있다. 그 가운데 '온갖 기술과 주설呪說의 삿된 직업으로써 생활하지 않고 다만 법으로써 옷을 구하며 법이 아닌 것은 쓰지 않는 것'이 바른 생활이라고 하고 있다. 또한『불설장아함경』제13권「아마주경阿摩晝經」에 의하면, 주문을 외우며 살아가는 것은 도에 방해되는 법을 행하는 것이며 삿된 직업으로 살아가는 것이라고 하고 있다. 그 내용을 보자.

"마납아, 다른 사문이나 바라문들은 재가자들이 신심으로 가져온 음식으로 살면서 도道에 방해되는 법을 행하며 삿된 직업으로 생활해 간다. 물과 불의 주문을 외우고 혹은 귀신의 주문을 외우며 혹은 찰제리의 주문을 외우고 혹은 새[鳥]의 주문이나 팔 다리의 주문을 외우며 혹은 집을 편안하게 하는 부적과 주문 혹은 불에 데이거나 쥐에 물린 것을 풀기 위한 주문을 외운다. 혹은 죽고 사는 것을 판단하는 글을 외우고 혹은 꿈을 풀이하는 글을 외운다. 혹은 손금과 관상을 보고

스투파를 지키는 용왕(아마라바티 출토 석판부조)

혹은 천문 글을 외우며 일체 소리의 글을 외운다. 그러나 우리 법에 들어온 자는 그런 일이 없다."

『사분율』 제27에는 "세속의 주문과 술법을 외우고 익히면 파일제波逸提를 범하는 것."이라고 하였다. 파일제는 중죄인 바라이波羅夷에 비하여 가벼운 죄로, 물건에 관계될 때에는 몰수되고 불법행위일 때에는 4인 이상의 승려 앞에서 참회해야 한다. 이는 특히 바른 법에 위배되는 삿된 설을 주장하거나 신봉한 경우에 이 파일제를 적용하였으며, 삿된 법을 버리고 참회하면 용서받을 수 있었다.

『사분율』은 이와 함께 범하지 않는 경우를 열거하고 있는데, 뱃속에 벌레를 없애는 주문을 외우거나 음식이 체한 것을 고치는 주문을 외우거나 글을 배우거나 세속의 외도를 항복시키는 주문을 외우거나 독기를 없애는 주문을 외워 몸을 보호하는 경우이다. 이와 같이 수행자를 보호하고 교단을 보호하는 이러한 주문은 방호주防護呪; paritta라고 하여 허용하면서 브라만의 만트라와는 달리 하였다. 또한 『사분율』 제42에는 어떤 비구가 뱀에게 물려 죽자, 붓다는 여덟 용왕의 뱀에게 인자함을 호소하는 자호자념주自護慈念呪를 지을 것을 허락하셨다.

●   "비루륵차毘樓勒叉의 인자함·가영伽寧의 인자함·구담명瞿曇冥의 인자함·시바미다라施婆彌多羅의 인자함·다사이라바니多奢伊羅婆尼의 인자함·가비라습파라伽毘羅濕波羅의 인자함·제두뢰탁提頭賴託의 인자함으로 모든 용왕과 건달바와 나찰을 인자하게 생각하네. 이제 내가 인자한 마음을 일으키니 모든 독이 소멸되고, 모든 독과 악이 소멸되고, 이로부터 본래대로 회복되어 독이

끊어지고 독이 멸하고 독이 제거되리라. 나무 바가밧."

이러한 점은 주문의 내용이 자비로운 마음과 진실한 마음에 근거하며, 주문을 외우는 자나 그 대상자나 주문의 의미내용이 모두 심성변화를 통하여 호신력護身力을 발휘하도록 하고 있다. 이는 주술을 부처님이 가르치고자 하는 것으로 변형하여 적용하고 있는 것이라 할 수 있다. 이러한 경향은 부처님이 입멸한 후 점차 확대되어 대중부 일파에서는 경율론經律論의 3장藏에 잡雜과 주법呪法을 더하여 5장藏으로 하였고, 상좌부 계통의 일파인 법장부法藏部에서는 경율론 3장에 주장呪藏과 보살장菩薩藏을 더하고 있다.

대승불교와 다라니

- 우리는『화적다라니신주경』에서 기억하여 잊지 않음으로서의 다라니와 지혜의 법문으로서의 다라니와 주문으로서 다라니의 모습 등을 볼 수 있다.
- keyword 만트라 / 비드야明 / 도로무익의 명 / 명주 / 다라니 / 경법의 억지 / 반야심경 / 유가사지론

대승이라는 용어가 경전중에 최초로 사용된 것은『도행반야경道行般若經』의「도행품」이다. 그곳에서는 대승을 마하연摩訶衍이라 하여 범어를 소리나는 대로 적고 그에 대한 의미를 설명하고 있다.『도행반야경』은 환제桓帝, 146~167 재위 · 영제靈帝, 168~189 재위 시대에 쿠샤나Kuṣaṇa국의 지루가참支婁迦讖이 대승경전을 지니고 중국으로 건너와 대승경전으로서는 최초로 번역했던『반주삼매경般舟三昧經』,『보적경寶積經』등의 경전과 함께 번역된 것이다. 대승불교에서 경전에 나타난 주술적인 면을 살펴보고자 할 때 가장 먼저 떠오르는 것이『반야심경』이다.『반야심경』에는 "반야바라밀다는 대신주大神呪이며 대명주大明呪이며 무상주無上呪이며 무등등주無等等呪로서 능히 모든 고통을 제거한다."라고 설하고 있기 때문이다. 여기에서 대신주는 마하 만트라mahā-mantra이며 대명주는 마하 비드야 만트라mahā-vidyā-mantra이다.

만트라는 고대 인도 최고의 문헌인〈리그베다〉에서 신에 대한 찬가의 시구를 말한다. 만트라는 신에 대한 제식의례에서 창唱하는 말로서, 일상적인 언어와는 그 의미체계를 달리한다. 그것은 만트라가 시성詩聖, Ṛsi들이 신의 계시에 의하여 받은 천계天啓의 언어로 인식되기 때문이다. 후기에 이르러 만트

라는 〈아타르바베다〉가 성립하면서 주술로서 사용되는 주구呪句로서 설해졌다. 이들은 거의가 현세 이익적인 성취를 위하여 사용되었다.

비드야는 명明으로 번역되며 그 당시에 있었던 학문으로 이해할 수 있다. 그럼에도 불구하고 붓다는 「사문과경」이나 「범망경」에서 도로무익徒勞無益의 명明으로 규정하고 이들을 금하고 있다. 즉 어떤 사문이나 바라문 등은 신자들이 보시한 음식으로 생활하면서, 이러한 도로무익의 명으로써 정당하지 못하게 생활하고 있다고 말하고 있다. 이와 함께 들고 있는 도로무익의 명으로 수상手相이나 꿈풀이 점 등의 점상占相이나 불의 호마·기름의 호마 등의 호마homa, 택지명·뱀명·독약명 등은 물론 전쟁의 예언, 일식·월식·성숙星宿의 예언, 순세론順世論, 산수, 정치나 일상생활의 지식, 갖가지 의술 등도 포함하고 있다. 이상에서 보면 도로무익의 명에는 주문도 포함되지만 세간의 학문도 포함되고 있다. 붓다가 이들을 도로무익의 명으로서 금지한 것은 분명 그 자체로서 법답지 못한 것도 있었겠지만, 사문이나 바라문 등이 수행자로서 지향해야 할 바른 생활의 태도가 아닌 것에 연유하는 것에도 있었다고 생각된다. 그러나 불교에서 명을 긍정적인 면으로 사용한 경우도 있다. 예컨대 부처님의 10호 가운데 하나인 명행구족明行具足이나 부처님이 지닌 숙명통·천안통·누진통 등을 3명이라고 하는 경우 등이다. 이러한 점에서 볼 때, 불교에서 사용된 명이라는 의미는 세간의 분별을 떠난 지혜prajña로서의 의미가 더 크다는 것을 알 수 있다.

그러한 점에서 반야경류에 설해지고 있는 '반야바라밀이 대신주이고 대명주'라는 부분은 기존의 주술적인 성격을 부정할 수는 없지만, 신비로운 지혜로서의 성격이 더 많은 부분 포함하고 있다고 해야 할 것이다. 이 점에 대해 용수는『대지도론』제58권에서 잘 풀이하고 있다. 즉 "외도의 주술은 중생

의 욕망을 채우기 때문에 사람들은 그것을 존중한다. 그러나 반야바라밀의 주
는 모든 집착을 제거하고 불지佛智를 얻게 한다. 따라서 같은 주라도 불교의 주
는 크며[大], 무상無上이며, 무등등無等等이다."고 하였다.

대승경전에서는 앞의 만트라나 비드야보다는 다라니가 중시되고 있
다. 다라니dhāraṇī는 '보지保持하다'는 뜻을 가진 동사의 여성명사형으로, 다라
나dhāraṇā, 執持에 기원하고 있다. 다라나dhāraṇā라는 용어는 『우파니샤드Maitrāyana
Upaniṣad』에서 최초로 발견되는데, 이는 범아일여梵我一如의 경지에 이르는 방법
인 유가행의 한 단계이다. 유가행의 방법은 여섯 단계로 나누고 있으며, 정식靜
息, prāṇāyama, 제감制感, pratyāhāra, 정려靜慮, dhyāna, 집지執持, dhāraṇā, 사택思擇, tarka, 등
지等持, samādhi 등이 그것이다. 이 가운데 다라나 곧 집지는 정신의 동요를 막고
정신을 집중하여 통일된 정신상태를 지속하는 것을 말한다. 이러한 다라나가
불교적으로 수용된 것이 다라니이다. 정신집중은 기억의 증진을 증대시키고
경전의 문구나 내용을 잘 기억하여 잊어버리지 않게 하므로 불교에서는 이 다
라니를 '경법經法의 억지憶持'라는 의미로 사용하고 있다. 예컨대 지겸178~189이
번역한 『반주삼매경』에서는 "모두 갖가지 다라니문에 들어간다. 여러 경속에
서 하나를 듣고서 만 가지를 안다. 여러 부처님께서 설하신 경은 모두 능히 받
아 지닌다."고 설하고 있으며, 담무참414~426이 번역한 『대방등대집경』 제17권
에는 "일체 들은 것을 받아 지녀서 잊지 않으므로 대서장엄大誓莊嚴한다. 다라
니를 체득함으로써 …… ."라고 설하고 있다.

● 　　　또한 용수의 『대지도론』 제5권에 의하면 "다라니를 체득하면.
　　　보살은 염력念力을 갖고 있으므로 일체의 들은 법을 능히 잊지
　　　않고 간직할 수 있다."고 설하고 있다. 이들은 모두 다라니가

교법을 기억하여 잊지 않는 힘이라는 것을 보여주고 있다.
『대지도론』 제85권에 의하면 "다라니에는 문지聞持다라니와
제법실상諸法實相다라니문의 2종이 있다. …… 이 양 다라니문에
머물면 능히 걸림없는 지혜가 생한다."고 하고 있다. 이는 다
라니가 곧 지혜를 나타내는 법임을 보인 것이다.

경전에서 그러한 모습을 볼 수 있는데,『대승비분다리경大乘悲分陀利經』
에서는 4념처念處, 7각의覺意, 12인연 등의 초기 불교의 기본적인 교설을 모두 다
라니로써 나타내고 있으며,『대방등대집경』 제1권 4종영락장엄을 설하는 가
운데, 다라니를 계정혜戒定慧와 함께 대승보살이 닦아야 할 덕목의 하나로 들고
있다. 또한 보리유지가 번역한 『대보적경』의 「무진혜보살회」에 이르러서는
보살의 10지에 각각 수습해야
할 다라니문을 배정하고 있으
며, 10지의 내용을 다라니로써
나타내고 있다.

돌에 새겨진 기원문 티베트인이 염원을 담아 돌에 새긴 옴
마니빽메훔 만트라이다.

그러나 다라니는 여러
뜻을 포함하고 있기 때문에 주
문으로서도 이용되고 있다. 지
겸이 번역한 『무량문미밀지경
無量門微密持經』에서는 다라니를
받아 지니면 여덟 귀신이 행자
를 밤낮으로 옹호하며, 여덟 보
살도 항상 호념護念하여 그 힘

이 중대하고, 물러나지 않는 경지에 머물러 내세에는 성불할 것이라고 한다. 마찬가지로 지겸이 번역한『화적다라니신주경華積陀羅尼神呪經』에서는 "만약 선남자가 능히 화적다라니주를 수지 독송하며 가까이 의지하여 행하면 그 공덕이 뛰어나다. 이 사람이 세상에서 한번 들어 지니면 모든 악과 험한 길에 떨어지지 않으며, 모든 어려움을 떠나 항상 묘한 보배를 보며, 모든 부처를 보고, 모든 근根이 항상 구족하여 하천한 노비의 집에 태어나지 않고, 항상 보살의 넓은 마음을 떠나지 않으며, 항상 여러 가지 무량한 지혜와 변설辨說을 얻으며, 무량한 시방 제불여래의 보살핌을 받는다. …… 또 화적다라니주를 얻게 되면, 현세에서 항상 기억력이 좋게 되고 지혜와 깊은 신심을 지니게 된다. 이 몸으로부터 열반에 이르기까지 항상 들어 지니면 일체 견문, 일체 경전의 가르침, 일체 학해學解, 일체 기예에 통달하여 걸림이 없고 일체 삼매에서 청정함을 얻어 4성제의 위없는 법륜法輪을 깨닫게 된다."고 하였다.

우리는『화적다라니신주경』에서 기억하여 잊지 않음으로서의 다라니와 지혜의 법문으로서의 다라니와 주문으로서 다라니의 모습 등을 볼 수 있다. 이와 같이 대승불교에서 다라니의 모습은 다양하게 나타나고 있다. 이러한 점에서『유가사지론』제45권에서는 이들 다라니를 법法다라니, 의義다라니, 주呪다라니, 능득보살인能得菩薩忍다라니 등 총 네 가지로 분류하고 있다. 그 가운데 앞의 둘은 각각 경전의 구절과 그 구절의 의미를 기억하는 것으로 기억을 주로 하는 다라니이며, 뒤의 둘은 각각 주문으로서의 다라니와 주구呪句의 의의를 사유하여 주구의 무의無義에 통달함으로써 일체법의 의미를 깨치는 것으로서의 다라니이다. 이는 곧 다라니로써 성불에 이른다는 것을 의미한다고 하겠다.

의례와 밀교

● 5세기 초에 인도를 여행한 법현法顯은 마투라국의 승원에서 기악이 연주되는 예배나 공양이 행해지고 비구가 여기에 참가하고 있음을 기술하고 있다.
● keyword 푸자 / 화적다라니신주경 / 마등가경 / 작단법 / 호마의식 / 법현 / 대길의신주경 / 화상법 / 결계법 / 입도량작법

불교는 깨달음의 종교이라, 브라만교에서 행해지는 공희供犧: yajña나 푸자pūjā로 불리는 의례는 거부되었다. 공희는 인도에서 오래전부터 행해오던 불의 제사火祭였다. 제단을 쌓은 다음 불을 피우고, 여기에 제물을 던져 넣는다. 제물은 연기와 함께 하늘로 올라가서 신들에게 바쳐진다고 생각하였다. 바라문들은 이 제사를 주술의 세계 속에 정립시켰다. 제물을 바치고 신들의 은혜를 기원하는 현세구복적인 의식인 것이다. 다시 말하면 신들에게 존경과 공물을 바치고 이로써 그 댓가를 얻는 것이었다. 당시의 사람들은 자신들의 중요한 재산이었던 소나 양 등 동물의 피와 고기를 제물로 바치기도 하였다.

그러나 사문들이 주축이 된 새로운 사상가들은 브라만들이 행하고 있는 제사 자체에 대해 의문을 품으면서, 동물 희생과 함께 행해지는 공희에 대해 강하게 비판하였다. 그들은 불살생ahiṃsā의 덕을 강조하고, 그들을 따르는 무리들에게 불살생의 윤리를 실천하도록 하였다. 이러한 가르침이 사회 전반적으로 퍼져감에 따라 신에 대한 예배형식은 공희를 대신하여 푸자라는 형식으로 바뀌어 갔다. 푸자는 신상神像을 안치하고, 신상은 신 그자체로 믿어져서 마치 살아있는 사람을 대하듯이 봉사와 예배가 이루어지는 것이다. 의례를 통

하여 신상은 아침에 잠에서 깨어나게 되며, 물·향·꽃·불·음식물 등이 공양된다. 더울 때는 부채로 부치며, 큰 사원에서는 춤이 봉납되는 경우도 있다. 푸자에 의해 신들과 주고받음이라는 성격은 없으며, 오로지 존경과 봉사만을 본질로 하는 것이다.

붓다는 방호주防護呪나 심성의 변화를 위한 몇몇의 주문을 제외한 대개의 주문과 브라만의 주술적인 의례는 금하였다. 당시에 의례라고 할 수는 없지만 예배행위는 있었다. 붓다나 연장자인 비구에 대하여 그 제자나 재가 신자들은 합장으로 경의를 표하였으며, 윗사람의 두 발을 자신의 두 손으로 받들어 경의를 표하였다. 이러한 예배행위는 존경의 뜻을 표하는 당시의 관습에 따른 것일 뿐, 의례화 된 것이라고 할 수 없다.

그러나 붓다 입멸 후 불탑이 세워지면서, 불탑 둘레를 오른 쪽으로 3바퀴 돌고, 5체이마, 양 무릎, 양 팔굼치를 땅에 댄 채로 예배했다. 동시에 힌두교의 푸자 방식이 도입되어 향·꽃·물·음식물 등을 바치거나, 후에는 가무음곡도 공양하였음이 산치 지방의 조각에서 확인되고 있다.

2세기 초엽 희랍조각의 영향을 받은 간다라의 불교미술이 쿠샤나Kuṣaṇa왕조의 제3대 카니시카Kaniṣka, A.D 128~151왕 때에 건축과 조형예술에서 그 절정을 이루었다. 그리고 마투라Mathura에서는 순인도풍의 불상과 보살상을 만들기 시작하였다. 이러한 불보살상의 조성은 그것에 대한 예배의례와 불가분의 관계를 가지게 되었다. 예컨대 지겸178~189이 번역한『화적다라니신주경華積陀羅尼神呪經』에서는 "만약 선남자가 3월·4월·9월에 8일에서 15일까지 일심으로 여래의 상호를 억념하며 밤중에 화적신주를 세 번 외우고, 낮에도 또한 세 번 외운다. 보름이 되었을 때 향화香華·등촉燈燭을 불상 앞에 공양하여 닦으며 아울러 화적다라니를 외우면 그 사람은 꿈에 여래를 보게 되니, 상호가 구족하고 연화좌에 앉아 중생을 위하여 설법하는 모습을 보게 된다."고 하였다. 이는 2세기경에 불상 앞에서 향화등촉을 공양하고 다라니를 독송하는 간단한 의례가 행해지고 있었음을 나타낸다고 하겠다.

또한 2세기 중엽쯤의 안세고安世高가 번역한『마등녀경摩鄧女經』에는 외도의 작단법과 불의 제사 즉 호마護摩와 주문을 설하고 있지 않으나, 3세기 초엽 축율염竺律炎과 지겸이 함께 번역한『마등가경摩登伽經』에서는 위의 내용을 모두 설하고 있다. 그 내용은 인도의 하급계급에 속하는 전다라종의 딸이 아난을 사모하여 주술에 능한 어머니에게 부탁하여 아난을 집으로 끌어들이는 장면이다. "딸의 어머니는 자신의 집안에서 소똥으로 땅바닥을 칠하고 하얗게 마른 띠풀을 깐 다음 마당 한 가운데 크고 맹렬한 불을 놓았다. 어머니는 백여덟 개의 오묘한 갈가화渴迦花를 가지고 주문을 외우면서 한 바퀴 돌 때마다 곧 한 줄기씩 불 속에 던졌다. 그녀의 주문은 다음과 같다. 아마리 비마리 구구미 …… ." 이에 대해 붓다는 천안으로 아난이 미혹하여 혼란스러워하는 것을 알고, 그를 옹호하는 주문을 외움으로써 외도의 주문을 깨뜨리고 있다.

작단법이나 호마의식 등이『마등가경』에서는 외도의 의례로 표기되고 있으나, 굽타왕조에 이르러 제작된 불교경전에서는 불교의 의례로서 그들을 수용하고 있다. 인도는 4세기초 굽타왕조가 성립된 시기부터 큰 전환기에 들어가게 된다. 그 동안 수 세기 동안 그리스세력, 사카족, 중앙아시아출신의 쿠샤나왕조 등이 지배해 왔으나, 동인도 마가다 지방 출신인 굽타왕가에 의해 마우리야왕조 이래 처음으로 인도인에 의한 대제국이 수립된 것이다. 이는 인도 세력의 부흥으로, 굽타왕조시대에는 바라문을 중심으로 하는 문화가 중시되고 바라문교가 새로운 옷으로 바꾸어 입고 발전하는 시대이기도 하였다. 산스크리트가 중시되면서 바라문이 주도하는 사회, 관행, 종교의례 등이 다시 중시되었으며, 카스트제도가 고정되고 청정과 부정의 관념이 강하게 의식되었다. 바라문의 권위가 중대되고 마누법전을 계승하는 여러 법전이 작성되었으며, 이러한 법전에는 바라문의 입장을 반영한 다르마가 상세히 규정되었다. 이와 함께 당시의 불교도 이러한 힌두세계의 여러 문화들을 의욕적으로 받아들이고 있다. 5세기 초에 인도를 여행한 법현法顯은 마투라국 승원에서 기악이 연주되는 예배나 공양이 행해지고 비구가 여기에 참가하고 있음을 기술하고 있다. 마투라에서는 매년 정해진 날에 승원에 조성된 사리불탑, 목련·아난탑 및 아비담·율·경탑 등에서 갖가지의 향과 꽃을 공양하고 밤새도록 등을 밝히며, 예능인으로 하여금 부처님 제자가 출가하게 되는 인연을 공연케 하였다.

또한 파탈리푸트라에서 매년 음력 첫째달 여드렛날에 거행되는 불사를 서술하고 있다. 4륜 수레 위에 탑 모양의 구조물을 만들고 그 위를 덮은 무명 헝겊에 신들의 형상을 그려 놓았다. 사방의 감실에는 좌불을 안치하고 협시보살이 지켜선다. 이러한 수레가 20여대 가까이 있는데, 모두 장식이 다르

향화를 공양하는 비구(아잔타석굴 제6굴, 5세기)

다. 불사를 거행하는 날은 많은 사람들이 모여 음악과 춤을 봉납하고 향과 꽃을 바친다. "이윽고 바라문이 와서 부처를 초청하면 부처는 한발 한발 성 안으로 들어가서 이틀밤을 지낸다. 그날 밤은 밤새도록

등을 밝히고 기악을 봉납하여 공양한다." 이러한 법현의 기록은 예배나 의례가 힌두교도를 포함한 일반인들의 참여속에 불교 승원을 중심으로 성행하고 있었음을 여실하게 보여주는 것이다.

굽타시대 말기인 462년에 담요曇曜가 번역한『대길의신주경大吉義神呪經』에서는 힌두교에서 비롯된 여러 존자들의 이름을 나열하고, 그 각각에 대하여 기원의 내용을 달리하는 호마 공양법을 적어 놓고 있다.

●   "불상 앞에 모든 하늘·용왕의 형상과 다른 귀신의 형상을 그리고 소의 똥을 땅에 바르고 일곱 겹의 경계를 만들며. 경계한 도량의 중앙에 꽃다발을 놓고 101 가지의 향을 사르되 부처님을 위하여는 소합향을 태울 것이며. 살사뢰사향은 마혜수라천에게 주고 돌가향은 범천에게 주고 중략 이와 같이 101 가지의 향을 사르되 각각 그 천왕의 형상 앞에서 태워야 하느니라."

이로 하여 베다시대 이래 불의 제사인 호마는 분명한 형태로 불교 의례속에 수용되었다. 더 나아가 양대梁代, 502~557 실역失譯인『모리만다라주경牟梨曼陀羅呪經』에서는 중앙에 부처를 그리고 우측에 12개의 팔을 지닌 금강상金剛像을, 좌측에는 16개의 팔을 지닌 마니벌절라보살을 그리며, 3존尊의 주변에는 여러 신들을 그리는 화상법畵像法을 서술하고 있다. 또한 작단법作壇法·결계법結界法·입도량작법入道場作法·호마법 등도 서술하고 있다. 이는 5세기 무렵까지는 이러한 의례들이 정비되어 있었음을 의미한다. 이러한 작법들은 직접적으로는 현세의 이익을 성취한다고 설하고 있으나, 나아가 점차 깨달음을 얻기 위한 행법임을 분명히 밝히고 있다. 결국 이들 작법은 만다라라는 체계속에서 밀교의 수행법으로써 새로운 의미를 가지게 되는 것이다.

오옴과 자륜관

● 글자로 온전히 표현될 수 없는 오옴은 그 어떤 이름으로도 칭할 수 없는 제4의 아뜨만이다. 그는 말로 설명할 수 없고, 세상의 복福이며, 그리고 둘이 아닌 오로지 유일한 모습이다.
● keyword 소리와 자음에 대한 숭배 / 오옴 / 아자관 / 본불생 / 자륜관 / 월륜관 / 종자자

고대의 인도인들은 자연계의 구성요소나 자연현상, 그리고 이들의 근원으로 여겨지는 지배력 등을 신격화 하였다. 그 대표적인 것들로 천지의 신 디야바 프리티비, 태양의 신 수리야, 여명의 신 우샤스, 폭풍의 신 루드라, 바람의 신 바유, 불의 신 아그니 등이 있다. 이와 함께 추상적인 관념들도 신격화 하고 있는데, 신념의 신 슈라다, 격정의 신 마뉴, 무한의 신 아디티, 계약의 신 미트라, 언어의 신으로 바츠 등이다. 이 가운데 언어 신 바츠가 신으로 숭배되었다는 것은 소리 내지는 자음에 대한 고대 인도인들의 생각을 대변해준다고 할 수 있다. 이처럼 인도에서 소리와 자음字音에 대한 숭배는 그 역사가 오래 되었다. 인도인들이 숭배했던 대표적인 소리는 그 소리를 성스러운 것으로 여겼던 오옴Om, 唵이라는 소리이다.

이 오옴자에 대해 자세하게 설명하고 있는 최초의 문헌은 〈아타르바 베다〉에 속하는 〈만두끼야 우파니샤드〉이다. 〈만두끼야 우파니샤드〉에서는 오옴은 시간을 초월한 것이며, 우주의 근원적인 실체인 브라흐만과 각 개체의 근원적인 실체인 아뜨만과 성음인 오옴이 서로 다르지 않다고 말하고 있다. 그 내용을 살펴보자. "오옴ㅡ, 이 오옴이야말로 모든 것이니, 즉 과거에도

있었으며, 현재에도 존재하고, 미래에도 존재할 것이다. 이들 시간 이외의 모든 것, 그것들 또한 오옴이다." 첫 번째 만트라에서 오옴은 과거·현재·미래는 물론 3세를 넘어선 어떤 것에도 존재한다는 것이다. 그리고 두 번째 만트라에서 오옴은 브라흐만이며 아뜨만이라고 말하고 있다. "이 모든 것은 브라흐만이며, 아뜨만이 바로 브라흐만이다. 이 아뜨만은 네 가지가 있으니." 그리고 오옴의 소리를 아A, 우U, 머M의 세 글자로 나누어 인간의 의식 단계 즉 '깨어 있는 상태', '꿈꾸는 상태', '꿈 없는 깊은 숙면 상태'로 비유하여 설명하고 있다. 나아가 A, U, M의 세 글자로 이루어진 오옴의 소리와 그 상징성은 의식의 네 번째 단계인 초월적인 아뜨만으로 비유하여 설명하고 있다. "글자로 온전히 표현될 수 없는 오옴은 그 어떤 이름으로도 칭할 수 없는 제4의 아뜨만이다. 그는 말로 설명할 수 없고, 세상의 복福이며, 그리고 둘이 아닌 오로지 유일한 모습이다. 그러므로 오옴은 그 자체가 아뜨만이다. 이것을 아는 사람은 그

'옴마니반메훔' 육자진언

자신 안의 아뜨만 속으로 들어가 하나가 되어 다시 세상에 태어나지 않으리라.”이는 곧 성스러운 오옴을 통해 아뜨만에 이르고 나아가 브라흐만에 이른다는 것이다.

이러한 점에서 전기의 〈따이띠리야 우파니샤드〉에서는 “오옴자로써 브라만 사제는 의식을 알리는 송가頌歌를 부르고, 오옴자로써 불의 의식에 귀의하고, 오옴자로써 브라흐만을 얻기 위한 제사를 시작한다.”라고 하였다. 또한 〈뿌라샤나 우파니샤드〉에서는 오옴자는 높은 위치와 낮은 위치의 브라흐만이기 때문에, 현자는 그가 의지하는 것에 따라 그 어느 하나에 도달한다고 말하고 있다. 하나의 음소音素 A음에 대하여 명상하면 인간의 세계에 돌아오고 두 개의 음소로써 명상하면 마음manas을 얻어 중간적 세계를 얻지만, A, U, M의 세 음소로 구성된 오옴자를 가지고 최상의 인간을 명상하면 태양의 신 수리야와 합일하고, 껍질을 벗은 뱀과 같이 모든 죄업을 벗어서 사마Sama의 찬가를 통해 브라흐만의 세계에 도달한다고 하였다.

이상과 같이 우파니샤드에서는 오옴자를 구성음인 A, U, M의 세 음 혹은 세 음과 거기에 따르는 음(m)의 네 음으로 분석하여 우주와 인간의 언어철학적인 설명을 시도하였다. 그 가운데 맨 첫 자인 A에 대해서는 시대의 변천과 더불어 더욱 중요시하게 되었다. 아A자는 범어의 어떤 문자를 취하더라도 아A자를 동반하지 않고는 쓰기가 불가능하여 근본적인 글자로 인식되었으며, 인도·유럽어에 있어 아A자는 접두어로써 부정의 뜻을 나타내어 본불생本不生의 의미를 지니고 있다. 이러한 특색으로 인해 아A자에는 철학적인 의미를 부여하게 되었고, 더불어 그 이외의 자음에 대해서도 철학적인 설명이 덧붙여졌다. 특히 아阿자의 본불생은 밀교에서 아자관阿字觀이라는 관법으로 발전하게 되었다.

대승불교에서는 범어의 글자에 따라 그 의미를 부여하고 범어와 함께 범어의 뜻을 관하는 수행법이 나타나게 되었다. 여기에는 두 가지 계통으로 발전하였는데, 50자문字門 계통과 42자문 계통이다. 50자문 계통에는 『방광대장엄경』, 『불본행집경』, 『열반경』, 『문수사리문경』의 「자모품字母品」, 밀교경인 『금강정경』의 「석자모품」 등이 있다. 그 가운데 『문수사리문경』에서 50자의 범어 글자에 대해 설해진 그 의미를 앞 부분의 일부만 살펴보도록 하겠다.

"문수사리여, 일체의 법은 이 모든 자모와 다라니의 글자에 다 들어가느니라. 문수사리여, 가령 아阿의 글자를 말하면 무상無常이라 함을 내는 음성이며, 긴 아阿의 글자를 말하면 나我를 여읨이라 함을 내는 음성이며, 이伊의 글자를 말하면 모든 감관根이라 함을 내는 음성이며, 긴 이伊의 글자를 말하면 질역疾疫이라 함을 내는 음성이다."

또 다른 한 계통인 42자문은 『마하반야바라밀경』의 「광승품廣乘品」, 『방광반야경』의 「다라니품」, 『대방광불화엄경』의 「입법계품」 등에 나타나는데, 밀교 이전의 대승불교에서는 42자문 사상이 주류라고 한다. 『화엄경』의 「입법계품」은 선재동자가 53 선지식을 찾아 도를 구하는 내용이다. 선재동자가 이 53 선지식 가운데 모든 예술을 잘 아는 동자衆藝童子를 찾아 뵙자, 중예동자는 42자문을 펼치었다. 동자는 이 42자모를 부를 때마다 42의 반야바라밀문을 머리로 삼아 한량없고 수없는 반야바라밀에 들어간다고 하였다. 『마하반야바라밀경』에서는 보살마하살의 대승을 아阿자에서 다茶자에 이르기까지 42로써 모든 글자나 말의 범주가 된다고 설명하면서, 이 42자를 독송하는 사람은 20종의 공덕이 있다고 설하고 있다. 42자문의 앞 부분의 일부분만 살펴보도록 하자.

"아阿자의 범주는 모든 법이 처음부터 나지 않은 까닭이다. 라羅자의 범주는 모든 법의 더러움을 떠난 까닭이다. 파波자의 범주는 모든 법의 제일의第一義이기 때문이다. 차遮자의 범주는 모든 법은 끝내 얻을 수 없는 것이니, 모든 법은 끝나는 일도 없고 생겨나는 일도 없기 때문이다."

『마하반야바라밀경대품반야경』을 주석한 용수보살은 『대지도론』에서 42자는 모든 자字의 근본이며 이 42자 이외에는 아무런 어떤 자字도 없다고 하였다. 특히 『방광반야경』이나 『마하반야바라밀경』 그리고 『대지도론』에서는 모두 아A자를 42자의 근본으로 보고 있으며, 이 아阿자는 모든 법이 본래부터 생하지 않음을 나타낸다고 하였다. 이러한 아阿자를 비롯한 범자는 밀교에 와서는 종자로서 범어의 글자를 관하는 자륜관字輪觀으로 발전하게 되었다. 『아축여래염송공양법』에 설해진 자륜관의 예를 살펴보기로 한다.

●
"본명本明을 세 번 염송하고 곧 자륜관에 들어갑니다. 심월륜心月輪 위에 진언자가 나열되어 있고 금색으로 위광威光을 구족하고 있으며 참된 모습의 이치를 사유합니다. 옴자문唵字門을 관하되 모든 법이 흘러나옴이 없음을 관합니다. 다음으로 아阿자문은 모든 법이 본래 생겨남이 없음本不生을 관합니다. 세 번째로 축閦자문은 모든 법이 다함이 없고 멸하지 않음을 관합니다. 네 번째로 폐陛자문은 모든 법이 자성이 없음을 관합니다. 다섯 번째로 훔吽자문은 모든 법이 인연이 없음을 관합니다. 낱낱의 진언자가 법계의 성품을 비추어 보이고 처음부터 마지막까지 마음을 기울여 틈이 없게 합니다."

이와 같이 초심자는 몸의 앞에 월륜月輪을, 숙달자는 몸 안에 월륜을 관한다. 이어서 범어 종자 한 자가 많은 종자자에 들어가고, 많은 종자자가 한 종자자에 들어감을 관하고, 심월륜을 점차로 법계에 충만하게 하여 둥근 구슬과 같이 종횡으로 자재하게 관상한다. 이러한 관상을 통하여 범어 종자자의 의미 내용과 자신이 다르지 않아, 절대의 분별이 없는 경지에 이르러 마친다.

이와 같이 밀교의 자륜관은 멀리 고대 인도의 성스러운 소리인 오옴자 관에서부터 비롯한다고 할 수 있다. 그러므로 자륜은 우주 진리의 음성이며 성불成佛의 종자라 할 것이다.

밀교의례의 발전

● 내가 이미 열반에 든 미래의 악세에는 오탁의 중생이 바른 것을 믿는 자는 적고 삿된 견해에 많이 물들어 참으로 바른 것을 알지 못하느니라. 이러한 무리들을 위하여 이 장구章句와 다양한 술법들을 설하느니라.

● keyword 관정경 / 호마법 / 결계작단법 / 4불 / 관상법 / 만다라 / 화상법 / 3종 수법 / 밀교수행 의식

밀교의 의례는 320년에 순수한 인도혈통의 굽타왕조가 형성되면서부터 그 형태를 갖추어가기 시작한다. 이는 굽타왕조가 브라만교를 국교로 삼고 바라문의 문화를 부흥함에 따라 불교도 그것에 영향을 받게 되었기 때문이다. 그 동안 농촌 사회에 뿌리를 두고 진행해오던 브라만교는 굽타왕조의 적극적인 부흥책으로 인해 표면으로 다시 등장하게 되었다. 사제계급인 브라만들의 언어였던 산스크리트어가 공용어로 채택되었고 브라만의 교학이 부흥하였다. 브라만교가 문화의 중심으로 자리잡으면서 브라만교의 사상과 종교의례가 부활하였고, 브라만을 중심으로 하는 계급적인 사회질서가 확립되었다. 힌두 설화문학의 최고봉으로 세계 최장의 서사시인 마하바라타와 라마야나가 산스크리트어로 씌여진 것도 이 시대이다.

브라만 교학의 부흥에 대응하여 불교는 무착, 세친 등에 의해 불교의 이론체계와 수도체계를 정교하게 구축하였으며, 동시에 브라만교의 의례를 대폭적으로 받아들이게 되었다. 백시리밀다라가 한역한『관정경』제5권에 의하면, 당시에 불교가 외도의 다양한 술법術法을 받아들이고 있는 상황을 알 수 있게 한다. 경전에서는 시대의 변천에 따라 정법을 받아들이지 못하는 중생들

을 제도하기 위한 방편으로 외도들의 다양한 술법을 받아들이고 있음을 밝히고 있다. 그 내용을 보자.

"보관보살普觀菩薩이 다시 부처님께 아뢰었다. '여러 가지 다양한 술법의 갖가지 모습들을 짓는 것과 비슷하지 않습니까?' 부처님께서 말씀하셨다. '아니니라. 내가 만약에 세상에 있다면 이와 같은 모습의 법은 구할 필요가 없느니라. 내가 이미 열반에 든 미래의 악세에는 오탁의 중생이 바른 것을 믿는 자는 적고 삿된 견해에 많이 물들어 참으로 바른 것을 알지 못하느니라. 이러한 무리들을 위하여 이 장구章句와 다양한 술법들을 설하느니라. 군생들을 제도하기 위한 까닭에 나는 이러한 다양한 장구를 내는 것이니 삿된 법이 아니니라. 많은 종성들을 제도하기 위한 것이나, 여러 비구들은 나의 뜻을 이해하지 못하느니라. 경서經書를 보고 독송하는 자는 '이 법은 부처님의 진실한 말씀이 아니다'고 말하면서, 삿된 견해를 일으키며 비방하고 믿지 않느니라. 나는 전에 이미 비구를 보호하는 장章에서 비방의 허물과 각각의 허물들에 대해 말하였느니라. 만약에 듣는 자가 오직 응하여서 오로지 닦고 불신不信을 내지 않거나 행하는 자를 보고는 마치 큰 스승과 같이 여겨 공경하고 예배한다면 가히 큰 복을 획득할 것이며 불도佛道를 얻을 것이니라.'"

이러한 이념하에 외도의 호마법이 『마등가경』에 나타나고, 5세기 후반에 담요에 의해 한역된 『대길의신주경』에는 7중의 결계작단법을 설하고 있다. 그리고 힌두교에서 비롯된 여러 존자들도 불교로 끌어들여 그 이름을 나열하고, 그 각각에 대하여 기원의 내용을 달리하는 호마 공양법을 서술하고 있다.

이 시기의 밀교 경전에서 보이는 또 하나의 특이한 사항은 경전내에 제존諸尊의 수가 비약적으로 증가했다는 점이다. 4세기 말경까지는 사방의 네 부처님과 시방의 열 부처님이 구성되어 나타나고 있다. 즉 담무참역인 『금광명경』의 사방 4불과 불타발다라역인 『불설관불삼매해경』에서의 사방 4불과 시방 10불이 그것이다. 이 가운데 사방 4불을 살펴보면, 동방의 아촉불阿閦佛, 남방에 보상불寶相佛, 서방에 무량수불無量壽佛, 북방의 미묘성불微妙聲佛을 나타내고 있다. 이들 사방의 네 부처님은 이후 태장만다라와 금강계만다라로 전개되는 원초적인 형태라고 할 수 있을 것이다. 그러나 단지 네 부처님을 공간적으로 사방에 배열하고 있는 것이며, 어떤 관계성에서 연결하고 있는 것 같지는 않다.

　　『불설관불삼매해경』에서는 또한 간단하기는 하지만 불상을 공양한 후에 부처님을 관상하는 방법이 설해지고 있다. 즉 부처님께서 멸도하신 후에는 부처님께서 안 계시므로 마땅히 불상을 관찰해야 한다고 말하고 있다. 불

호마의식 불속에 제물을 던져서 신에게 바치는 제사의식에서 원하는 것을 얻고자 하거나 번뇌를 소멸시키는 하나의 의식체계로 변천하였다.

상을 관찰하려면 먼저 불탑에 들어가서 좋은 향과 진흙과 보통의 흙으로 땅을 발라서 깨끗하게 하여야 한다. 그리고는 향을 사르고 꽃을 흩뿌리며 불상에게 공양하며, 자기의 허물과 악을 말하고 부처님께 예배하며, 참회하여 이와 같이 마음을 조복하여 7일을 보낸다. 또한 출가자는 여러 스님들 앞에서, 재가자는 부모와 스승과 어른들 앞에 나아가서 공양하고 공경하며 마음을 조복하기를 7일간 행한다. 마음이 유순해지면 부처님 전에 나아가 가부좌하고 몸을 안온하게 한다. 몸이 안온해지면 불상의 발가락으로부터 차례로 우러러보며 관상에 들어간다고 하였다.

그리고 양대梁代, 502~557에 한역된 『모리만다라주경牟梨曼陀羅呪經』에서는 결계와 작단에 이어 중앙에 부처를 그리고 우측에 12개의 팔을 지닌 금강상金剛像을, 좌측에는 16개의 팔을 지닌 마니벌절라보살을 그리는 3존尊 형식의 화상법畵像法을 서술하고 있다. 이와 함께 입도량작법과 호마법이 한층 정비되었으며, 인계를 맺는 방법과 그에 따르는 주呪가 처음으로 설해져 있다. 경의 내용은 결계를 행하고 단을 쌓아 토단土壇의 만다라를 축성하고 밀교의 의식을 거행한 것이며, 의식이 끝나면 쌓은 단은 허물어 버린다. 특히 토단에 그려진 장엄한 채색이며 결계로 표시되는 흰가루의 선은 이후의 도회만다라圖繪曼茶羅에 수용되기도 하였다. 모리만다라주경에서는 토단 위에서 공양물을 헌사하는 절차를 자세히 보여주고 있는데, 이러한 토단만다라는 고대 인도의 왕성王城을 반영한 것으로 보고 있다. 그리고 3존 형식의 화상법은 7세기 중엽 아지구다阿地瞿多가 한역한 『불설다라니집』에서도 나타나고 있다. 이 경전에서는 석가상을 중심으로 왼쪽에 금강보살을, 오른쪽에 관세음보살을 그린다고 하였다. 이것은 후에 밀교의 존상들을 조직화해서 불부, 연화부, 금강부의 3부로 전개되는 하나의 단서로 여기고 있다.

7세기 전반기에 이미 성립되어 있었다고 보고 있는『소실지갈라경蘇悉地羯羅經』,『소바호동자경蘇婆呼童子經』,『유회야경蕤呬耶經』등에는 수법에 관한 내용이 잘 정리되어 있다. 그 가운데 8세기 중엽에 선무외에 의해 한역된『소실지갈라경』에서는 식재법, 증익법, 조복법 등의 3종의 호마법을 설하고 있다. 내용의 일부를 살펴보면 다음과 같다.

● "만약 선지가진언扇底迦眞言; 息災眞言을 염송하여 재앙을 없애는 호마법을 행하려면. 귀명 삼보하고 깊이 자애로운 마음을 일으켜 백월白月 1일 황혼이 질 때 염송하기 시작해서 선지가 성취법을 행한다. 정거천淨居天이 내려와 인간세계를 돌아다니면서 천복天福으로 도와서 속히 실지를 얻을 수 있다.

보슬치가법補瑟徵迦法; 增益法은 마음이 뛸 듯이 기쁠 때 혹은 지송해서 호마할 때. 본부本部에서 말한 법에 의거해서 백월 15일에 시작해서 다음 백월 15일에 이르러 끝마쳐야 한다. 해당부의 법에 의거해서 보슬치가법을 행한다. 인시寅時에 시작해서 정오[日申]에 마쳐 한결같이 본정本情에 따른다.

아비차로가법阿毘遮嚕迦法; 調伏法은 마음에 진노를 품고 진심瞋心으로 상대방을 다스리면서 자신은 공포가 없을 때 이 법을 행해야 한다. 분노진언을 염송하거나 혹은 호마법을 행한다. 시일을 가리지도 않고 재식齋式도 하지 않고 분노가 일어났을 때 시작해야 한다."

8세기 초 보리유지에 의해 한역된『일자불정륜왕경一字佛頂輪王經』에서는 일자一字의 종자사상과 식재 증익 조복의 3종수법을 설하고 있다. 그리고 석가모니여래를 중심으로 하고 동방 보성여래寶星如來, 북방 아촉여래, 서방 무량광여래, 남방 개부연화왕여래開敷蓮華王如來를 그리는 화상법을 설하고 있다. 또한 『불공견삭신변진언경不空羂索神變眞言經』 제9권에서는 결계와 작단을 행하고 내원內院의 중심에 석가모니부처님을, 동쪽에 아촉여래를, 남쪽에 보생여래寶生如來를, 서쪽에 아미타여래를, 북쪽에 세간왕여래世間王如來를 안치한다고 하였다. 여기에서 『일자정륜왕경』의 내용은 태장만다라에, 『불공견삭신변진언경』의 내용은 금강계만다라에 가깝다고 할 수 있다.

이상의 내용에서 보면, 밀교 의례의 발전은 브라만교에서 행해지던 결계와 작단 그리고 단에서 행해지는 신에 대한 제사의식이 불교적으로 변형되어 성불成佛로 나아가는 밀교의식으로 바뀌어 가는 과정이라 할 수 있을 것이다. 즉 복덕과 지혜를 구현하여 이 몸 그대로 부처가 되기 위한 밀교의 수행의식으로 바뀌어간 것이다.

불교에 수용된 인도의 토속신

- 밀교에서는 그 동안 불교에 수용된 많은 토속신들이 만다라 내에 존격이나 불격으로서 자리를 잡게 된다.
- keyword 께왓다경 / 구사론 / 4천왕천 / 제석천 / 야마천 / 대범천 / 팔부신장 / 관음보살 / 집금 강신

인도의 토속신들이 불교 속에 도입되는 경우는 원시경전에 벌써 나타나고 있다. 『디가니까야Dīgha Nikāya』 즉 『장부경』 가운데 한 경인 「께왓다경 Kevaddha Sutta」에서는 천계의 신들을 사천왕천, 32천과 제석천, 야마천, 도솔천, 화락천, 타화자재천, 범신천, 대범천 등의 순서로 설하고 있다. 이는 세존께서 나란다의 빠와리까 망고 숲에 머물고 계실 때, 장자의 아들 께왓다가 세존에게 인간을 넘어선 법에 기인하는 신통의 기적을 나툴 수 있는 비구를 한 분 소개해달라고 했을 때 세존께서 그를 위해 법을 설하는 과정에서 위에 열거한 천天들이 나온다. 세존께서는 세 가지 기적을 말하고 있는데, 신통의 기적과 남의 마음을 알아 드러내는 기적과 가르침의 기적이다. 신통의 기적과 남의 마음을 알아 드러내는 기적 등은 청정한 믿음을 가지지 못한 사람들은 이를 주술이나 주법으로 연결시키고 정법正法으로 나아가지 않으므로 이들 신통에 대해서는 탐탁지 않게 생각하며 멀리하고 좋아하지 않는다고 하였다. 그리고는 가르침의 기적으로서 계정혜를 단계적으로 설하셨다. 그러면서 신통이 자재한 비구의 이야기를 설하셨다. 신통이 자재한 비구가 '지수화풍 사대四大는 남김없이 소멸하는가'라는 의문을 풀기 위해 여러 천天들에게 차례대로

나아가 물어보았으나, 마지막에 대범천도 자신은 모른다고 하면서 세존에게 물어보아야 한다고 하였다. 결국 신통이 자재한 비구는 세존께 나아가 세존에게 묻자, 세존께서는 질문이 잘못되었다고 하였다. 그것은 '어디서 물과 땅과 불과 바람은 굳건히 서지 못하며, 어디서 길고 짧고 미세하고 크고 아름답고 더러운 것과 정신과 물질은 남김없이 소멸합니까'라고 물어야 한다고 하면서, 그것은 '열반에서'라고 답하였다. 「께왓다경」의 말씀은 신통에 대한 부처님의 견해를 보여주고 있으며, 동시에 당시의 인도의 토속신에 대한 부처님의 교단내의 인식을 보여주고 있다.

원래 천이란 공덕을 쌓아 사후에 태어날 이상적인 낙토樂土로서 특별한 계층 같은 것은 없었다. 이러한 천 즉 하늘에 사는 자를 신데바이라 하였다. 불교에서는 이들 신들을 위아래의 계층으로 배열하였는데, 「께왓다경」의 내용은 이러한 과정의 한 예이다. 4세기의 『구사론』에 이르면 욕계, 색계, 무색계의 3계설과 선정 체험의 여러 단계에 의하여 여러 천들을 단계적으로 체계화하고 있다. 위에서 타화자재천까지는 욕계의 천들로서 차례대로 배열되었으며, 범천과 관련하여 범종천, 범중천, 범보천, 대범천이라 하여 색계의 초선천으로 배열하고 있다. 『구사론』은 인도의 토속신을 흡수하여 불교적인 관념과 적절히 조화시켜 독자적인 체계를 만들고 있다.

먼저 4천왕천은 힌두 세계의 4방위 신의 개념을 불교에 도입한 것이다. 『장부경』에서는 동방에 지국천持國天, 남방에 증장천增長天, 서방에 광목천廣目天, 북방에 비사문천毘沙門天을 들고 있다. 이 가운데 힌두교측의 전승과 일치하는 것은 북방의 비사문천이다. 비사문천은 인도 토속신 가운데 재보의 신인 쿠베라Kubera를 말한다. 쿠베라는 바이쉬라바나라는 별명을 가지고 있으며, 프라크리트어의 형태로는 베사마나vesamana라고 한다. 비사문이라는 단어는 이

계통의 어형에서 음사한 것으로 보고 있다. 이들 4천왕은 각각 간다르바동, 쿰 반다[네], 나가[세], 야크샤[북] 등의 귀령 무리들을 주재하는 신이다. 간다르바는 한역 경전의 건달바乾達婆로서 하늘의 악사이다. 쿰반다鳩槃陀는 숲이나 산에 숨 겨진 보물을 관리하며 공중을 날아다니는 귀령이다. 나가는 용이고 야크샤는 야차夜叉로서, 모두가 힌두 세계에서 활약하는 무리들이다.

제석천은 고대 인도에 우레의 신이며 건기를 끝내는 몬순의 우신雨神인 인드라신이다. 인드라신은 또한 무용武勇의 신이자 전쟁의 신이기도 하며 인도 사성계급에서 끄샤뜨리야의 신이기도 하다.『디가니까야』의「제석문경」에서 는 32천의 왕인 제석천이 세존과의 문답을 통해 예류자가 되는 것을 기술하고 있으며, 불교를 보호하는 신[護法善神]으로 일찍부터 받아들여졌다.

야마천은 남방을 지키는 죽음의 신이다. 베다시대에는 죽은 조상들의 지배자로 여겨졌다. 리그베다에서는 처음으로 죽음의 길을 발견한 자, 죽음의 세계의 왕자이지만, 이제는 죽은 사람들을 심판하고 관리하는 신이 되었다. 이 야마천은 중국으로 건너와 염라대왕으로 정착하였다.

대범천 등은 고대 인도의 브라흐만을 말하는 것으로 인도에서 대우주

야크샤, 쿠베라, 마두관음(사진 왼쪽 부터)

를 창조하는 최고의 신격이다. 대범천은 부처님이 정각을 이루고 중생의 근
기가 너무나 둔함을 보시고 법륜을 펼치시기를 주저할 때, 부처님에게 법륜을
펼쳐주시기를 간청한 신이다.

●   대승경전인『법화경』을 비롯한『무량수경』·『대반야경』등 여
        러 경전에서는 불법을 수호하는 여덟 신장神將이란 뜻으로 팔
        부신장八部神將이 등장한다. 팔부八部는 천天, 용龍, 야차夜叉, 건달
        바乾達婆, 아수라阿修羅, 가루라迦樓羅, 긴나라緊那羅, 마후라가摩睺羅伽
        등이다. 팔부신중은 본래 인도 고대시기의 불교 성립 이전부
        터 있었던 여러 신들이었는데, 불교에 수용되어 불법과 불국
        토 수호의 역할을 담당하였다.

천Deva은 욕계, 색계, 무색계의 3계에 걸친 27천 가운데 수미산 정상에
있는 도리천忉利天; 33天을 말한다. 제석천Indra이 천계의 왕이다. 용Naga은 물 속
에 살며 바람과 비를 오게 하는 호국의 선신善神으로, 팔대용신八大龍神 등이 있
다. 야차Yaksa는 고대 인도에서는 악신으로 생각했으나 불교에서는 사람을 도
와 이익을 주며 불법을 지키는 신으로, 천天야차, 지地야차, 허공虛空야차가 있
다. 건달바Gandharva는 인도 신화에서는 천상의 신성한 물인 소마soma를 지키는
신이지만 불교에서는 제석천계의 아악雅樂을 관장하는 신이다. 향을 먹고 산다
하여 식향食香이라고도 한다. 아수라Asura는 인도 신화에서는 다면多面, 다비多臂,
즉 얼굴과 팔이 많은 악신이었으나 불교에서는 조복調伏을 받아 선신의 역할을
한다. 싸움을 잘하므로 수라장, 수라의 싸움 같은 말이 생겨났다. 가루라Garuda
는 새벽 또는 태양을 신격화한 상상의 새로 금시조金翅鳥라고도 한다. 밀교에서
는 대범천大梵天, 대자재천大自在天 등이 중생을 구제하기 위해 화현化現한 새라고

한다. 인도의 새벽 태양의 신이 불교에서 불법을 설하는 곳의 수호신으로 표현되는 신중상이다. 긴나라緊那羅, Kimnara는 본래 악사樂士의 기능을 담당한 신이었다가 팔부신중의 하나로 자리매김 하였다. 군복을 입은 모습에 왼손에 삼차극 무기를 들고 있으며 머리를 기른 상으로 단정한 형태로 서 있다. 사람은 아니나 부처를 만날 때는 사람의 모습을 한다. 가무歌舞의 신으로, 말[馬]의 머리로 표현되기도 한다. 마후라가Mahoraga는 뱀을 상징하는 신으로 땅속의 마귀를 진압하는 신중이다.

7~8세기의 밀교시대에 이르면 여러 관음보살의 모습과 그에 대한 예배 형식이 확립되고 그 기능도 정착되어간다. 이에 따라 관음의 종류도 증가하게 되는데, 그 대다수는 민간신앙에 근거하고 있다. 이들은 대부분 힌두에서 비롯된 신격이다. 천수관음은 천개의 눈을 가졌다고 하는 인드라신이나 비슈누, 시바 같은 힌두신의 특성이 불교적으로 변용된 것이다. 마두馬頭관음은 하야그리바Hayagriva신으로서 원래는 비슈누의 화신이라 하고, 혹은 물고기의 모습으로 나타난 비슈누에게 살해된 악마라고도 한다. 불공견삭不空羂索도 역시 시바신의 특징을 가지고 있는 관음이다. 준제准提관음은 춘디Chundi라고 하는 힌두의 토착적 요소가 강한 여신이다. 청경靑莖관음은 인도의 여러 지방에서 시바신의 별명으로 잘 알려져 있으며, 다라多羅관음은 특히 밀교에서 숭배하는 타라Tārā이다. 특히 집금강신執金剛神은 손에 금강저를 들고 제석천 궁전의 문을 수호하는 야차신이었다. 부처님이 출세한 후에는 염부제에 내려와 부처님을 호위하고 도량을 수호하는 임무를 띠었다. 이러한 금강신은 후에 밀교에서 금강수보살로 발전하여 밀교의 중심적인 불격佛格이 되었다. 밀교에서는 그동안 불교에 수용된 많은 토속신들이 만다라 내에 존격이나 불격으로서 자리를 잡게 된다.

진리의 빛 비로자나

- 연화장은 비로자나불의 세계, 곧 우주 법계를 말하며 그러한 법계의 중심인 사자좌에 비로자나불이 앉아 계신다. 그리고 그 비로자나불이 곧 석가모니불임을 나타내고 있다.
- keyword 아수라 / 아후라 마즈다 / 화엄경 / 연화장 / 비로자나불 / 석가모니불 / 범망경 / 노사나불 / 대비로자나불 / 법신

비로자나毘盧遮那 혹은 비로사나毘盧舍那의 원어는 바이로차나Vairocana이다. 이는 '빛나다', '비추다'라는 동사어근 √ruc로부터 변화된 rocana에 '넓다', '많다' 등의 의미를 가진 접두어 Vai의 변화형가 더하여져 만들어진 명사이다. 뒤에 바이로차나는 '태양의~'라는 의미와 '널리 비춘다'는 의미가 합쳐져 광명변조光明遍照나 대일여래大日如來로 부르게 되었다.

비로자나라는 말이 인도 역사에서 처음으로 등장하는 것은 〈찬드기야 우파니샤드〉이다. 이것의 제8장에는 신들을 대표하여 온 인드라Indra와 아수라Asura를 대표하여 온 비로자나가 프라자파티造物主, prajapati 앞에서 참된 자아[Atman]란 무엇인가에 대하여 논쟁하는 장면이 나온다. 여기에서 비로자나는 실제로 우리가 눈으로 볼 수 있는 것만이 참된 자아이며, 이 세상에서 몸을 찬탄하고 돌보는 자가 이 세상과 다음 세상을 이길 수 있다고 주장한다. 이러한 주장에 대하여 인드라는 아트만을 신체아身體我라고 하는 견해는 열등한 것이며 진실의 아트만은 육체와는 별개의 정신적인 것이라고 반론한다. 결국 인드라의 주장이 옳은 것으로 받아들여지고 비로자나는 논쟁에서 패하는 것으로 되어 있다. 또한 인도의 고전으로 대서사시인 〈마하바라타〉에서도 등장하고

있는데, 아수라의 자손이거나 아수라의 왕으로 등장하며 대개가 악역으로 등장하고 있다.

　　많은 학자들의 연구결과에 의하면 아수라는 고대 페르시아의 최고의 광명신으로 받들어지는 아후라 마즈다Ahura Mazda에 대응하는 것으로 여겨진다. 즉 범어의 Asura에 대응하는 것이 Ahura이며, 이 신은 후일 조로아스터교의 최고신이 되는데, 광명의 신, 정의의 신으로 암흑의 신인 아르야만Airyaman과 대립한다. 고대 페르시아에서는 광명 혹은 태양을 상징하는 아수라를 신봉하는 종교와 데바Deva를 신봉하는 종교가 있었으며, 아수라를 신봉하는 사람들은 상당한 수준의 문화적 생활을 영위했던 것에 반하여 데바를 신봉하는 사람들은 수렵 위주의 열등한 생활을 했던 것으로 알려지고 있다. 그리고 인도의 오래된 베다에는 바라문의 위대한 신들을 아수라라고도 하였으며, 브라흐마나 문헌 중에는 아수라들이 데바보다도 뛰어난 것으로 기술하고 있는 경우

지권인 비로자나불좌상의 지권인 모습.

도 있다고 한다. 그러던 것이 토착인들 사이에 신봉되던 아수라를 누르고 아리아인들의 신으로 데바의 우두머리인 인드라를 부각시키는 과정에서, 아수라는 열등하고 악한 신으로 전락하게 된 것으로 보고 있다. 아리아인들이 서북 인도에 침입해 오기 이전에 번영했던 인더스문명을 건설한 5종족 가운데에는 아수라족이 있었으며, 이들은 태양신을 섬겼다고 전한다.

고대 페르시아의 아후라 마즈다가 광명의 신인 점에 착안하여 비로자나불이 아후라 마즈다에서 온 것이라고 주장하는 학자도 있다. 그러나 아후라 마즈다는 비로자나와 관계가 있다기보다는 무량광無量光을 뜻하는 아미타불의 기원으로 보아야 한다고 한다. 이는 문헌에 나타난 것을 보거나 이란이라는 지역적인 특성에서도 아후라는 아미타불의 기원으로 보는 것이 타당하다고 할 것이다.

●   광명의 이미지를 지닌 비로자나가 광명의 신인 아수라나 아후라의 이미지를 계승하고 있다고는 하지만 아수라와 비로자나는 불교에 이르러 현격한 차이를 나타내고 있다. 특히 대승불교의 흥기와 함께 아수라는 불법수호의 신장神將으로서의 역할만 하고 있는데 반해 비로자나는 진리의 당체이며 온 우주 법계를 아우르는 법신 대일여래로 까지 발전하고 있다.

그렇다면 비로자나는 오히려 태양의 후예로서 그리고 최고의 진리를 깨치시고 이를 실현시킨 석존을 위대한 태양에 비유한다는 점에서 석존에서 비롯된 것이라고 보는 것이 타당하다고 생각된다. 다음의 『화엄경』「세주묘엄품」의 말씀에서 그 내용을 확인할 수 있다.

"비로자나부처님이 상호 갖추어 연화장 사자좌에 앉으시니, 모든 대중이 다 청정하여 고요히 머물러서 우러러 보네. 중략 석가모니부처님 그 위에서 더욱 장엄하도다."

여기에서 연화장은 비로자나불의 세계, 곧 우주 법계를 말하며 그러한 법계의 중심인 사자좌에 비로자나불이 앉아 계신다. 그리고 그 비로자나불이 곧 석가모니불임을 나타내고 있다.

그리고 비로자나라는 말을 통하여 광명의 이미지가 확연히 드러나는 것은『화엄경』이 등장하면서 부터라고 할 수 있다. 실차난타역『화엄경』의 「여래출현품」에서는 비로자나불의 광명의 이미지를 극대화 하고 있다. 그 내용을 보자.

"그때 세존께서 미간의 백호상으로부터 대광명을 놓으시니 여래출현이라 이름하며, 한량없는 백천억나유타아승지광명으로 권속을 삼았다. 그 광명이 시방의 온 허공법계와 모든 세계를 두루 비추며 오른쪽으로 열 번 돌아 여래의 한량없는 자재함을 나타내고, 무수한 보살대중들을 깨우치며, 일체의 시방세계를 진동하고, 모든 악도의 고통을 없애고 모든 마군의 궁전을 가리며, 모든 제불여래께서 보리좌에 앉아 바른 깨달음을 이루는 일과 모든 도량에 모인 대중들을 나타내 보이셨다."

여기서 세존은 비로자나불을 가리킨다. 비로자나불은 광명을 통하여 불세계를 드러내고 광명을 통하여 설법하고 있는데, 이와 같은 장면은『화엄경』의 도처에서 만날 수 있다. 이러한 비로자나불의 성격에 대해 불타발타라 역『화엄경』의 「노사나불품」에서는 다음과 같이 설하고 있다.

"무량겁해無量劫海의 공덕을 닦아 시방의 모든 부처를 공양하고 가없는 중생의 바다를 교화하여 비로자나불께서 정각正覺을 이루시고 대광명을 놓아 사방을 비추며 중략 비로자나불의 큰 지혜 바다, 그 광명 두루 비쳐 가이 없으며, 여실히 진제眞諦를 관찰하며, 일체의 모든 법문을 비춘다."

비로자나가 무량겁해의 공덕을 닦아 정각을 이룬다는 것은 곧 보신불로서의 성격을 나타내는 것이다. 그러나 『화엄경』 전체를 놓고 볼 때에는 우주 법계의 근원으로서의 법신을 드러내고 있다. 비로자나불은 연화장 즉 우주 법계의 중심인 사자좌에 앉아서 지혜의 대광명을 발하고 계신다. 그 광명에 의하여 법의 실체가 드러나고 온 우주 법계의 유정들은 혜택을 입는 것이다. 이와 같이 광명을 통하여 그 모습을 드러내고 설법하는 비로자나불은 광명 그 자체라 하여도 지나친 말이 아니다. 『화엄경』에서 비로자나불은 광명의 법신으로서 빛을 발할 뿐 직접 법을 설하지는 않는다. 다만 보현이나 문수 등의 수많은 보살들이 등장하는 근원 혹은 배경으로서의 역할을 할 뿐이다. 이에 반해 『범망경』에서는 노사나불이라고 하여 직접 법을 설하고 있다. 경의 도입부분에서 석가불의 물음에 대해 노사나불이 자신을 소개하는 장면이다.

"그때 노사나불께서는 곧 크게 기뻐하시며 허공광체성본원성불상주법신삼매虛空光體性本原成佛常住法身三昧를 드러내어 대중들에게 보이셨다. '모든 불자들아, 잘 듣고 생각하여 수행하라. 나는 이미 백아승지겁 동안에 심지心地를 수행하였다. 그것을 인으로 하여 처음으로 범부를 버리고 등정각을 이루었는데, 이름을 노사나라 하며 연화대장세계해蓮華臺藏世界海에 머무른다.'"

이것에 이어지는 장면은 노사나불이 천백억의 크고 작은 석가불을 화현하고 천백억의 석가불은 노사불에게 심지법품을 질문하자, 노사나불은 그 질문에 대해 자세히 설명하고 있다. 이는 수많은 겁 동안 수행을 한 후에 노사나불이 된다고 하여 보신불의 성격을 지니고 있으나, 동시에 상주법신으로서 수많은 석가불을 화현하는 연화장세계의 주인공인 것이다.

7세기 중엽에 성립되었다고 하는 밀교의 대표적인 경전의 하나인『대비로자나성불신변가지경』에 이르면, 비로자나불는 대비로자나불로 불리워지며 법신으로서 직접 지금강자持金剛者와 대보살들에게 법을 설하고 있다. 이는 대승경전에서 화신불로서 석가모니부처님이 성문제자나 연각승 그리고 보살들에게 법을 설하는 것과는 많은 차이를 드러내는 것이다. 『대비로자나성불신변가지경』에 이르러서야 교리적인 부분과 의궤 부분이 온전히 갖추어진 가운데 밀교적인 방편으로 즉신성불에 이르름을 설하게 된다.

중생구제의 방편지혜를 구경으로

- 가령 극소한 장애의 구분조차 없이 완전히 청정하게 된 탐심은 결국 160심의 하나로서 존재하여 자성청정심의 내용 내지 자료를 형성하는 것이라 할 수 있다.
- period A.D. 650년경; 대일경 성립
- keyword 대일경 / 주심품 / 삼구법문 / 만다라 작법 / 여실지자심如實知自心 / 160심 / 심향상의 측면

초기에 밀교는 세간적인 이익추구를 위해 진언과 관상법 그리고 인계印契 등이 따로 따로 설해졌다. 그러던 것이 성불을 지향하게 되었으며 진언과 관상법 그리고 인계는 어밀과 의밀 그리고 신밀의 삼밀로 종합하여 의궤화 하게 되었다. 그리고 그 동안의 여러 부처님과 보살들은 서로의 관련성 속에서 체계화 되어 만다라로 정리되어 나타난다. 이러한 것은『대일경』이라고도 불리는『대비로자나성불신변가지경』과 금강정경계통의 경전에서 분명하게 드러나고 있다. 이때부터 밀교는 본격적인 모습을 띠기 시작한다고 할 수 있다.

　『대일경』이 현실적으로 언제 어디에서 성립하였는지에 대해서는 학자들간에 의견이 일치하지 않고 있다. 대표적으로 중인도의 나란다사에서 성립했다는 설과 서인도의 라타지방에서 성립했다는 설이 있다. 중인도 나란다설은 무행無行이『대일경』의 범본을 나란다사에서 구하여 중국으로 가져왔다는 점과『대일경』을 한역한 선무외善無畏도 나란다사에서 달마국다達摩掬多에게서 태장법胎藏法을 전수 받았다는 점 등을 근거로 들고 있다. 또 다른 유력한 주장인 서인도 라타지방 성립설은 라타지방은 서양과의 교역이 왕성해서 예로

부터 불교뿐만 아니라 자이나교, 바라문교 등도 번성한 곳이라는 점과, 의정의 『서역구법고승전』에 4인의 밀교수행자가 서인도로 향하고 있다고 한 점 그리고 『대일경』 가운데 대해를 꿈꾸는 부분이 있는데 이것은 이 경전의 성립지가 바다에 가깝다고 생각할 수 있다는 점 등을 근거로 제시하고 있다.

『대일경』의 성립연대는 7세기 중엽에 성립한 것이라는 것이 학계의 정설이다. 645년에 인도에서 중국으로 돌아온 현장의 『서역기』에는 밀교의 독립된 교단에 대한 서술이 보이지 않지만, 671년부터 25년간 인도를 순례한 의정의 『서역구법고승전』에는 그 기록이 보이기 때문이다. 그러나 이보다도 연대를 좀 더 올려 잡는 경우도 있다. 그 근거로는 『대일경』의 기본적인 3존형식인 부처·연화·금강의 존상이 아잔타라든가 엘로라의 동굴에서 확인되고 있기 때문이다.

연화수보살 아잔타 석굴의 벽화 부분

6세기에 개굴開窟된 것으로 보이는 아잔타의 제1굴의 사당 안쪽에는 전법륜상의 부처상이 모셔져 있으며 입구 좌우벽에는 연화수보살과 집금강보살의 벽화가 그려져 있다. 또한 엘로라의 제1굴과 제16굴에도 부처를 중심으로 연화수와 금강수의 두 보살이 조각되어 있어 3존

형식을 갖추고 있다. 이 제1굴은 6세기에서 7세기에 걸쳐, 제16굴은 580년경에 개굴되었다고 한다.

『대일경』은 내용적인 측면에서 크게 교리적인 면과 실행적인 면의 두 부분으로 나눌 수 있다. 즉 『대일경』은 집금강비밀주의 질문과 세존의 대답이 전체의 주류를 이루고 있는데, 「주심품」에서는 교리적인 내용을 설하고 「구연품」이하에서는 실천적인 측면을 설하는 내용으로 일관되어 있다. 실천실행적인 면을 설하고 있는 각 품들은 일반 신도들을 성불시키기 위해 설해진 것이라기 보다는 전문적인 수행자들을 위해 설해져 있다. 즉 「구연품」에는 7일작단법을 설하고 있는데, 만다라의 작법, 만다라에 제자를 입단入壇시켜 관정을 하는 방법 등이 설해져 있다. 이는 태장만다라 조단법의 중요한 기준이 된다. 또한 이하에서는 진언, 삼밀, 종자, 자륜관, 밀인密印, 포자布字, 호마작법, 본존 등을 설명하고 의궤화 하고 있다.

교리를 설하고 있는 「주심품」의 주요 내용은 역시 삼구법문에서 시작한다고 하겠다. 부처님께서 일체 중생들을 제도하는 공덕은 일체지지 즉 일체의 모든 법을 성취하는 지혜로 말미암은 것이다. 집금강비밀주가 부처님께 이러한 일체지지는 어떻게 하여 얻는가 라고 물으면서 「주심품」은 시작하고 있다. 그 내용을 보자.

● "이때에 집금강비밀주가 저 대중이 모인 가운데 앉아서 부처님께 여쭈어 말씀하셨다. '부처님이시여. 어떻게 하여 여래 응공 정변지께서는 일체지지一切智智를 얻으십니까? 중략 부처님이시여. 이와 같은 지혜는 무엇으로써 인因을 삼고, 무엇으로써 근根을 삼고, 무엇으로써 구경으로 하옵니까?' 이와 같이 말

씀하여 마치시니. 비로자나부처님께서 집금강비밀주에게 대답하여 말씀하셨다. '착하고 착하도다. 집금강이여. 네가 나에게 이와 같은 뜻을 물으니. 너는 마땅히 자세하게 살펴서 듣고 지극한 선의 뜻을 지어라. 내가 이제 그것을 설하리라.'금강수가 말씀하셨다. '그렇게 하겠습니다. 부처님이시여. 원하옵건대 즐겁게 듣고자 하나이다.'부처님께서 말씀하셨다. '보리심을 인으로 하고 대비를 근으로 하며 방편을 구경으로 하느니라.'"

보리심을 인으로 하고 대비를 근으로 하며 방편을 구경으로 한다는 것에 대해『대일경소』에서는 비유하기를, 세간의 종자가 물과 흙과 햇빛의 연에 의해서 뿌리가 내리고 성장하여 과실을 맺는 것과 같다고 하였다. 그렇다면 보리심은 종자에, 대비는 물과 흙과 햇빛에, 과실은 방편에 비유되고 있다. 다시『대일경소』에서는 "보리심은 백정신심白淨信心의 뜻이다."고 하였다. 곧 순백하고 더럽혀지지 않으며 청정무구하며 견고하게 깊은 믿음의 힘을 지닌 마음이다. 이와 같은 맑은 믿음을 견고히 하고 증장시키기 위해서 대비의 만 가지 행[萬行]을 실행하는 것이다. 대비의 만행이 행해질 때에 중생 제도의 한량없는 해탈법문이 자재로이 개발되는 것이다. 마치 싹과 뿌리와 줄기와 가지와 잎이 차례대로 장엄되는 것과 같다. "방편을 구경으로 한다."는 것은 만 가지 행이 원만하고 지극하여 다시 더할 수 없으며, 사물에 응하는 방편이 능히 일을 궁구하여 다하는 것을 말한다. 다시 말하면 맑은 믿음으로 만 가지의 대비를 행함으로써 중생 구제의 한량없는 방편의 지혜를 증득하는 것을 말한다고 할 수 있다.

그러나 다시 스스로 무엇이 보리인가 라고 묻고는 실답게 자신의 마음

[自心]을 아는 것이 보리라고 하였다. 이는 곧 여래의 공덕의 보배인 무상정등보리심은 어디에서 구하는가라는 물음에 자심을 실답게 아는 것이라는 의미이다. 그리고 이러한 보리심은 얻을 수 없는 것이며 모습이 없으며 허공의 모습이라고 한다. 그렇다면 자심이 곧 보리심이고 모습이 없는 것이 되어 금강수는 다시 묻게 된다. 그럼 누가 일체지지를 구하며 누가 정각을 이루며 누가 일체지지를 일으키는가고 묻는다. 이때 부처님은 역시 자심에서 보리와 일체지지를 찾아 구하는 것이니, 왜냐하면 자심은 본성이 청정하기 때문이라고 하였다. 이는 비록 중생의 참된 모습이 즉시 보리이며, 깨달음에 있든지 깨달음에 없든지 항상 스스로 엄정嚴淨하지만, 그러나 여실하게 스스로 알지 못하기 때문에 즉시 무명인 것이다. 무명으로 전도되어 모습을 취하기 때문에 좋아함 등 모든 번뇌가 생기며, 번뇌를 원인으로 하기 때문에 갖가지 업을 일으키고, 갖가지의 윤회의 길에 들어가 갖가지 몸을 획득하고 갖가지의 괴로움과 즐거움을 받는 것이다.

다시 보리심이 발하는 모습을 설해 달라는 금강수의 요청에 부처님은 160심의 심상속心相續을 설하시며, 이들을 초월하여야 광대한 공덕이 생긴다고 하였다. 160심은 탐심, 무탐심, 진심瞋心, 자심慈心, 치심癡心, 지심智心 등 중생들의 마음 상태를 말한다. 이에 대해 붓다구히야는 다음과 같이 설명하고 있다.

"도대체 탐욕심이란 무엇인가 하면 탐욕의 법이 의지되는 것이다. 탐욕심은 탐욕을 지니고 있는 마음이다. 이 또한 선과 불선과 번뇌와 무기無記의 네 가지 법 가운데 응해지는 것과 같이 탐욕으로써 친근되는 것임을 알아야 한다. 천존天尊 등을 믿어 공양해야 할 대상에 탐하고 연모하여 공양 등의 업業을 짓는 것이 탐욕의 법에 친근하는 것으로서의 선이다. 마찬가지로 부녀자 등에게 탐하고 연모하여 그 짓는 것은 탐욕의 법을 친근하는 것이어서 번뇌의 마음이다. 주지 않는 것을 취하고 망어하는 것 등의 법에 탐하고 연모하여 그러한 것을 짓는 것은 탐욕의 법을 친근하는 것으로 불선의 마음이다. 공예工藝 등의 법에 탐하고 연모하여 그러한 것을 짓는 것은 탐욕의 법에 친근하는 것으로서 무기이다. 마찬가지로 다른 모든 마음의 경우에도 응하는 것과 같이 선과 불선과 번뇌와 무기는 이와 같은 방식으로 배합되어야 할 것이다."

여기에서 심향상心向上의 측면에서 보면, 마음이 향상되어감에 따라 마음의 어떤 장애의 단계, 부정되고 극복되어야 할 부정적인 측면을 수반하고 있다. 그러나 그것이 수행이 진척되어 마음이 향상하는 것에 따라서 거칠고 성긴 것으로부터 미세하고 정밀한 것으로 변화하여 마침내 극소가 되어 사라지게 될 때 인간은 지혜의 경지에 도달하게 된다. 가령 극소한 장애의 구분조차 없이 완전히 청정하게 된 탐심은 결국 160심의 하나로서 존재하여 자성청정심의 내용 내지 자료를 형성하는 것이라 할 수 있다.

이러한 점에서 밀교를 안일하게 인간욕망의 긍정이라든가 현실적 긍정의 종교로 평가해서는 안될 것이다. 그 근저에는 현실적은 그 내용이 어떠한 단계에서도 종교적이상과 자기와의 관계에서 자기인식을 수반하여 마음의 향상이라는 필연성을 내포하는 것이기 때문이다.

대비태장생만다라

- 모든 부처님을 출생시키는 것이 만다라이다. 비교할 것이 없는 최고의 맛이며 다할 것이 없는 맛이다. 그래서 만다라라 한다.
- period A.D. 650년경; 대일경 성립
- keyword 대일경 구연품 / 7일 작단법 / 대비태장생만다라 / 중대팔엽원 / 대일여래 / 총덕 / 4불 / 개별적인 덕성 / 3부 형식

7세기 중엽에 성립한 것으로 보고 있는 『대일경』은 밀교의 교리적인 부분과 실천실행적인 면이 함께 설하고 있는 밀교의 완성된 모습을 보여주는 최초의 경전이라고 할 수 있다. 『대일경』의 「주심품」에서는 교리적인 내용을 설하고 있으며, 「구연품」 이하에서는 실천적인 측면을 설하고 있다. 특히 「구연품」에서는 7일간에 걸친 작단법을 설하고 있는데, 만다라의 작법, 만다라에 제자를 입단入壇시켜 관정을 행하는 방법 등이 설해져 있다. 『대일경』에서 설하고 있는 만다라는 대비태장생만다라이다. 이 만다라는 한량없는 덕德을 갖추고 있다고 하고 있다. 경전의 내용을 보자.

●
　　　"이때 금강수비밀주가 다시 부처님께 여쭈었다. '세존이시여. 무엇을 이름하여 만다라라고 합니까? 만다라는 그 뜻이 어떠합니까?' 부처님께 말씀하시었다. '모든 부처님을 출생시키는 것이 만다라이다. 비교할 것이 없는 최고의 맛이며 다할 것이 없는 맛이다. 그래서 만다라라 한다. 비밀주여. 끝없는 중생계를 애민哀愍하는 까닭에 이를 대비태장생大悲胎藏生이라 하며, 이는 만다라의 넓은 뜻이다. 비밀주여. 이 대비태장생만다라는

여래의 한량없는 겁 동안 아뇩다라삼먁삼보리의 가지한 바를 쌓아 모았으므로 한량없는 덕을 갖추었다고 알아야 한다. 비밀주여. 한 중생을 위해서 여래께서 정등각을 이루신 것이 아니며 두 중생을 위해서도 여러 중생을 위해서도 아니다. 중략 모든 중생계를 연민하시기에 여래께서 정등각을 이루셨으며, 대비의 원력으로써 한량없는 중생의 세계에서 그 본성과 같은 법을 연설하신다.'"

대비태장생만다라를 설명하고 있는 부분에서, 우리는 「주심품」에서 설하고 있는 보리심을 인因으로 하고 대비를 근根으로 하며 방편을 구경으로 한다고 하는 내용을 엿볼 수 있다. 만다라의 작법을 보자. 먼저 수행자는 자비심을 일으켜 단을 건립할 땅을 택하는데, 산림에는 꽃과 과실이 많으며 기뻐할 만한 깨끗한 샘이 있는 곳을 택하여 둥근 단을 지어야 한다고 하였다. 그리고는 이를 깨끗이 한 후에는 선정 가운데 대일여래를 관하고 이어서 네 부처를 관상한다. 경전의 내용을 본다.

"수행자는 다음 선정 가운데에서 마음으로 대일을 관하라. 백련화의 자리에 앉으시고 상투모양으로써 관冠을 삼으며 갖가지 색깔의 빛을 내시는데 몸 전체에 두루 가득하다. 다시 선정에서 차례대로 사방의 부처를 관상해야 한다. 동쪽의 방향은 보당寶幢이라고 부르는데 몸에서 나는 색이 태양의 광채와 같다. 남방의 대근용大勤勇께서는 두루 깨달음의 꽃을 열어 펼치시며 금색으로 광명을 내어 삼매에서 모든 더러움을 떨치시네. 북방의 부동불不動佛은 번뇌를 벗어난 청량한 정定이고, 서방의 인승자仁勝者는 이를 무량수라 이름하네."

이는 대비태장만다라의 가장 중심에 위치하는 중대팔엽원中臺八葉院의 5불을 설하고 있는 것이다. 중앙에 대일여래는 흰 연꽃 위에 결가부좌하여 법

대비태장생만다라와 **중대팔엽원**(사진 왼쪽부터)

계정인法界定印을 하고 계신다. 이는 여래의 총체적인 덕성을 나타낸다고 한다. 이러한 총체적인 덕성에서 사방으로 개별적인 덕성을 나타내고 있는데, 그것이 4불이다. 그리고 네 부처의 전 단계로 네 보살을 나타내고 있는데, 이것은 네 보살의 완성된 결과로서의 네 부처를 나타내는 것이다. 즉 네 보살이 네 부처의 원인에 해당한다면 네 부처는 네 보살의 결과에 해당하는 것이다. 동방의 보당불은 그 왼편에 보현보살이 그려지는데, 이는 마음을 내는데 있어 정보리심淨菩提心의 덕을 나타낸다. 곧 종교적인 각성을 말한다. 남방의 대근용은 개부화왕불開敷華王佛을 말하며 그의 왼편에는 문수보살이 그려지는데, 수행문에서의 지혜의 덕을 나타낸다. 곧 종교적 실천에서의 지혜를 말한다. 서방의 인승자는 무량수불을 말하며 그의 왼편에는 관세음보살이 그려지는데, 보리문에서의 보리를 나타낸다. 곧 종교적인 증오證悟를 말한다. 북방의 부동불은 천고뢰음불天鼓雷音佛을 말하며 그의 왼편에는 미륵보살이 그려지는데, 열반문에서의 열반의 덕을 나타낸다. 곧 종교적 이상경理想境을 말한다.

이상의 중대팔엽원의 내용은 대일여래의 총덕總德으로부터 나온 4불의 개별적인 덕성을 나타내는 것이며, 다시 네 보살의 인행因行의 결과로서 네 부처가 있음을 나타낸다. 그리고 네 부처는 결국 보리심을 발하여 실천수행을 행하고 보리를 증오하여 열반에 도달하는 것을 나타내기도 한다. 결국 중대팔엽원은 보살에서 부처로 나아가고 다시 대일여래로 나아가 대일여래의 지혜를 증득해가는 과정을 나타내며, 또한 중생구제를 향하여 지혜가 발현되어지는 과정을 불보살의 배치를 통해 묘사하고 있다고 할 수 있다.

　　이러한 사방에 네 부처를 배열하는 형식은 4세기말경에 담무참역인 『금광명경』의 사방 4불과 불타발다라역인 『불설관불삼매해경』에서의 사방 4불과 시방 10불에 연유한다고 보고 있다. 이 가운데 사방 4불을 살펴보면, 동방의 아촉불阿閦佛, 남방에 보상불寶相佛, 서방에 무량수불無量壽佛, 북방의 미묘성불微妙聲佛을 나타내고 있다. 최초에 이들 사방의 네 부처님을 배열하는 방식은 단지 네 부처님을 공간적으로 사방에 배열하고 있는 것이며, 어떤 관계성에서 연결하고 있는 것 같지는 않다. 그러나 대비태장생만다라의 중대팔엽원에서 사방에 배열되고 있는 네 부처님은 대일여래를 비롯하여 네 보살과 함께 서로 간의 관계성 속에서 배열된 것임을 알 수 있다.

　　중대팔엽원을 중심으로 편지원遍知院, 관음원觀音院, 금강수원金剛手院, 지명원持明院의 4원이 둘러 있으며, 이를 제1중이라 한다. 편지인은 중대팔엽원으로부터 나온 대일여래의 이법理法이 중생들을 교화하고 이익하기 위해 지혜로 나타나는 것을 표시한 것이다. 이는 기하학적인 모습으로 그려지는데, 셋의 광염光焰과 3중의 삼각형 그리고 두 개의 만자로 나타난다. 이 편지인은 제불심인諸佛心印 혹은 일체여래지인一切如來智印이라고 부르며, 4마陰魔, 煩惱魔, 死魔, 天魔를 항복시키는 부처님의 지혜를 상징한다. 관음원은 관음보살을 주존으로 하고 편지원에서 발동된 지智가 다시 관음의 대비大悲로서 발휘되는 곳이다. 편지원은 불부佛部에 속하는데 대하여 관음원은 연화부에 속한다. 금강수원은 금강살타를 주존으로 하며 여래의 대지大智의 덕이 발휘되는 것을 상징한다. 금강수원은 금강부에 속한다. 지명원은 관음원과 금강수원에서의 대비와 지혜를 실천적으로 조화하여 통일한 경지를 나타낸다. 지명원은 부처님의 명주 즉 다라니가 지송되기 때문에, 그것은 여기에서 제불의 본원이 중생을 위해 실천되고 있음을 나타낸다.

이러한 불부, 연화부, 금강부의 3부 형식은 양대梁代, 502~557에 한역된 『모리만다라주경牟梨曼陀羅呪經』에서 중앙에 부처 그리고 우측에 12개의 팔을 지닌 금강상金剛像을, 좌측에는 16개의 팔을 지닌 마니벌절라보살을 그리는 3존尊 형식의 화상법畵像法에 이어 7세기 중엽 아지구다阿地瞿多가 한역한 『불설다라니집』에서 석가상을 중심으로 왼쪽에 금강보살을, 오른쪽에 관세음보살을 그리는 것에서 비롯되었다고 할 수 있다.

다음은 제2중으로 석가원, 문수원, 허공장원, 소실지원蘇悉地院, 지장원, 제개장원除蓋障院의 6대원이 그려지고, 마지막 제3중은 외금강부원外金剛部院으로 육도윤회의 중생류들이 그려진다.

이와 같이 3중으로 건립되는 대비태장생만다라는 「주심품」에서 설하고 있는 3구법문의 구체적인 발현을 나타낸 것이라고 하고 있다. 즉 중대팔엽원과 제1중의 4대원은 인因인 보리심의 덕을 나타내며, 다음으로 제2중의 6대원은 근根인 대비의 덕을 나타내며, 끝으로 제3중은 널리 모든 중생류에 미치는 방편의 덕을 나타낸다고 보는 것이다. 이는 곧 대일여래의 일체지지가 보리심을 인으로 하고 대비를 근으로 하며 방편을 구경으로 하여 나타나는 것임을 만다라로 도화圖畵한 것이라고 할 수 있을 것이다.

금강계만다라

● 5불과 금강보살들은 모두 보리심 곧 자성청정심에서 출생한 것이며, 결코 무너지거나 부서지지 않는 견고한 성품을 지니는 것이다.
● period A.D. 680~690; 금강정경 성립
● keyword 금강정경 / 남천축철탑설 / 금강계만다라 / 하전문 / 상전문 / 오상성신관 / 성신회 / 금강계 37존

금강계만다라는 『금강정경』을 바탕으로 이루어진 것이다. 그러나 『금강정경』은 『대일경』처럼 단일한 하나의 경전이 아니다. 많은 세월 동안에 여러 가지 변천을 거쳐 이루어진 금강정경계통의 여러 경궤들로 구성되어 있다. 일반적으로 『금강정경』이라 불리는 것은 당나라 때 불공삼장에 의해 번역된 3권본의 『금강정일체여래진실섭대승현증삼매대교왕경金剛頂一切如來眞實攝大乘現證三昧大敎王經』을 일컫는다. 이 3권본 외에 시호가 번역한 30권의 『일체여래진실섭대승현증삼매대교왕경』이 있으며, 이는 『진실섭경』, 『초회금강정경』, 『30권대교왕경』이라 불리기도 한다. 위에서 말한 3권본의 『금강정경』은 『진실섭경』의 첫 부분에 해당하는 「금강계품」을 중요한 부분만 발췌하여 부분적으로 번역한 것이다. 『진실섭경』은 『초회금강정경』으로서 『금강정경』의 첫 번째 모임에 불과하며, 불공이 번역한 『금강정경유가십팔회지귀金剛頂經瑜伽十八會指歸』에 의하면 『금강정경』은 총 10만송으로 모두 열두 곳에서 열여덟 번의 모임이 있었다고 한다.

인도에서 『진실섭경』이 성립된 시기는 680~690년 성립설과 6~7세기에 성립했다는 두 가지 설이 주장되고 있다. 성립 지역으로는 남인도의 북쪽

오늘날의 나그푸르Nagpur 지방이 유력하게 거론되고 있는데, 이것은 『금강정
의결金剛頂經義訣』에서 전하는 남천축철탑설에 기인한다. 금강지삼장이 구술하
고 불공삼장이 옮겨 적었다고 하는 『금강정경의결』에는 십만송의 『금강정
경』을 얻게 된 연유와 전하지 못하게 된 연유를 서술하고 있다. 남천축철탑설
을 중심으로 살펴보면, 다음과 같다.

　　"이 경에 백천송십만송의 광본이 있는데, 이것은 제불대보살 등의 깊
고 깊은 비밀의 세계로서 일찍이 성문이나 연각, 인천 등은 듣지 못하였다. 금
강지삼장에 의하면 이 경의 크기는 침상과 같고 두께가 45척으로 그 속에는
무량한 게송이 들어 있으며, 불멸 후 수백 년간 남천축철탑 안에 보관되어 철
문으로 닫고 열쇠로 탑 안을 봉인했었다고 한다. 천축의 불법이 점점 쇠퇴해
졌을 때 용맹보살이 나타나서 처음으로 비로자나부처님의 진언을 지송했다
고 한다. 그때 비로자나부처님은 자신의 몸을 나투어 많은 변화신을 현현하
고, 허공중에서 법문 및 문자로 게송의 장구章句를 교설하였고, 그것을 옮겨 적
자마자 비로자나부처님은 사라졌다. 이것이 지금의 비로자나염송법요 제1권
이다.

　　그때 그 대덕은 지송으로 성취하여 그 탑을 열기를 원했고, 7일간 탑을
돌면서 염송하고 흰 개자씨 일곱 알을 가지고 그 탑문을 두드리자 곧바로 열
렸다고 한다. 탑 안의 신들이 일시에 성내며 들어가지 못하게 하였는데, 탑 안
을 들여다보니 향과 등불의 광명이 1장 2장이나 비추며 화보개華寶蓋가 안에 가
득 차 있었다.

　　그 대덕은 지심으로 참회하고 대서원을 발하여 후에 그 탑 속에 들어
갈 수 있었으며, 거기에 들어가자 그 탑은 닫혔다고 한다. 며칠을 지나 그 경의

광본을 한번 송하고, 잠시 지나서 제불보살의 지수指授를 받은 다음 기록해서 잊어버리지 않도록 했으며, 다음에 탑을 나와서 탑문을 다시 닫았는데, 그때 서사해서 기록한 법이 백천송이라 한다.”

여기에서 남천축철탑 안의 백천송의 광본은 18회의 십만송을 가리킨다. 그러나 금강지는『금강정경의결』에서 그 십만송의 광본을 바닷길로 중국으로 가져오다가 폭풍우를 만나 바다에 버리고 약본 4천송만을 가져와서 번역하였다고 전하고 있다.『금강정경』의 남천축철탑설과 10만송의 광본은 단순히 신화적인 전설로만 여길 수는 없을 것이다. 당시에 금강정경계통의 원초적인 형태를 지닌 의궤들이 다수 존재했을 것이라는 점은 예견되는 일이며, 남천축철탑에 대해서는 남인도의 아마라바티대탑이라는 설이 제기되기도 하기 때문이다.

금강법보살(네팔, 17세기, 뭄바이 웨일즈박물관 소장)과 **금강살타보살**(네팔, 18세기, 뭄바이 웨일즈박물관 소장)

금강계 만다라의 도상은 총 9회로 이루어져 있으며, 중앙에 갈마회^{하향}

문일 때는 갈마회, 상향문일 때는 성신회라 부른다를 중심으로 하여 나선형으로 뻗어 나오면

서 삼매야회, 미세회, 공양회, 4인회, 일인회, 이취회, 항삼세갈마회, 항삼세삼

매야회이다. 이 가운데 이취회는 『대락금강불공진실삼마야경^{大樂金剛不空眞實三摩}

^{耶經}』 즉 『금강정경』의 계통을 잇는 『이취반야경』에 바탕을 두고 있으며, 나머

지 8회는 『진실섭경』을 바탕으로 그려지고 있다. 갈마회를 비롯한 9회의 만다

라는 각각의 회가 별도로 독립된 만다라의 구조를 지니면서도 전체적으로 하

나의 흐름을 지니고 있다. 즉 갈마회로부터 나선형으로 뻗어나가 항삼세삼매

야회로 나아가는 것과 항삼세삼매야회에서 나선형으로 중앙의 성신회로 돌

아 들어가는 것이다. 먼저 성신회로 돌아 들어가는 것은 상전문^{上轉門} 혹은 종

인향과^{從因向果}라고 부른다. 수행자가 보리심을 일으켜 탐진치를 항복받고, 번

뇌를 끊어서 성도^{成道}의 장애를 없애는 것이 항삼세회와 항삼세삼매야회이다.

여기에서 탐진치와 번뇌장·소지장을 끊으면, 온갖 욕심과 갈애가 모두 보리

심의 덕을 갖춘다는 번뇌 즉 보리의 뜻을 드러낸 것이 이취회이다. 그 다음 일

인회에서는 오상성신관^{五相成身觀}에 의해 중생 자신이 원만한 과덕을 지닌 불신

^{佛身}임을 보인다. 그리고 4불의 가지에 의해서 4지인^{智印}을 연 모습을 보인 것이

4인회이고, 계속하여 공양의 사업을 보인 것이 공양회, 선정의 모습을 보인 것

이 미세회, 각 존을 삼매야형으로 나타낸 것이 삼매야회이다. 상전문의 마지

막으로 불신을 원만히 하여 존형을 드러낸 것이 성신회이다. 상전문에서 각

회의 내용은 중생으로부터 부처님의 경지를 점차 성취해가는 과정을 나타낸

것임을 알 수 있다.

반대로 갈마회에서 항삼세삼매야회로 뻗어나가는 것은 하전문^{下轉門}

혹은 종과향인^{從果向因}이라 부른다. 이는 불신을 원만히 한 부처님이 중생교화

를 위해서 그 지혜를 점차 발휘하는 것으로, 항삼세회와 항삼세삼매야회에 이르러서는 교화하기 어려운 대상을 조복시키는 것으로 까지 전개되어 일체 중생을 구제하게 된다.

9회 가운데 성신회는 근본이 되기 때문에 근본회라 부르기도 하는데, 각 회는 성신회의 37존을 중심으로 펼쳐지기 때문이다. 성신회의 37존은 금강계대만다라라고 부르며 『진실섭경』의 「금강계품」 처음 부분에서 설하고 있다. 「금강계품」에서는 오상성신관이라는 유가관법을 통하여 37존이 출생하는 과정을 설하고 있다. 오상성신관은 자신의 마음을 관찰하는 다섯 단계의 월륜관月輪觀에 의해 금강과 같은 몸을 이루어 비로자나법신을 현증現證하는 관법이다.

경전에서는 일체의성취보살마하살이 보리도량에서 일체여래의 경각警覺에 의해 무식신삼매無識身三昧로부터 일어나, 일체여래의 가르침대로 오상성신관을 수행한다. 수행을 통해 불신원만을 현증한 일체의성취보살은 금강계대보살이 된다. 금강계대보살은 일체여래에게 가지를 청하여 가지를 입음과 동시에 4가지 지혜 즉 대원경지, 평등성지, 묘관찰지, 성소작지를 성취하고 금강계여래가 된다. 금강계여래 즉 비로자나여래는 수미산 정상의 사자좌에 사방으로 얼굴을 향하여 앉는다. 그리고는 4지로부터 사방에 아축불, 보생불, 무량수불, 불공성취불을 유출하고 일체여래의 가지를 입는다. 사방의 네 부처는 각각이 지니고 있는 지혜를 넷으로 나눈 4보살을 출생하여, 모두 16대보살이 출생하게 된다. 다시 네 부처는 자신들을 출생시킨 비로자나여래에게 답례로 4바라밀을 출생시켜 공양한다. 4바라밀을 공양받은 비로자나여래는 사방의 네 부처에게 안의 4공양보살을 공양하고, 4공양보살로 더욱 힘을 얻은 사방의 네 부처는 다시 비로자나여래에게 바깥의 4공양보살을 공양한다. 이에 대해 중앙의 비로자나여래는 사방의 네 부처에게 보답하기 위해 4섭보살을 출생하여 사방의 네 문에 위치하도록 한다. 이와 같이 하여 16대보살과 16공양보살이 순서대로 비로자나여래와 네 부처 사이에서 출생하여 금강계37존이 이루어진다.

● 　네 부처는 물론 16대보살과 16공양보살은 네 가지 지혜를 비롯하여 이로부터 나오는 부처님의 지혜, 4바라밀, 4섭, 부처님에 대한 공양 등을 상징한다. 이들을 금강계37존이라고 부르는 것과 같이, 모두는 금강의 성품을 지닌 것으로 보리심 즉 아뇩다라삼먁삼보리심을 상징한다. 그러므로 5불과 금강보살들은 모두 보리심 곧 자성청정심에서 출생한 것이며, 결코 무너지거나 부서지지 않는 견고한 성품을 지니는 것이다.

삼밀가지 수행

- 삼밀유가관행법의 근본은 법신 비로자나부처님과 중생의 삼밀이 본래 둘이 아니라는 데 있다.
- keyword 삼밀유가관행법 / 인계 / 진언 / 관행 / 오자엄신관 / 오상성신관 / 옴 아비라훔캄 스바하 / 육자관행법 / 옴마니반메훔

인간의 활동은 크게 세 가지로 구분되는 데, 손발 등 몸으로 행하는 활동과 언어를 사용하는 활동 그리고 마음의 활동이 그것이다. 불교에서는 이를 몸과 입과 뜻의 세 가지 업이라 불렀다. 인간의 일상적인 활동은 본래 스스로 부처임을 깨닫지 못하고 스스로 범부라고 단정하고, 탐욕과 성냄과 어리석음 속에서 괴로워하고 스스로 괴로움을 생산해내고 있다. 그리하여 매사는 자기중심적인 욕망에 따를 줄 밖에 모르고 번뇌는 깊어가고 세상은 오염되어 가는 것이다.

밀교에서는 인간의 이 세 가지 활동을 단순히 업이라고 하지 않고 부처님의 활동 그 자체로 보고 삼밀三密이라 한다. 그러나 미혹에 싸여 있는 중생으로서는 그들의 행동이 삼업일 수밖에 없으며, 이로 인해 육도윤회의 고해에 헤매일 수밖에 없다. 그러므로 수행을 통해 본래 지니고 있다는 부처의 성품을 확인하고, 그 성품이 드러나 전인적인 모습으로 되게 하는 것이 삼밀수행이다.

밀교는 이 세상의 모든 것은 모두가 법신 비로자나부처님의 신체적 활동의 다른 모습이며, 모든 음성은 법신 비로자나부처님의 언어적 활동이며,

온갖 마음의 낱낱의 움직임은 법신 비로자나부처님의 마음의 활동이라 보고 있다. 그러므로 진언수행자는 시방삼세에 나타나는 일체의 모든 사실들과 스스로 체험하는 좋고 나쁜 모든 일은 법신 비로자나부처님께서 활동하는 설법으로 알고 깨쳐 행하는 것이다. 따라서 일체의 사실이 곧 경전이며 일체의 체험이 곧 법문이라, 진언행자는 이를 거울삼아 삼밀수행을 거듭 행함으로써 스스로 지니고 있는 부처의 성품을 활발발 드러내는 것이다.

삼밀수행 곧 삼밀유가관행법이란 몸으로는 인계印契를 맺고 입으로는 진언眞言을 염송하고 뜻으로는 부처님을 관행觀行하는 것이다. 몸으로 인계를 맺는다는 것은 진언행자가 신앙하는 대상 즉 본존本尊의 상징적인 한 모습을 짓는 것이다. 대개는 결가부좌나 반가부좌를 하고 본존을 상징하는 수인手印을 취한다. 예컨대 법계정인이나 지권인 혹은 금강권을 행한다. 입으로 진언을 염송한다는 것은 신앙의 대상과 관련된 진언을 염송하는 것이다. 예컨대 관세음보살의 본심미묘진언이라고 하는 육자대명왕진언 옴마니반메훔 등이다. 뜻으로 부처님을 관행한다는 것은 신앙의 대상의 형상을 관상觀想하거나 덕상德相을 나타내는 물건을 관상하고 삼매에 드는 것을 말한다. 이러한 수행을 통해 신앙의 대상이 갖추고 있는 덕상이 수행자와 상응하고, 수행자의 마음과 마음의 작용이 삼밀로 서로 상응하고, 결국 수행자의 삼밀과 신앙의 대상의 삼밀이 서로 감응하고 상응하는 것을 삼밀가지라고 한다.

이러한 수행을 계속해 나갈 때 이제는 정해진 시간에 정해진 장소에서 삼밀관행을 행하는 것이 아니라, 어느 때나 어느 장소에서나 어떠한 행동도 어떠한 언행도 어떠한 마음도 곧 삼밀관행인 것이다. 삼밀유가관행법의 근본은 법신 비로자나부처님과 중생의 삼밀이 본래 둘이 아니라는 데 있다. 이러한 삼밀관행법의 대표적인 관법으로는 『대일경』의 오자엄신관五字嚴身觀과 『금강정경』의 오상성신관五相成身觀을 들 수 있다.

깨달음의 경지는 말이나 문자 또는 그림으로 표현될 수 있는 것은 아니다. 그럼에도 불구하고 그러한 방법들을 사용하지 않고는 어리석고 미혹한 중생들에게 그 경지를 알게 하고 깨닫게 하는 일은 거의 불가능한 것 같다. 여기에서 부처님의 제자들은 중생들을 제도하기 위해 각가지 방법들을 안출해 내었다.

밀교는 불교의 역사에서 가장 뒤에 나타난 것에 알맞게 그 동안 사용되었던 성불에 이르게 하는 모든 방법들을 종합하고 체계화한 것이라 할 수 있다. 인간이 지니고 있는 모든 감각들을 제어한다기 보다는 이를 법신 비로자나부처님의 설법으로 알고 긍정적인 방향으로 일대 전환을 모색하고 있는 것이다. 법신 비로자나부처님의 경지를 상징화 하여 교리와 실천을 구체적으로 도식화 하였으며, 의궤화 하여 다양한 작법을 산출하였다. 이들의 작법은 수행의 대상이면서 동시에 구경성불의 방편인 것이다. 오자엄신관은 이러한 면이 더욱 두드러진다.

오자엄신관은 몸으로는 결가부좌나 반가부좌한 상태에서 손으로는 법신 비로자나부처님의 법계정인法界定印을 취한다. 입으로는 법신 비로자나부처님의 심주心呪인 아비라훔캄a vīra hūṃkhaṃ을 받아들여 '옴 아비라훔캄 스바하'를 염송한다.

아비라훔캄의 a, va, ra, ha, kha의 실담문자를 종자種子로 하며, 이것은 각각 차례로 지수화풍공地水火風空의 다섯 가지 근본요소를 상징한다. 또한 이 종자는 범어 a, vac, rajas, hetu, kha의 머릿글자에서 따온 것으로, 각각은 본래 생하지 않음, 언어, 티끌, 원인, 허공 등의 뜻을 지니고 있다. 이것은 곧 법신 비로자나부처님은 본래 생하거나 멸하지 않는 존재로 언어나 문자로 표현할 수 없으며 티끌과 같은 일체의 허물을 갖지 않는다는 것을 의미한다. 따라서 인연에 의존하여 생하는 것이 아니라 허공과 같이 무한함을 의미한다. 이와 같은 의미를 지니며 지수화풍의 다섯 가지 근본요소를 상징하는 이 다섯의 종자를 수행자의 몸 다섯 곳에 포치布置한다. 곧 a는 하체에, va는 배꼽에, ra는 가슴에, ha는 미간에, kha는 정수리에 놓는 것을 말한다.

　　　이제 뜻으로 먼저 자신의 몸이 이 다섯 가지 근본요소로 이루어진 것임을 관상觀想하여 모든 죄업을 소멸하고 온갖 장애를 떠난다. 그리고는 수행자의 몸에 포치된 a는 변화하여 금강의 바퀴가 되어 견고함을 관상하고, va는 변화하여 대비大悲의 물이 되어 흘러넘침을 관상한다. ra는 변화하여 지혜의 불꽃이 되어 온 누리를 비춤을 관상하고, ha는 변화하여 바람과 같이 자재함을 관상한다. kha는 변화하여 일체를 보듬고 있는 허공과 같다고 관상한다. 또 다

타보의 산등성이에 그려진 **옴마니반메훔**

시 a를 관상하며 일체의 진리는 본래 생하거나 멸하지 않는다고 깨달아 금강과 같은 삼매에 든다. va를 관상하며 일체의 진리는 언어의 길을 떠나 있음을 깨달아 분별을 놓고 오직 자비심으로 삼매에 든다. ra를 관상하며 망령된 분별과 차별심을 놓아 지혜의 마음으로 삼매에 든다. ha를 관상하며 일체의 진리는 어떤 결과를 내는 어떤 원인도 떠나 있다고 깨달아 생사에 걸림없는 삼매에 든다. kha를 관상하며 일체의 존재는 허공과 같아 스스로의 성품이 고정된 실체가 없음을 깨달아 깊은 공삼매空三昧에 든다. 이러한 관법은 수행자와 법신 비로자나부처님이 둘이 아님을 체득하게 하는 것이다. 이와 같이 오자엄신관은 5자의 종자자를 중심으로 관행하는 것이다.

그러나 오상성신관은 보름달과 금강저 등 상징물을 통하여 관행한다. 법신 비로자나부처님을 바로 나타낸다는 것은 불가능한 일이다. 결국 비유적이거나 은유적이거나 상징적인 방법일 수밖에 없다. 문자나 소리, 그림이나 형상이 모두 그러한 것이다. 이들은 부처님의 일부를 드러낼 뿐이며 전부를 드러낼 수는 없다. 가장 확실한 방법은 그 분의 모습이 되고 그 분이 쓰던 말을 쓰고 그 분이 했다는 생각을 계속해서 내가 곧 그 분이 되는 것일 것이다. 밀교에서는 이러한 것들이 상징화 되어 수행에 응용되고 있다.

● 먼저 옴ॐ은 성스러운 음으로 고대 인도의 베다시대부터 신성한 말로 사용되었다. 생성과 유지 그리고 완성이라는 우주 생명현상과 우주의 신비한 능력을 나타내는 말이다. 옴이라고 하는 울림은 진실된 말眞言이고, 또한 그러한 진실된 말들의 대표이며. 우주 전체의 울림을 상징한다. 보름달은 보리심을 상징한다. 보리심은 깨달은 마음 즉 부처님의 마음을 말한

다. 오고금강저는 부처님의 다섯 가지 지혜를 나타내며, 불지佛智의 견고함과 번뇌를 척파하는 상징물로 쓰인다. 그 외에 상징물로서 연꽃, 불상 등이 있다. 이러한 상징물들을 관상하는 대표적인 수행법이 오상성신관이다.

오상성신관은 먼저 결가부좌나 반가부좌를 한 자세에서 호흡을 통한 수식관으로 몸과 마음을 차분히 가라앉힌다. 몸과 마음이 가라앉은 상태에서 손으로 지권인을 하고, '옴, 나는 나의 마음을 통달한다'라는 진언을 외운다. 그리고 마음으로는 달의 모습을 관상觀想한다. 처음에는 구름에 덮인 달처럼 희미하게 나타나다가 점차 달의 모습이 뚜렷해지기 시작한다. 그러면 인계印契를 촉지인으로 바꾸고 '옴, 나는 보리심을 일으킨다'라는 진언을 외운다. 그리고 마음으로는 구름에 덮여 희미하던 달이 밝고 맑게 빛나는 보름달로 변화하여, 진언행자가 본래 지니고 있는 보리심과 일치한다고 관상한다. 행자의 보리심과 보름달이 결합하여 하나가 되었을 때, 촉지인을 여원인으로 바꾸고 '옴 서라, 금강이여'라는 진언을 외우며 오고금강저를 관상한다. 이어서 '옴, 커져라, 금강이여'라는 진언을 외우면서, 오고금강저를 점차로 확대시켜 온 우주전체에 가득차게 한다. 다음에 '옴, 작아져라, 금강이여'라는 진언을 외우며, 이 오고금강저가 점차 작아져서 행자 자신의 마음속에 들어옴을 관상한다. 이로써 보름달과 같은 청정한 광명인 보리심이 드러나서 금강과 같은 지혜로 온 우주에 가득차고 이어서 행자의 몸으로 들어와 견고하여 무너지지 않음을 깨닫는다. 이때에 진언행자는 인계를 법계정인으로 바꾸고 '옴, 나는 금강을 본성으로 한다'라는 진언을 외운다. 마음으로 법신 비로자나부처님의 묘한 활동이 다 나의 몸 가운데로 머물러 자신이 곧 부처라고 관상한다. 이어서 인계를 시무외인으로 바꾸고 '옴, 나는 법신 비로자나부처님과 함께 있다'라는 진언을 외우면서 행자 자신의 모든 활동이 곧 법신 비로자나부처님의 활동과 동일하다고 관한다. 여기에서 진언행자는 자신의 마음을 환하게 알아 자신이 곧 부처임을 자각한다. 관행자는 이를 통하여 법신 비로자나부처님의 지혜를 증득하고 자비로써 일체 중생들을 인도하는 것이다.

오늘날 한국의 대표적인 밀교종단인 대한불교진각종에서 실행하고 있는 육자관행법은, 앞에서 설명한 오자엄신관과 오상성신관의 관법을 종합하고 체계화하여 보다 쉽게 그리고 구체적으로 적용시킨 것이라 할 수 있다.

후기밀교로의 이행과 불교의 쇠퇴

- 이러한 부모존의 모습은 단순히 육신의 결합을 의미하는 것이 아니라, 반야와 방편이 일체화된 깨달음의 세계를 표현한 것이다.
- period A.D. 8세기 후반: 비밀집회딴뜨라 성립
- keyword 무상유가딴뜨라 / 부모존 / 반야와 방편 / 생기차제 / 구경차제 / 비밀집회딴뜨라 / 헤바즈라딴뜨라 / 깔라짜끄라딴뜨라 / 이슬람의 침입 / 위끄라마실라사

8세기경에 이르러 인도는 힌두교, 자이나교는 물론 불교에서도 딴뜨리즘의 파도에 휩싸이게 되었다. 딴뜨라는 원래 힌두교 쉬바파 중 특히 성력性力; śakti을 숭배하는 파 일군의 문헌의 총칭이다. 5세기경에 발생한 여신숭배는 점차 그 활동에너지śakti가 중시되었으며, 철학적인 면에서는 샤크띠가 우주의 전개와 개아個我 구제의 원동력으로 간주되었다. 샤크띠śakti라는 어원은 '힘', '에너지'를 의미한다. 절대원리에 해당하는 쉬바신에 대비하여 우주의 생산원리를 표현한 여성신격이며, 주로 쉬바신의 배우자신인 두르가 여신의 성력을 주로 설하고 있다. 따라서 샤크띠즘은 활동 및 생산원리를 수행자와 동일시하려는 수행의 목적이 있으며, 육체에 깃든 호흡과 생체에너지를 매개로 우주적 존재의 각성을 추구하는 경향을 가지고 있기 때문에 절대자와 합일하기 위한 수행법이 강조되었다.

이러한 힌두교의 영향으로 불교권에서도 우주의 근본원리와 인체의 생리를 동일시한 독특한 수행체계가 발전하였다. 이러한 시기를 후기밀교라고 분류하고, 이러한 성향을 담은 경전을 기존의 경전을 가리키는 수뜨라sūtra, 經와 구분하여 딴뜨라tantra라고 불렀다. 딴뜨라는 후기밀교시대에 해당하는 경

전군으로, 티베트의 불교사학자 부뙨Bü ston, 1290~1364의 경전분류방식에 의하면 무상유가無上瑜伽딴뜨라에 해당한다. 무상유가는 '최고의 유가'라는 의미로 『금강정경』을 바탕으로 하는 유가딴뜨라의 전통을 기반으로 성립된 것이다. 유가딴뜨라는 내적인 유가수행의 오상성신관과 만다라의궤 등을 설하고 있다.

무상유가딴뜨라는 세부적으로 방편方便딴뜨라와 반야般若딴뜨라, 그리고 불이不二딴뜨라로 나누어지며, 방편딴뜨라는 부父딴뜨라, 반야딴뜨라는 모母딴뜨라라고도 불린다. 방편딴뜨라의 대표적인 경전은 『비밀집회딴뜨라』이며, 반야딴뜨라의 대표적인 경전은 『헤바즈라딴뜨라』와 『짜끄라상와라Cakra-saṃvara딴뜨라』이다.

무상유가딴뜨라로서 성립이 가장 빠른 것은 『비밀집회딴뜨라』이다. 불공의 『십팔회지귀』에 의하면 『금강정경』의 제15회가 비밀집회임을 명시하고 있다. 제15회를 설명하는 문구 가운데에는 그 설하는 곳과 내용이 나오고 있다.

● "제15회에는 '비밀집회유가'라고 하며 비밀처에서 설한 것이다. 이른바 유사파가처喩師婆伽處에서 설한 것으로 반야바라밀궁이라 부른다. 경전 가운데 법단과 인계, 진언, 그리고 금계를 설하는데 마치 세간의 탐염貪染스런 말과 같다. 회중에는 제개장보살除蓋障菩薩 등이 자리에서 일어나 부처님께 예를 올리고 말씀드리길 '세존이시여, 크신 분이시여, 추하고 더러운 말씀醜言雜染相應語을 하지 마옵소서'라고 하였다. 부처님께서 말씀하시길 '그대들의 청정한 말은 어떤 모습을 하고 있는가? 나의 말들은 문자의 가지력加持力으로 인연을 교화하여 불

도에 이끌며. 아무런 상相과 모양이 없지만 큰 이익을 이룬다. 그대들은 마땅히 의심을 내지 말라'고 하셨다.'

위에서 '유사파가처'는 '금강명비金剛明妃의 Bhaga'를 말하는 것으로 『비밀집회딴뜨라』 초분에서 아촉여래가 금강명비의 Bhaga에서 설한 것과 일치하며, 제개장보살이 세존에게 간청하는 것은 경전의 제5분의 내용과 일치한다. 이것은 2근교회根交會의 음욕도로써 설하고 있음을 소개하고 있는 것이다. 하지만 이러한 부모존의 모습은 단순히 육신의 결합을 의미하는 것이 아니라, 반야와 방편이 일체화된 깨달음의 세계를 표현한 것이다. 『비밀집회딴뜨라』의 수행체계는 생기차제와 구경차제의 관법으로 이루어져 있다. 생기차제는 초가행삼마지, 만다라최승왕삼마지, 갈마최승왕삼마지의 단계를 거친

헤루카 부모존(네팔, 1544, 뭄바이 웨일즈박물관 전시)과 **하야그리바의 부모존**(티베트, 13세기, 뭄바이 웨일즈박물관 전시)

다. 초가행삼마지에서 수행자는 5온이 분산되어 모든 요소들이 법신으로 정의된 청정광명에 융합되었다가, 다시 정토로부터 중생을 구호하기 위해 온처계蘊處界를 지닌 화신으로 탄생하고, 일체여래의 가지력에 의해 일체여래의 몸과 말과 마음이 행자의 몸과 말과 마음과 일체가 되는 것이다. 만다라최승왕삼마지는 부모존인 금강살타의 결합으로부터 띠라까tilaka를 관상하고, 만다라 제존의 주처인 누각과 만다라 제존의 생기를 관상한다. 그리고 수행자 자신이 관상한 만다라와 일체가 되는데, 제존을 공양하고 만다라에 영입된 제존은 지혜수로서 수행자에게 관정을 내린다. 이어서 갈마최승왕삼마지에서 미세유가관과 금강염송차제는 실제 구경차제의 수행에 해당된다. 그 외에 행주좌와의 모든 순간에 수행자 자신이 범부가 아니라 불신佛身의 당체임을 잊지 않는 수행이다. 이와 같이 생기차제는 만다라를 관상하고 만다라 제존과 수행자가 합일을 이루기 위한 수습이다. 구경차제는 의식의 집중과 호흡의 조절에 의해 죽음의 과정을 의도적으로 관상하여 경험하는 것이다. 그 차례로는 육신인 생유生有의 영역에서 열반의 신어심身語心을 완성하고, 중유의 영역에서 수용신受用身을 수습하고, 이어 광명법신에 하나됨으로써 열반에 든다. 이어 쌍입차제에서 열반과 생사, 부처와 범부를 비롯한 일체의 상대적인 차별을 극복하고 완전한 성불을 시도한다. 이상의 생기차제와 구경차제에서 완전한 성불을 체증하기 위해 5종의 육류나 5감로대소변 등를 먹고 마시기도 하며 16세 소녀를 인모印母로 삼아 수행에 동참하기도 한다.

반야·모딴뜨라계의 교리에는 힌두교의 영향이 뚜렷하여 샤끄띠śakti의 실천이 부딴뜨라계보다 일반적으로 강하다. 그럼에도 반야·모딴뜨라계의 『헤바즈라딴뜨라』와 『짜끄라상와라딴뜨라』는 힌두교의 제신을 조복調伏하려는 의미가 담겨져 있다. 『헤바즈라딴뜨라』의 주존인 헤바즈라Hevajra는 『금강정경』의「항삼세품」에서 힌두교의 모천母天을 조복하는 헤루까Heruka에 연원한 것이며,『짜끄라상와라딴뜨라』의 주존은 상와라saṃvara라 불리는 헤루까이기 때문이다.『헤바즈라딴뜨라』에서는 주존 헤바즈라가 여존 나이라트먀Nairātmyā와 유가·쌍입하고 있으며,『짜끄라상와라딴뜨라』에서는 '상와라'라 불리는 헤루까를 본존으로 삼고 명비인 바즈라바라히와 부모존을 구성하고 있다. 부모존은 공성空性과 비悲의 불이不二를 나타낸 것이다. 2존은 공성과 비悲의 권화로서, 양자가 융합하여 보리심이 생긴다고 보는 것이다. 또한 이것은 단순히 관상에 의하는 것이 아니며, 수행자가 스스로 만다라 속에 들어가 16세 소녀 등을 상대로 대락大樂을 실천하며, 그 대락속에서 깨달음을 체험한다. 더욱이 상와라계 딴뜨라에서는 외피타外pīṭha와 내피타가 설해지고 있는데, 외피타는 인도 각지의 24개소의 밀교 성지를 순례하며 그곳에 살고 있는 유가녀를 비밀스런 몸짓으로 찾아내어 성적유가를 실행하는 것이다. 반면에 내피타는 요가행을 통해 보리심이 신체의 하위로부터 상승하여 정수리까지 이르러 대우주와 합일하는 과정을 의미한다.『헤바즈라딴뜨라』에는 인체의 생리학적 구조에 대해 4륜輪3맥脈설과 4환희, 4관정 등의 주요한 교설이 설해져 있다.『짜끄라상와라딴뜨라』에는 관정과 생기차제, 구경차제, 생리학설, 만다라 등이 설해져 있다.

불이딴뜨라의 대표적인 경전은『깔라짜끄라딴뜨라時輪딴뜨라』이다. 깔라짜끄라의 '깔라'는 대비·방편을 의미하고 '짜끄라'는 공성·반야를 의미한다.『깔라짜끄라딴뜨라』는 이들 양자를 합하여 쌍입불이雙入不二를 시현하는 것이다.『깔라짜끄라딴뜨라』는 불교의 우주론과『비밀집회딴뜨라』에서 완성된 만다라론, 모딴뜨라류에서 발전한 밀교의 생리학설을 종합하여 완성된 경전이다. 특히『깔라짜끄라딴뜨라』는 반야·모딴뜨라계의 경전들이 샤크띠를 중시하고 대략을 강조하고 있는 점을 비판하고, 계율을 중시하고 불교 본래의 입장으로 돌아가고 있다는 점에 특색이 있다. 당시 경전이 성립된 때에는 힌두교에 압도되어 불교는 쇠퇴의 길을 걷고 있었으며, 또한 이슬람교도들의 침공으로 인해 소멸될 위기에 처해 있었다. 이때 불교와 힌두교, 자이나교 등의 인도의 전통적인 종교를 통합하여 이슬람의 침공에 대비하자는 것이 『깔라짜끄라딴뜨라』의 역사적인 주제이다. 『깔라짜끄라딴뜨라』의 교리는 내內 · 외外 · 별別의 3시륜으로 요약된다. 외시륜은 제1장 「세간품」에서 설해지고 있는 천문우주론이고, 내시륜은 제2장의 「내품」에서 설해진 생리학설이며, 별시륜은 제3장 이하에 만다라와 생기차제 그리고 구경차제가 설해져 있다.

인도의 후기밀교는 8세기 중엽부터 인도 비하르 지방과 벵갈 지방을 다스렸던 팔라Pāla왕조750~1199년경의 후원에 의해 번성할 수 있었다. 팔라왕조의 시조인 고팔라Gopāla는 그의 수도 이름을 따서 오단따뿌라Uddaṇḍa-pura사를 세웠으며, 뒤를 이은 달마팔라Dharma-pāla; 826~853는 갠지스강 동쪽 해안에 위끄라마실라Vikrmasila사를 세워 당시의 나란다사와 함께 밀교교법 연구에 큰 역할을 담당하였다. 하지만 8세기부터 투르크계의 이슬람 세력이 서북인도에 들어오기 시작해서, 11세기경에는 가즈니왕조와 고르왕조가 북인도에까지 진출하였다. 가즈니왕조의 마흐무드Mahmud; 997~1030년 재위는 17번에 걸쳐 판잡지방을 지나 북인도와 아라비아해 연안까지 원정하였으며, 고르왕조의 무하마드Muhamad; 1203~1206년 재위는 판잡지방을 점령하여 인더스강 유역을 확보한 뒤 갠지스 평원을 공격하였다. 그들은 서북인도와 북인도의 각지에서 각 종교의 사원 및 조각들을 파괴하였다. 그리고 나란다, 위끄라마실라, 오단따뿌라 등의 대사원도 차례로 파괴되었고, 각 절의 학장들은 티베트나 네팔 혹은 남인도, 자바, 버마 등으로 흩어졌다. 이로써 마지막까지 잔존했던 벵갈의 불교교단도 무너지게 된 것이다. 일반적으로 인도불교는 1203년 위끄라마실라사가 무슬림세력에 의해 파괴됨으로써 멸망하게 되었다고 보고 있다.